M. G. Dekadon (Hrsg.) – Das Protokoll

Dipl.-Psych. Friedrich Nolte
Gutachten, Psychotherapie
Färbergraben 4, D-80331 München
Telefon 089-2609252
nolte@psychologie.de

© 2002
Copyright by
Kontrast Verlag
D-56291 Pfalzfeld

Alle Rechte vorbehalten
Titelgestaltung: Hajo/MVC
Printed in Germany

ISBN 3-935286-22-8

M.G. Dekadon *(Hrsg.)*

DAS PROTOKOLL

Die Vernehmung und Überführung von Zielperson V 273/C 5.0
(complete)

Textbuch

Geleitwort

Der Autor verbürgt sich dafür, dass die hier abgebildeten Daseinswirklichkeiten – so sehr sie offizieller bürgerlicher Realität auf den ersten Blick auch zu widersprechen scheinen – nach bestem Wissen und Gewissen anhand des Bilds entworfen sind, das sich eine verantwortliche Psychologie von den betroffenen Menschen macht. Die Handlung im hier aufgerollten Strafprozess beruht auf wahren Begebenheiten. Insbesondere entstammen Einblicke, welche die Figur "Jannings" in ihr Seelenleben gewährt, und zentrale Fragmente der Figur "Marc" Originalaufzeichnungen aus mit dem Autor geführten Gesprächen. Ähnlichkeiten mit anderen lebenden oder schon toten Personen wären rein zufällig.

In der vorliegenden Fassung – einer Mischung aus Erzählung, Drehbuch und Theateranweisung – trägt der Bericht der "Kommission" den Erfordernissen einer etwaigen Hörfunk- und Fernsehbearbeitung ebenso Rechnung wie den Belangen einer Bühnenaufführung oder dem privaten Lesegenuss. Der Filmemacher oder Bühnendramaturg ist dabei völlig frei in seiner Entscheidung, welche Passagen des düstren Kammerspiels er für sein Publikum als zuträglich und opportun empfindet. Üblichen Verschämtheiten zum Trotz wollte ich selbst mir hier nicht allzuviel Zurückhaltung auferlegen, da dies auf Kosten einer naturalistischen Zeichnung von Wirklichkeiten gegangen wäre. Insbesondere der Verzicht auf einige politische und wissenschaftliche Hintergründe hätte dabei das – auch persönliche – Risiko eines Verlusts wichtiger Gesamtzusammenhänge zum Verständnis der vertretenen humanistischen Position bedeutet. Nach vorliegenden Urteilen sind diese sonst eher trockenen Materien jedoch kunstvoll in den Spannungsbogen verwoben, so dass kein Laie zu erschrecken braucht.

Eine Arbeit, die Menschenverachtung zum Gegenstande hat, und welche die Vergewaltigung des Einzelnen durch sein Kollektiv als ewig aktuelles Menschheitsthema auch für u n s e r e Zeit beleuchtet: Sie muss den Fauxpas wagen, menschliche Wirklichkeit –gerade dort, wo sie an den Rändern der Gesellschaft stattfindet – an den Vorstellungen des Kollektivs zu spiegeln. In *diesem Sinne ist das "Protokoll" in seinen dramatischen, gesellschaftskritischen wie auch wissenschaftlichen Aspekten in erster Linie eine Arbeit, die an die Verantwortlichkeit des Lesers appelliert.*

Michael Griesemer
im Sommer 2002

INHALT

	Seite
VORREDE FÜR EIN THEATER	11
VORSPIELE	
PARK	17
BERATUNG	39
AMTSSTUBE	60
PROZESS	
ERÖFFNUNG	74
MARC	80
DER ZEUGE WENZEL	88
DIE ZEUGIN ELAINE ROLAND	96
VON RAUCH UND FEUER	99
SELBSTERFAHRUNG	102
DIE ZEUGIN BACHSCHÜTZ	109
DIE SACHVERSTÄNDIGE WALDT	118
DIE MUTTER HELGA LAIM	123
GROSSES GEHEIMNIS KINDHEIT	130
DER ZEUGE MARQUARD	146
SCHRAUBENDREHUNGEN	157
OH, COME, MY BOY – COME, SPEAK, COME OUT	165
PLÄDOYER DES STAATSANWALTES	169
PLÄDOYER DER VERTEIDIGUNG	171
URTEILSVERKÜNDUNG	175
INTERMEZZO	177
INQUISITION	
BASELINE	189
VON DER KUNST, EIN SPARSCHWEIN ZU SCHÜTTELN	198
DE PROFUNDIS	223
WIE EIN INQUISITOR DIE BEHERRSCHUNG VERLIERT	228
DIE FÜNF-PROZENT-FRAGE	236
FOLG' ICH DER VÖGEL WUNDERVOLLEN FLÜGEN	244
AUF DEN ZAHN GEFÜHLT	252
EINE WIRKLICHKEIT ZERBRICHT	264
SICHEL UND ASTER	278
KATHARSIS	292
NACHSPIELE	
UNBERÜHRBAR	303
DEAD END	307
EIN LETZTES GESTÄNDNIS	309

Besetzung

Edmund Armadeck	Amtsrichter
Bendt/Hofnarr	Staatsanwalt/Hofnarr
Thomas Becker	Pflichtverteidiger
Ringlein	Assessor
Urla Waldt	Psychol. Sachverständige
Marc Laim	Opfer
Helga Laim	Mutter des Opfers
Karl Laim	Vater des Opfers
Sascha Jannings	Beschuldigter
Elaine Roland	Kindergärtnerin, Bekannte des Beschuldigten
Cornelia Bachschütz	Bekannte der Sachverständigen
Wenzel	Vernehmungsbeamter
Marquard	Lehrer Marcs
Prokop	Neurochirurg
Harry	Wissenschaftlicher Berater der Kommission

Kurze und Statistenrollen

Konrad & Feith	Zwei Polizisten
Fuchs, Elmer, Sam & Walter	Techniker
Dicker Junge	Bescholtener
Kleines Mädchen	Bescheltnerin
Kevin	Schulfreund Marcs
Anna	Schulfreundin Marcs
Balder Heinke	Freund der Bachschütz
Protokollantin	
Stumme Zeugin	Schreibend
Gerichtsdiener	Für Ordnung sorgend
Wilfried Thooms/Direktor	Steuerberater/Direktor
Nachbarin	
Sozialarbeiterin	
4 Fußballfreunde	
Rufer im Publikum	
Gruppe junger Burschen	
Vollzugsbeamter	
Gerichtsdiener	
Sekretärin	
2 Schöffen	

Insgesamt 14 Textrollen
28 Statistenrollen; letztere doppelt und dreifach besetzbar.

<u>Weiter 'spielen' mit:</u> Ein krummer Hund und ein Pinscher; viele Katzen — und eine Maus, die es zu fangen gilt. Auch ein Fisch wird sich finden, daneben Ratten und ein Hamster als Vertreter der Nagetiere; Läuse, eine Tarantel und eine Wanze — aus der Familie der Insekten. Ein Täubchen spielt mit, eine lahme Ente und die ein oder andre Gans nebst andrem Federvieh. Wie bei jeder großen Sauerei fehlen auch die Ferkel und die Schweine nicht. Selbst ein Krokodil hat das Stück zu bieten; daneben ein Kamel sowie die älteste Schlange der Welt; einen Salamander wird man treffen, Frösche und andere Bewohner von Feuchtbiotopen. Ein Bär und ein Fuchs treiben ihr Unwesen, der eine wird sogar vom andern einem alten Esel aufgebunden; eine Schnecke kriecht durch's Gelände — ja, sogar Affen kommen vor, sowie ein krähender Hahn und ein Hase aus der Gattung der Angsthasen. Auch eine Kuh und ein Ochse fehlen nicht — auch weitres niedres Vieh. Neben vielen Lämmern kommen wenigstens ein Schaf vor — sowie ein Wolf, im Pelz eines solchen.

Warum sie alle?
Sie kommen für den Jungen, der die Tiere so sehr liebte.

VORREDE FÜR EIN THEATER

Schauplatz: Der angedeutete Gerichtssaal

Es betritt die Bühne: Ein Narr aus alter Zeit; angetan mit Schellen, Pappnase, Schnabelschuh und Federhut auf dem Weg zum Einsatz. Wie er gleich feststellen wird: Für seine Verhältnisse im falschen Stück. Wenn man so will: Hamlet's Yorick auf Zeitreise. Der ewige Schauspieler und Jahrtausendvagabund auf dem Weg durch die Äonen. Ein Eulenspiegel auf Hafturlaub aus ewiger Verdammnis, mit Zwischenstation in der irdischen. Auf der Bühne einer missratenen Neuzeit.

Direktor: He, Ihr da! Mit der roten Nasen! Habt's Ihr Euch im Stück geirrt!?

Hofnarr: Geht's heut' nicht um rote Nasen? Ihr deucht, mein Treu'n, a weng verwirrt?

Direktor: Was m i c h betrifft, liegt's weit daneben!

Hofnarr: So? *(schaut sich verunsichert um)* Was wird gegeben?

Direktor: Ein Possenspiel vom ärgsten Stoffe.

Hofnarr: Was ich ja zu spielen hoffe!

Direktor *(wirft ihm zu)*: So nehmt das Hemd, und auch den Frack da!

Hofnarr *(fängt den Packen; sein Blick fällt verwundert auf's Publikum)*: Wo ist der König? Wo die Hofschar?
– Auch die Granden seh' ich nicht!
Was da für gemeine Blicke!
Hundertfach durchbohrt es mich!

Direktor: Es lässt der Narr nicht Narrenstücke
– 'S ist Volk, zum Feierabend hergericht'!

Hofnarr *(säuerlich)*: Vor Gemeinen spiel' ich nicht!

Direktor: Acht das Volk, s' ist seine Zeit.

Hofnarr: Und des Monarchen strenge Hoheit?

Direktor: Abgeschafft. – Ihr w i s s t das nicht?

Hofnarr: Hm. Übel seh' ich's angericht'!

Direktor: Das kommt der Sach' schon näher.
(zu sich) Fürwahr, ein äußerst delikat Gericht ...

Hofnarr: So heiß' mit Recht ich Unheilspäher!
Darf ich auf die Milde hoffen
die vom König ich gewöhnt?
Lacht's Volk gerne, zeigt's die Zähne
wenn ich gar zu arg gehöhnt?

Direktor: Man kann's nie wissen. Doch man hört
dass vielfach' Wirkung es betört.
Wenn fünfzig dann wie Donner grollen
fünfzig weitere kleinlich schmollen
zwanzig andre tapfer duldend
ohne dass sie Beifall schulden
und nur zehn, die tief ergriffen
ohne dass wir ausgepfiffen
von den hundertzwanzig andern
lässt schadlos man uns heimwärts wandern
– bis zur ersten Textkritik.

Hofnarr: Ist's denn solch ein elend Stück?

Direktor: Nicht schön, doch fein ...

Hofnarr: Recht schnöd und rein?

Direktor: Das Reinste ist oft stark gewürzt
Drum wird ihm meist der Text gekürzt.

Hofnarr: Wird nicht am Hals auch Maß genommen
ist mir ein würz'ger Text willkommen!
Doch sagt, worum der Text sich dreht
– worum's in Eurem Stücklein geht.

Direktor: Um selbstgerechte Niedrigkeit
im Rausche biedrer Lüsternheit,
obsiegende Gerechtigkeit
in einem Meer voll Schlechtigkeit.
Um Widrigkeit der Wahl der Mittel
um Rechtsprechung, Verrat und Büttel
um Lug und Trug, die unerkannt
und Wahrheit, die als Lüg' benannt.

Hofnarr: So ist's denn mehr Allegorie
als dass es denn von Menschen handelt?
Wohl mehr erhabne Spinterie
kraft der Ihr mit den Musen bandelt?
– Dann pfeift Ihr aus dem letzten Loch!
Doch sagt mir an: Um was geht's noch?

Direktor: Es geht um eines Kindes Wunden
und einen, der zum Schluss zerschunden
um einen, der sich findet
indem ein andrer sich verliert
um Satan selbst, wie er sich windet
und einen Justitiar verführt,
um Schicksal, ach, und Volkeszorn
mit andren Ingredenzien mehr
von unser'm alten Zubehör.

Hofnarr: So petzen wir dem Ochs ins Horn?

Direktor: So unempfindsam ist's Volk nicht.
Mehr zu empfindlich, fürchte ich ...

Hofnarr: Da könnt' ich gleich den König treten!

Direktor: Die Schmähung würd' er sich verbeten.

Hofnarr *(nickt betroffen)*:
Am Kragen würd' er hängen mich
dass ich das Pflanzkraut unten sehe.
Doch hier graust's mich so fürchterlich
als ob ich unter Löwen stehe!
Was kann der Geck vom Volk erwarten
auch wenn das Stück die Zehn ergreift?
Darf auf das Volk der Geck denn zählen
wenn ihn des Pöbels Rasen streift?
Was ist, wenn's Volk den Kopf verliert
– ihm nichts als Hohn und Spott gebiert?

Direktor: Sofern es ihn als Geck begreift
wird es mit ihm das Beste wählen
wenn unsre Kunst uns glaubhaft ziert.
Wenn's manche Bosheit uns verzeiht
und uns sein größtes Wohlwoll'n zeigt.
Wenn's Narrenhoffnung nicht enttäuscht
wo der Geck Verständnis haischt.

Hofnarr *(ängstlich)*: Ihr spracht, da gäb's ein Hochgericht?

Direktor *(abwiegelnd)*: Doch nicht für uns ist's von Gewicht.

Hofnarr: Sofern's nicht unser eignes trägt.

Direktor *(tippt ihm an die Stirn)*: Und keiner Euren Schädel wägt.

Hofnarr *(seufzt und beginnt sich umzuziehen)*:
So soll ich meine Nase nehmen
den Federhut und Narrentand
und mich in eure Zeit bequemen
die mir so herzlich unbekannt?

Direktor: Es ist die Zeit dieselb' geblieben
doch kennt man ihre Narren kaum
wie früher am Rote-Nasen-Stieben.
Sie schnür'n sich heut' in biedrern Saum.
Und auch die Bühn' ist kaum verändert
nur geht sie mächtig in die Breite
Bloß: Überkritisch sind die Leute
drum sind die Stücke ziemlich trist.
Man liebt die Augen rot gerändert
wie's halt im wahren Leben ist.

Hofnarr *(indem er aus der zugeworfenen Kluft einen Talar hervorzieht)*:
Nun, dieser Narr scheint mir sehr weltlich.
Wie düster seine Jacke ist!
Und dieser Raum ist recht erkältlich
so dass dem Blut die Wärm' er frisst!

Direktor: So findet Ihr das Leben kalt
sowie das Stück wohl nicht ersprießlich.

Hofnarr: Ei, sagt mir doch zuerst: Wen spiel' ich?

Direktor: Ihr spielt den bösen Staatsanwalt.

Hofnarr *(entsetzt)*: Darf ich hoffen, muss ich beten
dass dem Volk mein Part gefällt?
Muss ich's dulden, es erleben
dass Schimpf mir den Applaus vergällt?

Direktor: Wenn's nur einem, dem's geschrieben, tiefste Herzensnacht erhellt und es zarten Trauerfarben nicht an des Volks Empfindung fehlt, dann besteht gar gute Hoffnung, dass dein Part der Wohlfahrt nützt! *(zu sich)* Und das Stück die Aufnahm' findet, die des Autors Corpus schützt ...

Hofnarr *(umgekleidet)***:** Meint Ihr, dann sind wir gerettet
wenn's des Lebens Glüh'n erfasst?
Gerne hätt' ich dann gewettet
– dass das Volk im Gecken spasst!

VORSPIELE

PARK

Erzähler: *Sehr geehrter Herr Minister. Wir beginnen unsere protokollarischen Aufzeichnungen um die Überprüfung der Zielperson V273, Aktenzeichen C5.0 im Park gleich neben der Schule, welche der Junge besucht. Die Verwendung von elektronischen Augen und akustischen Fernübertragungseinheiten erlaubte eine lückenlose Observierung aller Beteiligten und Schauplätze. Wir unterrichten Sie somit über die teuflische Perfidie, die uns auf den Plan gerufen hat, und die uns unsrerseits ein abgründiges Werk verrichten ließ.*

Auf den belebten Bändern – weitgehend geben wir sie dürr in wörtlicher Rede wieder, damit Sie sich Ihr eignes Bild machen können– vernimmt man zunächst nichts als Dohlengezänk. Unter der kreischenden Luft erblickt man zwei Parkbänke, auf deren erster ein zeitungslesender Mann mit Hut, und auf deren zweiter niemand sitzt. Flankiert wird die Szenerie von einer ungeheuren Esche, welche durch eine eigenartige Verwachsung ein wenig wirkt wie ein Gnom mit zornig angestemmten Armen, ein knorriger Sohn des Nordens – passendes Kolorit in unserer Darstellungsweise, bei der man sich ohnehin nur allzuleicht wie im Theater vorkommen wird. Als der junge Bursche erschien – nennen wir ihn Marc – hatte er gerade die Finger zwischen die Seiten eines Buches geklemmt, aus dem er etwas deklamierte. Und so entbehrt es vielleicht nicht einer üblen Ironie, wie unsere Geschichte ihren Anfang nimmt: Mit den lyrischen Worten eines Knaben in unprosaischer Lage.

"Am Abend, wenn die Glocken Frieden läuten
folg ich der Vögel wundervollen Flügen
die lang geschart, gleich frommen Pilgerzügen
entschwinden in den herbstlich klaren Weiten.
Hinwandelnd durch den dämmervollen Garten
träum' ich ... träum' ich ... "

Jemand tritt hinter dem Baum hervor. Nennen wir ihn für's Folgende schlicht Becker.

Becker: Von ihren helleren Geschicken.

Der Junge zuckt zusammen und fährt herum. Becker deutet ihm mit Blicken, sich in seiner Rezitation nicht irritieren zu lassen; er hilft ihm auf die Sprünge. Und so hört man das Poem für einen Augenblick zweistimmig:

"Und fühl der Stunden Weiser nicht mehr rücken.
So folg ich über Wolken ihren Fahrten."

Becker: Lernt ihr schon so trübe Gedichte in der Schule?

Marc: Ja, ich ... ich muss das lernen. Wir müssen uns jeder ein Herbstgedicht aussuchen und auswendig lernen. Morgen muss ich's können.

Becker: Na, da fängste ja früh an mit Lernen.

Marc: Ich hab' aber keine Lust. Außerdem schaff ich's sowieso nicht. Immer bleib' ich irgendwo hängen, wenn ich was auswendig lernen muss. Ich bin schlecht in der Schule.

Becker: Schlecht. Hmm. Ja, dann bist du halt schlecht. Kann man nix machen. Ich mein', wenn die Bücher, die Lehrer, die Gedichte schlecht sind, oder wenn du sagen würdest, bei "träum'ich", weiß ich nie, wovon einer träumt, wenn er traurig ist und die Sommervögel ihn verlassen – da könnt'man ja was machen. Aber wenn du schlecht bist ...

Wir sehen, wie Marc den Mann ziemlich kurios anstarrt.

Becker: Aber sag', das Gedicht ist doch von ... von ...

Marc *(stolz)*: Trakl. Georg Trakl.

Becker: Ach ja, richtig. Gott, was bin ich schlecht.

Es entsteht eine Pause, während der sich die beiden schweigend mustern.

Becker: Wenn du wieder an der Stelle hängst, dann stell dir einfach vor, es ist Herbst, gerade so wie jetzt, der Mann ist sehr allein ...

Marc *(schnell)*: Oh ja, ich weiß, er hat einen schönen Sommer verlebt, und jetzt stirbt alles in der Natur und um ihn herum, und er weiß, dass es nie mehr so sein wird wie vorher. Niemehr. Weil der Krieg kommt. Und jetzt verlassen ihn auch noch die letzten Vögel, und er ist ganz allein mit sich auf dem leeren, stillen Acker und schaut ihnen nach. Am liebsten möchte er mit ihnen aus dem Land fliegen, dorthin, wo's wieder Sommer ist. Und deswegen träumt er davon, wie schön sie's dort haben werden.

Becker: Bist'n guter Erzähler. Ich kann's mir richtig gut vorstellen, wie du das sagst. Ist ein ziemlich schwieriges Gedicht für dein Alter.

Marc: Hier sind auch keine Vögel mehr.

Becker: Und du hängst allein im Park herum.

Marc: Ich hab' noch keine Lust heimzugehen. Wer sind Sie?

Becker: Ein Freund von Sascha.

Marc erschrickt, klappt das Buch zu, schnappt seinen Ranzen und will gehen.

Becker: Ich soll dich von ihm grüßen, Marc.

Der Junge hält inne.

Marc: Sie wollen mich bequatschen.

Becker: Das würde ihn ins Gefängnis bringen.

Marc: Muss er ins Gefängnis?

Becker: Weiß nicht. Hat er's verdient?

Der Junge antwortet nicht. Stattdessen bemisst er mit verkniffenen Augen den Weg, der ihn noch vom Parkausgang trennt.

Marc: Er ist schlecht. Benutzt hat er mich. Alle sagen das.

Becker: Und was glaubst du?

Marc: Er hat mir falsche Versprechungen gemacht. Und mir gesagt, dass er mich gern hat. Und dann hat er das gemacht.

Becker: Was?

Marc *(laut)*: Lassen Sie mich in Ruh.

Becker: Mir hat er erzählt, dass ihr Freunde wart.

Marc: Er ist nicht mehr mein Freund. Ich will nix mehr wissen. Warum wollen Sie das überhaupt wissen? Er hat Sie geschickt, gell? Er hat Ihnen gesagt, dass ich immer mittags nach der Schule im Park bin.

Becker: Ich lasse mich nicht schicken. Er macht sich Sorgen, wie's dir geht, und ich hab' ihm versprochen, dass ich dich danach frage.

Marc: Ich will nicht vor Gericht. Ich krieg da Angst, wenn die mich all so Sachen fragen.

Der Junge wartet sichtlich aufgeregt auf eine Antwort. Becker senkt indessen behutsam die Stimme.

Becker: Weiß ich, Marc. Komm, setz dich. Bitte.

Marc: Wie heißt du?

Becker: Tom.

Marc: Fragen die dich auch was, beim Gericht?

Becker: Ich werde da sein.

Marc: Tom, ich will nicht auf's Gericht.

Becker: Du hast dir nichts vorzuwerfen. Du hast nichts Unerlaubtes getan.

Marc *(quengelig)***:** Ich will aber nicht auf's Gericht!

Becker: Ist das dahinten eigentlich 'ne Freundin von dir?

Marc: Wo?

Becker: Das Mädel, das dahinten mit der Schultasche steht. Bei den anderen zwei Mädchen dort. Die guckt dauernd her.

Marc: Ooch die. Nee, das ist 'ne dumme Gans. Die verfolgt mich immer.

Becker: Wie heißt sie?

Marc: Anna. Kenn' ich schon seit der ersten Klasse.

Becker: Ziemlich hübsch.

Marc: Hast du 'ne Freundin?

Die Antwort schwankt zwischen Verwunderung und Abweisung.

Becker: Vertrauen gegen Vertrauen, was? Du meinst, weil ich ein Freund von Sascha bin, muss ich automatisch homosexuell sein?

Marc: Klar.

Becker: Gehabt. Ist mir davon gelaufen. Aus und vorbei.

Der Junge setzt sich nun doch wieder neben ihn. Sein noch kurz zuvor gefasster Vorsatz scheint plötzlich vergessen.

Marc: Ist sie zu 'nem andern?

Becker: Wie's halt so läuft. Du wirst von Frauen verfolgt, und mir laufen sie scharenweise davon.

Marc: Habt ihr auch miteinander geschlafen?

Becker: Das kommt erschwerend hinzu.

Marc: Das tut mir Leid ...

Ernste Augen ruhen jetzt auf dem Manne.

Marc: Tröste dich. Nichts ist ewig, alles nur auf Zeit. 'Ne Beziehung kann mal so und mal so aussehen. Magst du sie noch?

Becker: Es ist nicht mehr so wie früher, was meinst du.

Marc: Na, Hauptsache, man verliert keinen Menschen, den man lieb hat. Ich mein', es muss ja nicht Schluss sein, bloß weil's nicht mehr geht, oder weil einer mit einem anderen schläft. Was bedeutet das dann noch, dass man mal zu 'nem Mensch gesagt hat, ich liebe dich. Da hat man den doch bloß geliebt, weil er einem gehört, oder?

Becker: Junge, Junge. Du musst ja schon mordsmäßig was hinter dir haben. Wie alt biste? – Vierzehn?

Marc starrt ihn sprachlos an. Dann verzieht er das Gesicht, so als geruhe er fortan zu schweigen wie ein Grab.

Becker: Marc ... wenn ich jetzt was gesagt habe, das ... ich mein', ich hab' mir da jetzt nichts bei gedacht.

Marc: Sag' ihm, er soll irgendwas machen, dass ich nicht vor Gericht muss. Ich mach'nicht den Mund auf, ich schwör's dir, wenn die mich fragen. Mein Vater will ... bitte, ich will nicht vor Gericht. Versprichst du's mir?

Becker: Ich werd' tun, was ich tun kann. Erzähl' mir von dir, Marc.

Marc: Ich will aber nichts erzählen. Allen soll ich irgendwas von mir erzählen. Ich will nichts erzählen.

Becker: Das hab' ich mir gedacht.

Marc: Ich bin echt ein schwieriger Kerl, ziemlich ungezogen, gell? – Meine Mutter sagt das immer zu mir; "Mensch, bist du'n schwieriger Kerl, nur Probleme mit dem Kerl". Weil ich ihr doch vorgestern 'n verletztes Täubchen mit nach Haus gebracht hab. Das hat mir so Leid getan mit seinem kaputten Flügel und dem ganzen Blut. Hat'n Mordsärger gegeben. Aber die ist mir gestorben. Und dann hab' ich ihr das Gedicht vorgelesen, so als Grabrede. Das hab' ich noch nicht mal meiner Psychologin erzählt. Und die will immer alles von mir wissen!

Becker: Wo hast du denn die Taube aufgegabelt?

Marc: Auf'm Bahndamm. Ein Zug hat sie erwischt. (*mit gespielter Gleichgültigkeit*) Wär' mir auch schon fast passiert.

Becker: Was treibst du aber auch auf dem Bahndamm.

Marc: Mann, das macht vielleicht Spaß dort. Hast du schon mal auf'm Gleis gestanden, wenn der Zug kommt? Den musst du ganz nah an dich rankommen lassen, na, bis vielleicht bis auf hundert, zweihundert Meter. Aber dann schnell wegspringen. Das kitzelt richtig.

Becker: Das wird deine Mammi aber freuen, dass dich das kitzelt.

Marc: Die würd's sofort meiner Psychologin erzählen, wo ich immer hin muss, wegen der Synome und so. Die meint auch, ich bin schwierig, weil ich ihr nix sage und so.

Becker: Du bist schlimmer als schwierig.

Marc *(klatscht begeistert in die Hände)*: Echt? Richtig schwer erziehbar?

Becker: Du erzählst einem Erwachsenen nicht, was er hören will. Das ist richtiggehend bockig.

Marc: Oh ja, wir machen jetzt Interview. Tä-tä-tätäää, guten Abend meine Damen und Herren, ich begrüße Sie auch heute wieder zu unserer beliebten Sendung Kids fragen, Erwachsene antworten. Schlagen Sie Ihre Kinder?

Becker: Täglich.

Marc: Mit Kochlöffeln oder mit Stahlrohren?

Becker: Nun, das kommt ganz auf's Delikt an. Bei schweren Vergehen tauche ich sie auch mal in kochend Wasser. Aber das kommt nicht oft vor. Meine Kinder sind die artigsten der Welt.

Marc: Mögen Sie keine Kinder?

Becker: Jesus, nein, ich hasse Kinder. Diese kleinen schreienden Ungeheuer, wo das Maul den halben Körper ausmacht.

Marc *(lacht)*: Bingo! Sie wissen, wie man sich bei uns beliebt macht!

Becker: Krieg' ich jetzt die hundert Punkte?

Marc: Noch nicht. Wann schliefen Sie zum ersten Mal mit einer Frau?

Becker: Soweit ich mich erinnern kann, schon ganz früh. Meine erste große Liebe war meine Mutter. Wir schliefen jede Nacht mitnander. *(sieht den entsetzten Blick des Jungen)* Gott, das war Monate, bevor ich zur Welt kam!

Marc: Sie sind ein ziemlich ungezogener Erwachsener. Solche Erwachsene haben wir gar nicht oft in unserer Sendung.

Becker: Weißt du, ich bin eben auch manchmal ein ziemlich böses Kind.

Marc: Können Sie auch kindische Gesichter machen?

Becker schneidet ein lammblödes Gesicht.

Marc: aha, so guckt die Psychologin immer, wo ich immer hin muss. Was machen Sie beruflich?

Becker: Als ungezogenes Kind kann ich diese Frage unmöglich beantworten.

Marc *(vergisst das Spiel)*: Jetzt aber im Ernst.

Becker: Wie schreibt man das?

Marc: Los. Jetzt frag du mich auch was!

Becker: Was hörst'n für Musik?

Marc: Branduardi. Nur die alten Platten. Die neuen sind Einheitsmatsch. Ich steh' auf die alten Platten.

Becker: So. Branduardi. Bisschen ungewöhnlich für dein Alter.

Marc: Und du?

Becker: Dylan.

Marc: Ziemlich ungewöhnlich für dein Alter!

Becker: Branduardi ... hätt' ich jetzt nicht gedacht.

Marc: Ja, ich weiß. Die andern in meiner Klasse hören's auch nicht gern. "Was hörst'n du wieder für 'ne Scheiße", sagen die immer. Aber mir gefällt kein Techno. Die hör'n alle bloß Techno. Nur dem Kevin gefällt's.

Der Junge kramt in seiner Tasche eine Packung Zigaretten aus, und bietet Becker eine an. Becker kratzt sich am Kopf, greift dann wie das lebendige schlechte Gewissen zu und lässt sich sogar Feuer geben.

Becker: Ein Freund von dir?

Marc: Mein bester Freund. *(Plötzlich klingt der Junge ziemlich verbittert)* Der will aber auch nix mehr von mir wissen. – Kennst du Winnetou und Old Shatterhand? *(Becker nickt)* – Mann, die gehen durch dick und dünn miteinander, wie der Kevin und ich ... ich mein', ich ... hab' das mal geglaubt.

Becker: Warum? Habt ihr euch verkracht?

Marc: Kein Kommentar.

Becker: Du musst dir eben neue Freunde in der Klasse suchen.

Marc: Ich ... ich hab' nicht viele Freunde. Die können mich alle nicht leiden.

Becker: Wieso nicht?

Marc: Darum nicht.

Becker: War das schon immer so?

Marc: Du redest wie die Psychologin, wo ich immer hin muss.

Becker: Du bist viel allein, nicht?

Marc: Ooch, ich bin ganz gern allein.

Es tritt wieder eine kleine Gesprächspause ein. Becker lehnt sich zurück.

Marc: Sag' mal das Gedicht.

Becker: Gefällt's dir denn?

Marc: Es ist ... so schön traurig.

Becker: Am Abend, wenn die Glocken Frieden läuten
folg ich der Vögel wundervollen Flügen
die lang geschart, gleich frommen Pilgerzügen
entschwinden in den herbstlich klaren Weiten.

Hinwandelnd durch den dämmervollen Garten
träum ich von ihren helleren Geschicken
und fühl der Stunden Weiser kaum mehr rücken.
So folg ich über Wolken ihren Fahrten.

Da macht mich von Verfall ein Hauch erzittern
die Amsel klagt in den entlaubten Zweigen
es schwankt der rote Wein in rostigen Gittern.

Indes, wie blasser Kinder Todesreigen
um dunkle Brunnenränder, die verwittern
im Wind sich fröstelnd blaue Astern neigen.

In des Jungen Augen hat währenddessen ein melancholischer Ernst Einzug gehalten. Wie in einer Andacht schaut er vor sich hin. Um dann das große Rund seiner Augen auf Becker zu richten.

Marc: Hilf mir.

Becker: Hmm.

Marc: Mach irgendwas, dass ich nicht aussagen muss.

Becker: Wird schon alles werden, Marc.

Marc: Gibst du mir die Hand drauf?

Er hält ihm seine Rechte hin. Becker rührt sich zunächst nicht. Dann aber drückt er sie, wie unter Zwang.

Becker: Ich red' noch mal mit ihm und sag' dir übermorgen hier wieder Bescheid. Hör' mal zu, mein Junge ...

Marc ist ganz Ohr.

Becker: Wenn's nicht klappt ... niemand kann dich zwingen, über Dinge zu reden, über die du nicht sprechen möchtest. Wenn du aber doch was sagst, dann bleib immer bei der Wahrheit, okay? Sag' einfach, was für dich wahr ist. Und dann gibt's da noch diesen Verrückten, der ihn verteidigt, sein Anwalt ... kann schon sein, dass er dich vor Gericht mal vielleicht für einen Moment hart anpackt. Aber merk dir: Auch wenn er mal sowas sagt – niemand wird wirklich glauben, dass du 'n Lügner bist.

Der Junge springt verschreckt auf.

Marc: Meine Fresse, was will die denn hier. Wenn die uns hier zusammen sieht ...

Becker wird aufmerksam.

Marc: Da kommt Urla, meine Psychologin. Ich verschwinde lieber. Ab nach Hause.

Becker: Sag' mal, Marc ... wirst du zu Hause erzählen, dass wir uns getroffen haben?

Marc: Ach so. Nöö. Also, Ciao.

Er packt den Ranzen und eilt, fast panisch, auf den hinteren Ausgang des Parks zu. Doch dann bleibt er zur Verwunderung Beckers noch einmal stehen. Er verharrt, ohne sich umzudrehen. Becker starrt ihn an.

Marc: Sag' ihm auch 'nen schönen Gruß.

Im nächsten Augenblick ist er verschwunden. Für einige Sekunden bleibt Becker allein. Ein kleines Mädchen und ein dicklicher Junge treten ins Bild.

Das Mädchen: Lässte mich mal beißen?

Der Junge: Mann, hol dir doch selber'n Hamburger, blöde Kuh.

Das Mädchen: Könntst mir ruhig was abgeben. Is'gemein, wenn du mir nix abgibst. Guck mal, wie fett du bist. *(Sie streckt ihm die Zunge weit heraus)* Fetty, Fetty.

Der Junge: Selber Fetty, du Pummel.

Das Mädchen: Schwuuler!

Der Junge: Ich bin gar kein Schwuler! Das sag' ich alles meiner Mutter, was du für schlimme Sachen zu mir sagst. Aber du, du bist 'ne Lebse! 'Ne dreckige gemeine Lebse!

Er rennt plärrend davon. Näschen voraus – und selbstbewusst die Hände auf dem Rücken – inspiziert das Mädchen die Parkbänke. Zuerst beäugt sie die aufgeschlagene Zeitung des Manns mit dem Hut, welcher sie geflissentlich ignoriert. Dann lugt sie über den Rücken Beckers. Ihr blonder Lockenschopf ragt gerade fünnf Zentimeter über die Parkbank.

Becker: Na, Spatz.

Sie grinst schräg.

Das Mädchen *(glockenhell)*: Schwuulaaaa!

Das Näschen kokett gegen die bleiche Sonne gerichtet, nimmt sie die Beine in die Hand und nimmt reißaus. Beckers Augen indessen sprechen Mord. Es nähert sich eine Frau.

Waldt: Nanu, das war doch hoffentlich keine Zeugenbeeinflussung, mein Lieber. Gehört das neuerdings zur Verteidigung, sich an das Opfer ranzumachen? – Hallo, Thomas. Hast Du ja wunderbar arrangiert, mich zur selben Zeit wie ihn einzubestellen. Wieso ist er eigentlich weggerannt?

Becker: Er wollte nicht, dass du schlecht über mich denkst.

Waldt: Im Ernst, Tom, wenn das rauskommt ... ob du damit deinem Mandanten einen Gefallen tust ...

Becker: Wenn du ehrlich bist, hast du doch gewusst, dass ich ihn sehen werde. Indirekt hast du mir ja selber dazu geraten, als du sagtest, du wüsstest selbst noch nicht, was du von der Sache zu halten hast.

Waldt: Schon möglich. Weiß er, dass du ...

Becker: Nein. Ich hab' ihm erzählt, ich sei ein Freund von Jannings.

Waldt: Weißt du, ich finde das nicht fair. Der Junge hat sowieso schon so wenig Vertrauen, gerade, nachdem das jetzt passiert ist. Und du lügst ihn glattweg an. Was meinst du, was passiert, wenn er spitzkriegt, dass du Jannings' Verteidiger bist?

Becker: Mein Risiko.

Waldt: Oder wenn er den Eltern erzählt, dass ihn schon wieder ein Mann angeredet hat?

Becker: Er hat mir versprochen, den Mund zu halten.

Waldt: Das hat er schon von Sascha Jannings gelernt. Welchen Eindruck hast du von dem Jungen?

Becker: Es stimmt, was du gesagt hast. Er ist ziemlich neugierig auf sexuellem Gebiet.

Waldt: Ich sagte "sexualisiert".

Becker: Streiten wir uns nicht über Ausdrücke.

Waldt: Hat er dir gegenüber geredet?

Becker: Über alles mögliche. Nur nicht über die Sache.

Waldt: Siehst du, ich hab's dir gesagt: Der lässt keinen an sich ran. Der blockt sofort ab, wenn das zur Sprache kommt.

Becker: Ich frage mich nur, wie ihn dann der Vater zum Reden gebracht hat, als er mit ihm auf der Polizei war.

Waldt: Das hat man öfter bei Missbrauchsopfern. Erst unter der Last ihrer Schuldgefühle sagen sie die entsetzliche Wahrheit. Danach schämen sie sich furchtbar und verkriechen sich stärker in sich als jemals zuvor. Vor allem haben sie auch Angst, gegen den Missbraucher auszusagen. Meist verstehen es diese Leute nämlich ziemlich gut, bei einem Kind schon ganz am Anfang für Schuldkomplexe zu sorgen.

Becker: Is' wirklich krass.

Waldt: Wenn du wüsstest, was ich da schon alles erlebt habe. Du brauchst nur eine Woche im Frauenhaus zu arbeiten, und du kriegst den Moralischen. Da werden kleine Mädchen jahrelang missbraucht, und keiner merkt was davon. Die einzige, die's merken könnte, ist die Mutter. Und die sieht partout nicht, was ihr selber weh tun könnte. Oft stellen's die Mütter sogar in Abrede und decken ihre Männer gegen das Kind. Manche verfolgen es sogar unterschwellig mit ihrer eigenen Eifersucht. Manchmal missbrauchen Eltern ihre Kinder sogar gegenseitig, um sich's auf diese Weise heimzuzahlen, mal der Vater, mal die Mutter, und verdrängen gleichzeitig, dass es der andere tut.

Becker: Verdrängung ... das ist Psychoanalyse, nicht?

Waldt: Fang bloß keine alten Diskussionen an, Tom. Von Psychologie hast du lebenspraktisch erprobtermaßen keine Ahnung.

Becker: Den "Freud für Feministen" hab' ich doch von dir! Was verdrängt wird, bricht über unbewusste Kanäle woanders wieder hervor. Als Symptom. Von Hautausschlägen bis zur Schwindsucht. Faszinierend. Bei euch gibt's einfach kein Vergessen.

Waldt *(nach einem verstohlenen Blick)*: Nein, Tom. Bei uns gibt's kein Vergessen.

Becker: Glaubst du wirklich, dass man etwas so gründlich verdrängen kann, dass man sich nicht daran erinnert – nur weil man sich nicht erinnern w i l l ?

Waldt: Wenn's belastend genug ist.

Becker: Glaubst du das bei dem Jungen?

Waldt: Dass er nicht redet, weil er sich an nichts erinnert? – Oh nein ... sonst hätte er bei der Polizei bereits geschwiegen.

Becker: Und du hältst es wirklich für ausgeschlossen, dass der Junge sich da etwas zusammengesponnen hat, als sein Vater ihn zur Polizei brachte?

Waldt: Das kannst du ja wohl nur als Jannings' Anwalt fragen. Oder glaubst du da etwa selber dran?

Becker: Ich hab' aus seinem Mund nichts gehört, und solange er vor Gericht nicht wiederholt, was er auf der Polizei gesagt hat ... ; immerhin habe ich einen Zeugen.

Waldt: Wie schade, dass ich deine Blütenträume von der Unschuld deines Mandanten zum Platzen bringen muss. Ich hab' dir nämlich was mitgebracht.

Die Frau packt Fotos aus.

Waldt: Als er das letzte Mal bei mir war, hab' ich ihm unseren Szeno-Test vorgelegt. So eine Art Spielekoffer mit Figuren drin.

Becker: Und er hat den Braten nicht gerochen, dass du was aus ihm rauskriegen willst? Ist er für sowas außerdem nicht ein bisschen zu alt?

Waldt: Ich befürchtete, dass die anderen Testsachen noch viel offensichtlicher gewesen wären. Damit meine ich die, mit denen ich es bei ihm noch n i c h t probiert habe – und da blieb nicht viel übrig. Ich hab' ihm nur den aufgeschlagenen Koffer gezeigt und ihn damit allein gelassen. Da hat er sich hingesetzt und spontan diese Szene in der Küche gebaut. Das hat man öfter.

Kinder, denen so etwas passiert ist, reden nicht. Aber sie haben den Drang, etwas zu signalisieren, Botschaften auszusenden – und die hier ist relativ klar ... schau her, ich hab's abfotographiert.

Sie stecken die Köpfe zusammen.

Waldt: Ein Mann steht hinter'm Fenster und guckt von draußen ins Zimmer. Dort der Junge am Küchentisch; das Krokodil im Zimmer, das näher kriecht, mit aufgerissnem Rachen. Daneben die Eltern. Und da – schau dir den Jungen an. Er sitzt von dem Mann am Fenster abgewendet, aber auch zu den Eltern schaut er nicht; er signalisiert aber mit dem hochgehaltenen Arm, dass er sie ruft. Aber die reagieren nicht, schau'n nicht mal hin. Der verzweifelte Hilferuf eines Kindes vor dem Bedroher, dem unheimlichen Freundfeind. Die Eltern, die seine Signale nicht sehen, weil sie miteinander schwätzen. Die kleine Babypuppe dort am Boden soll heißen: Schaut, Papa, Mama, das bin ich, wie ich früher war, holt mich wieder zurück, damit ich wieder euer Kind bin. Der Hilferuf eines Jungen, der seine Eltern hintergangen hat, von einem falschen Freund verführt.

Becker: Hat er diese Geschichte dazu erzählt?

Waldt *(schüttelt den Kopf)*: Nein. Als ich ihn gebeten habe, eine Geschichte dazu zu erzählen, hat er den Mund die ganze restliche Zeit über nicht mehr aufgemacht. Es kommt ihm nicht über die Lippen, was dein Mandant mit ihm gemacht hat.

Becker *(nachdenklich)*: Urla, wieso trägt so ein Pimpf Zigaretten bei sich – und raucht selbst gar nicht?

Waldt: Was weiß ich, Angeberei, Machogehabe ... musst du doch am besten wissen.

Becker: Der Junge wirkt nicht so.

Waldt: Will nix heißen. Als wir uns kennenlernten wirktest du auch nicht so und wolltest bloß Feuer. Angeblich.
Becker: Der Junge wirkt absolut nicht so.

Waldt: Eben. Hat kein Selbstvertrauen und zerfließt vor Selbstmitleid. So sieht ein sexuell gedemütigter Macho aus.

Becker: Ich hab' da wohl 'nen ganz üblen Sparringspartner in dir. Den Staatsanwalt wird's sicher freuen, was du über den Jungen zu sagen hast.

Waldt: Du hast nichts an Arroganz eingebüßt.

Becker: Und du bist immer noch die Frauenbewegung in Person.

Waldt: Du hast mir gar nicht erzählt, was du die letzten Jahre alles so getrieben hast. Plötzlich warst du verschwunden. Kommst aus dem Nichts, verschwindest ins Nichts. Nicht mal deine Frau hat gewusst, mit wem sie verheiratet ist. Da bist du also jetzt Anwalt geworden.

Becker schweigt.

Waldt: Na ja. Mir hast du ja schon früher nie was erzählt. Gibt's im Moment eigentlich 'ne Frau in deinem Leben?

Becker: Komisch, du bist schon der Zweite heute, der mich das fragt.

Waldt: Ach?

Becker: Denk' dir, der Junge vorhin. Man nennt das bei euch sexualisiert.

Waldt: Streiten wir uns nicht über Ausdrücke.

Becker: Tu' mir einen Gefallen. Lass uns über uns erst reden, wenn die Sache abgeschlossen ist. Ein Strafverteidiger sollte nicht ausgerechnet mit der Sachverständigen des Gerichts zarte Bande knüpfen. Wer weiß, ob die noch ein anderes Gutachten von dir wollen.

Waldt *(nachdenklich)*: Es ist wirklich merkwürdig. Ich meine, dass ich an den Fall gekommen bin ... und dass gleichzeitig dir die Sache zufällt. Man könnte meinen, da hat jemand Schicksal gespielt.

Becker: Hoffentlich ist er uns wenigstens gut gesonnen. Auf alle Fälle sag' vielleicht besser keinem, dass wir uns kennen, solange die Sache läuft. Bin dort als topseriöser Becker akreditiert und kann dir ab und zu was zuschanzen, wenn du keinen Mist baust.

Sie lacht aufgekratzt.

Becker: Wer weiß, was uns da gedreht werden kann. Auch wegen dem Jungen ... vertrau' mir ein letztes Mal. Und lass dich unter gar keinen Umständen zu irgendwas provozieren. Wenn rauskommt, auf welchem Fuß wir mitnander stehen, zahl' nicht bloß ich die die Rechnung. Sieh's als Glücksfall.

Waldt: Warum nicht Schicksal, das uns nach so vielen Jahren noch mal die Gelegenheit gibt ...

Becker: Ich glaube nicht an Zufall und nicht an Bestimmung. Würdest du mir so einen Spielekoffer mal ein paar Tage zur Verfügung stellen?

Waldt: Muss das sein? Ich frage mich sowieso, wie ich dazu komme, dir bei der Verteidigung von so einem wie Jannings zu helfen, und ausgerechnet seinem Anwalt aus dem Nähkästchen zu plaudern.

Becker: Ich brauche ihn nur für ein paar Tage. Das ist wirklich das Letzte, worum ich dich bitte.

Waldt *(nach einigem Nachdenken und einem resignierten Stöhnen, indem sie einen Schlüssel aus ihrer Tasche zieht)*: Ich will an deinem Untergang ganz bestimmt nicht schuld sein ... aber lass die Finger von Marcs Koffer und schmeiß' nix um. Weder rein zufällig noch aus Bestimmung! – Nimm dir einen von den anderen, den kannst du dann von mir aus bis nach der Verhandlung behalten. Da hast du den Zweitschlüssel für die Praxis. Schau im Stahlschrank nach.

Becker: Kommst du nicht mit?

Waldt: Geh allein hin. Ich treff' mich noch mit Cornelia.

Becker: Möcht' wetten, du kennst sie aus dem Frauenhaus.

Waldt: Ihre Tochter war mal bei mir. Vom Vater missbraucht. Ich plan' ein Seminar mit ihr. Über Männergewalt.

Becker: Deine Welt besteht nur aus missbrauchten Töchtern und schlagenden Vätern und männlichen Vergewaltigungsfantasien. Warum beschäftigst du dich dauernd mit Problemen, die du selbst nicht hast?

Waldt: Sie hat's nicht einfach gehabt, seit das damals war. Jetzt hat sie einen Freund, 'n ehemaligen Bunni, der jetzt auf die Polizeischule geht. So'n rechtes Arschloch. War mal bei den Republikanern. Ich vesteh' die Conny nicht ... da hat sie sich von so 'nem Macho scheiden scheiden lassen und fängt sich dafür 'nen andern ein.

Becker: Aber geht auf Seminare über Männergewalt. Und du machst den Blödsinn mit. Das ist überhaupt euer Dilemma. Ihr kloppt auf die Seite drein, die ihr hasst und trefft die, die ihr liebt. Und hinterher wundert ihr euch, warum so viel auf einmal kaputtgegangen ist.

Waldt: Erspar' mir bitte deine Binsenweisheiten. Unser persönlicher Wert geht offenbar nicht über die Frischfleischpreise hinaus. Nimm' mich als bestes Beispiel.

Becker: D u warst es, die glaubte, ich müsse meine Gefühle für sie halbiert haben weil ich mit einer anderen das Bett teilte. Nach eurer sexualisierten Rechnung war alles plötzlich nichts mehr wert.

Waldt: Mein Gott, Tom ... warum bist du denn dann nicht zwischendurch einfach mal gekommen ... ich bin doch kein Mensch von der Sorte ...

Becker: Lass gut sein. Wir haben beide unsre Chance gehabt. Du hast deine Minderwertigkeitsmoral und ich das Loch an meiner Seite. Man kann heutzutage immer nur das eine oder das andere haben.

Waldt *(betroffen)*: Wie ... wie geht's dem Kleinen?

Becker: Ihr habt ihn mir entfremdet. Er geht mich nichts mehr an.

Waldt: Das Kind hat dich doch sowieso kaum gekannt. So wenig wie wir alle!

Becker: Sie konnte ja nicht ertragen, dass er sich am liebsten für uns beide entschieden hätte. Und dank meiner fachkundigen gehörnten Affäre hat sie ihn bekommen. Weiber unter sich! *(lacht bitter)* Hatte Pläne, endlich mal 'n echter Paps zu sein, nach Jahren der Diaspora. Rache für den Weltenwandrer, Preis für'n verrücktes Leben. Bekommt doch jeder das, was er verdient.

Sie sitzen jetzt für einige Sekunden verlegen und wortlos beieinander.

Waldt: Ich ... ich muss jetzt gehen, Tom. Da vorne steht mein Wagen.

Becker: Gehen wir noch ein Stück miteinander?

Waldt *(überrascht)*: Ich versteh' es symbolisch. Ein Stück. Es ist spät geworden.

Becker und die Psychologin erheben sich jetzt. Als sie fast außer Sichtweite sind, senkt sich die Zeitung vor dem Gesicht des Mannes mit dem Hut. Er greift unter sich und zieht an der Seidenschnur das erbsengroße Mikrophon der Stimmaufzeichnung an sich heran; ein mikroelektronisches Wunderwerk, das uns in Rolladenkästen und im Innern von Radiergummis noch ebenso zuverlässige Erkenntnisse über psychische Echtheit anhand von Stimmverfärbungen liefern wird wie – in diesem Fall – aus dem unterirdischen Versteck einer Grasnabe. Elmer schaltet im Funkwagen 400 Meter jetzt den Analytic Voice Selector ab: In einzigartiger Qualität haben wir eine Seele in der Maskerade des äußeren Anscheins im Kasten; eine zweite in bestürzender Klarheit; und eine dritte in der beängstigenden Präzision ihres Handwerks.

BERATUNG

Wir wechseln den Schauplatz und sehen Jannings und Becker im Untersuchungsgefängnis. Diesmal stand uns zusätzlich die Videoüberwachung der Vollzugsanstalt zur Verfügung, per Sondergenehmigung ins Zelleninnere ausgedehnt. Legende: Verstärkte Beobachtung infolge Selbsttötungsgefahr. Der Raum ist sehr schlicht eingerichtet. Das spartanische Interieur besteht aus einem Tisch mit zwei Stühlen; einem Schränkchen nebst Klappbett vor vergittertem Fenster. Jannings starrt gerade hinaus. Von Zeit zu Zeit drückt der Inhaftierte sich ein Taschentuch gegen das Gesicht. Becker sitzt rauchend am Tisch.

Jannings: Verurteilen Sie mich?

Becker hüllt sich in Schweigen. Jannings dreht sich um.

Jannings: Nein, Sie Gutmensch. S i e verurteilen mich nicht. Sie halten mich bloß für'n bisschen balla-balla, und 'n bisschen pervers. Schauen Sie sich den kleinen Perversen in aller Ruhe an. Entspreche ich Ihren Erwartungen?

Becker: Sie sehen nicht gut aus im Moment. Schmerzen?

Jannings: Gehört zu den pädagogischen Aspekten der Haft. Für morgen hat man mir angedroht, mir was abzuschneiden. Halten hier alle für die beste Lösung.

Becker: Ich soll Sie von dem Jungen grüßen.

Jannings: Oh, Sie haben ihn gesehen.

Becker: Ja, ich hab' ihn gesehen.

Jannings: Wie geht's ihm?

Becker: Warum interessiert Sie das?

Jannings: Natürlich, wie könnte es das. Ich bin ein Schwein. Schließlich habe ich ihn missbraucht.

Becker: Darüber erlaube ich mir kein Urteil. Vielleicht missbrauchen Sie ihn jetzt.

Jannings: Mir bleibt nichts andres übrig. Ich bin angezeigt worden. Er hat nichts zu verlieren.

Becker: Sie selber haben gegenüber der Polizei immer noch nichts ausgesagt?

Jannings: Ich? Meine Güte. Der letzte Bulle, der hier war, gleich nach meiner Verhaftung, der hat sich wirklich sehr darum bemüht. War rotzfreundlich. Das hat sich aber schnell gelegt. Zum Schluss hat er mit 'nem Schrieb vor meiner Nase rumgewedelt. "Gestehen

Sie doch, hat doch keinen Zweck, wir wissen eh' schon alles, hier," – Fuchtel, Fuchtel – "steht doch schon alles da drauf, der Junge hat ausgepackt" – Und wissen Sie, was es war? Ha! – 'Ne unbezahlte Pizzarechnung. Von wegen Geständnis – Marc hat erst beim zweiten Mal auf der Wache ausgesagt. Ich sag' denen nichts. Wenn der Junge was auszusagen hat, soll er's selber sagen. Hängen Sie mich dafür auf, wenn Sie wollen.

Becker: Sagen Sie auch weiter nichts. Nur zu Ihrem Anwalt.

Jannings scheint einen Augenblick zu erstarren.

Jannings *(leise)*: Geht's ihm gut?

Becker: Nicht sehr. Er hat Angst vor der Verhandlung.

Jannings: Wenn er all das wiederholt, was er auf der Polizei ausgesagt hat ... die drehen ihn um, und nichts, nichts kann ich dagegen tun.

Becker: Was w ü r d e n Sie denn tun?

Jannings Ihm sagen, dass ich ihn lieb hab ... und dass er's nicht vergessen soll.

Becker *(brummt etwas Unverständliches; dann)*: Das wäre Zeugenbeeinflussung. Sie wissen, dass Ihnen jeder Kontakt zu dem Jungen untersagt ist.

Jannings Sie gehen mir auf die Nerven ...

Er besinnt sich; fährt sich dann mit der Rechten fahrig über die Stirn.

Jannings: Man wird grantig ... – Hoffentlich hat meine Mutter noch nichts davon erfahren ... von dieser ... Schande. Ich kann nicht mehr schlafen. Heut morgen hab' ich geheult. Seit dieser Typ letzte Woche da war, dieser sogenannte Anwalt ... hat gesagt, für dreitausend Mark holt er mich hier raus, und was von Haftverschonung gefaselt. Und was ist passiert? Nichts. Verdunklungsgefahr, Fluchtgefahr ... das war's dann. Bloß weil sie in meinem Adressbuch ein paar holländische Bekannte gefunden haben. "Auswanderungsgefahr", das wär'gut gewesen, haha.

Becker: Haben Sie noch Geld?

Jannings: Zweihundert auf'm Konto von der Spedition. Ende der Fahnenstange. Mann, ich bin seit Wochen überfällig, und hier kennt doch jeder jeden ... die haben mich doch schon längst wieder rausgeschmissen ... ich weiß nicht mal, wie ich meine Wohnung noch bezahlen soll.

Becker: Weiß einer Ihrer Kollegen von Ihrer Verhaftung ... und vom Grund?

Jannings: Ich hab' doch bloß noch Zeit gehabt, die Elaine anzurufen, damit sie weiß, wo ich stecke. Der hab' ich's natürlich gesagt. Aber die ist ein Plappermaul, und das spricht sich doch herum in so 'ner kleinen Stadt. Wenn man schon einen im Cafe verhaftet ... mich stellt doch keiner mehr ein, wenn das rauskommt. *(seufzt)* Wenn nur der Junge dichthält. Das ist das Einzige, was mich noch hält.

Becker: Und wie er das alles verkraftet lässt Sie völlig kalt.

Jannings: Das weiß ich doch ... alles, was ich machen kann, ist, ein Geständnis abzulegen, dann lassen die ihn in Ruhe, und er braucht nicht auszusagen. Das wollen Sie doch sagen, oder?

Becker: Warum tun Sie's nicht? Im Normalfall springen bei sowas mildernde Umstände raus.

Jannings: Freispruch wohl kaum, oder irre ich mich?

Becker schweigt beharrlich.

Jannings: Nein, nein, ich muss ihm vertrauen – muss einfach. Immer wieder habe ich ihm gesagt: Marc, du musst wissen, was du für richtig hältst, nicht andre. Lass dir nix einreden, lass dir überhaupt n i e was über dich oder über andre Leute einreden. Bloß, wenn du mich für einen Drecksberl hältst – ich meine d u, d u ganz persönlich – dann zeig mich an, oder sag's jemandem, und kein Wort werde ich dagegen sagen, nicht einmal zu meiner eigenen Verteidigung werde ich den Mund aufmachen. Vertrau' deinen eigenen Gefühlen, hab' ich gesagt, sonst bist du im Leben immer der Arsch. Hab's doch selbst mein Leben lang mitgemacht und's lernen müssen, sonst hätte ich doch gar nicht überlebt. Ich ... ich hab' doch gemerkt, wie er langsam Selbstvertrauen aufgebaut hat ... nein, nein, nein, es muss sich bewähren, was er bei mir gelernt hat, und er weiß es.

Becker: Dann bleibt nur noch übrig, dass wir die Glaubwürdigkeit seiner Eltern anfechten ... oder seine, wenn er vor Gericht Aussagen macht, die Sie belasten.

Jannings: Verstehen Sie das nicht, dass ich nicht hier brummen kann, während die ihm da draußen erzählen, was für ein Schwein ich bin? Ich will ihn sehen, ich will nicht, dass er mir weggenommen wird ... nicht auf diese Weise. Nichts ist ewig, alles nur auf Zeit, aber jemanden auf diese Weise zu verlieren ... kann das denn kein Mensch verstehen! Ich hab' ihn lieb, s' war immer so, und verdammt noch mal, ich weiß, dass es bei ihm genauso ist. *(verzweifelt)* Ich weiß es ganz einfach – ganz gleich, wie Sie darüber denken.

Becker *(kopfschüttelnd)*: Sie wollen unbedingt Ihre komische Illusion von Beziehung mit ihm retten.

Jannings: Mit Zähnen und Klauen. Wenn Sie ihn kennen würden so wie ich, und wenn Sie meine Gefühle für ihn hätten, und wüssten, was uns verbunden hat, dann würden Sie's genauso machen. Ich bin bloß ein Exot, aber er ist so ein sensibler, offenherziger, wunderbarer Mensch ... der ist was ganz besonderes, sag' ich Ihnen, ein schöner Geist in einem schönen Menschen. Ich hätte nie gedacht, dass mich wirklich mal jemand so annimmt, wie ich bin ... dass so etwas überhaupt möglich ist. Ich sag' Ihnen: Der ist es wert.

Becker: Ich frage mich nur, ob Sie da nichts überschätzen.

Jannings: Warten Sie's doch ab. Ob ich's ihm wert bin wird sich zeigen, wenn er vor Gericht ihr Spiel nicht mitmacht. Mit Zähnen und Klauen werde ich meinen Kopf verteidigen, solange ich es ihm wert bin. Auch wenn sein eigener Vater meint, dass er ihm diese Gewalt antun muss. Er verhetzt ihn, und der ganze Prozess ist nur aus purem Hass gegen mich, ohne jeden anderen Grund schleift der den Jungen vor Gericht. Marc hat mir mal erzählt, dass er ihn geschlagen hat. Mit Zähnen und Klauen also – trotz Ihrer mildernden Umstände. *(nachdenklich)* Aber vielleicht gibt's ja doch den andern Weg ... wie lange lässt der uns eigentlich noch hier warten?

Becker: Na ja. 'N bisschen spät für 'ne akademische Viertelstunde. Wird schon kommen, der Doktor-med-Doktor-phil-Doktor-rer-nat-Prokop. Gilt selbst in Fachkreisen als äußerst vielbeschäftigt. Haben Sie ein bisschen Nachsicht.

Jannings: Sie mit Ihrem Kopfaufschneider. Wieso heißt der Mensch eigentlich so? Pro Kopp tausend Mark? Glauben Sie wirklich, dass d a s meinen Richter gnädig stimmen könnte – wenn ich mich operieren lasse?

Becker: In Therapie wollen Sie ja nicht mehr.

Jannings: Weil's nix bringt, Herrgottnochmal! Mann, ich hab' sechs Jahre Therapie gemacht, bis ich an meiner ganzen Kindheit fast irre geworden wär'! Der eine hat mir was von irgendwelchen Erlebnissen erzählt, an die ich mich nicht erinnern kann, und als sein Hokuspokus dann nichts brachte, hieß es, ich wär' nicht kooperativ und wollt' mich überhaupt nicht ändern. Später haben sie's mit Verhaltenstherapie versucht. So'n Seelenklempner wollt' mich unbedingt in den Puff schicken, und als er meinte, es wär' soweit, bin ich sogar hingegangen. Ich hab' noch nie in meinem Leben so geschwitzt. Da machste 'ne Bluse auf – und nix als Schwabbel! Hab' nie begriffen, wieso die alle auf sowas abfahren können! Zwei Wochen lang hätt' ich jeden Abend aus dem Fenster springen können, so hab' ich mich geschämt. Nie wieder lass' ich das mit mir machen. Nie wieder. – Und gebracht hat's gar nichts. *(schnaubend)* Die machen sich's einfach. Ich hab' immer öfters gehört, das wär' gar keine Krankheit, und das habe ich auch immer geahnt. Im alten Griechenland hätt'man das verstanden ...

Becker *(fällt ihm ins Wort)*: Das alte Griechenland hilft uns jetzt nicht weiter. Hüten Sie sich um Himmels Willen, vor Gericht mit solchen Thesen. Erkennen Sie an, wofür man's dort hält. Es macht schon einen Unterschied, ob Ihr Richter den Eindruck hat, dass Sie bereit sind, etwas gegen Ihre Veranlagung zu unternehmen. Unser Mann hat schonmal mit der Begründung einen auf Bewährung gemacht, dass der Beschuldigte sein Einverständnis signalisiert hat. Darauf haben wir uns einzustellen.

Jannings: Mann, ich hab' noch nie so 'ne Schiss gehabt. *(nach einer Pause)* Ich hab's an der Lunge. Bei mir geht sowas immer auf die Lunge.

Es klopft. Jannings brummt ein "Herein". Knarren. Ein Vollzugsbeamter kündigt Besuch an.

Jannings: Oh ja. Doktor Prokop?

Schweren Schritts betritt Prokop – mit einem sonoren "So ist es" – das Zimmer. Bei ihm ist eine junge Frau, die eine schwerbeladene Tasche auf dem Boden abstellt.

Prokop *(klingt nun etwas verunsichert)*: Ja ... nun, ich bringe auch eine junge Dame mit ...

Jannings *(peinlich berührt)*: Das ist Elaine Roland, eine Freundin von mir. Haben Sie sich draußen getroffen ... ah, Elaine, wunderbar, du hast die Sachen dabei ... würdst du noch einen Augenblick draußen warten, bis wir fertig sind ...

Roland: Pardon, tut mir Leid, ich ... ich komm später noch mal, ich ... warte.

Sie geht und schließt verdutzt die Tür.

Jannings: Darf ich Ihnen Herrn Becker vorstellen, meinen Strafverteidiger? Er war es, der mir riet, Sie zu konsultieren ...

Stühlerücken, Verlegenheitsgelächter.

Becker: Lassen Sie sich durch mich nicht stören. Tun Sie so, als ob ich gar nicht da wäre.

Prokop: Tja ... Herr Jannings – Jannings heißen Sie doch, nicht – ich komme, weil ich von Ihnen ein Schreiben bekommen habe ...

Jannings: Ja, bitte.

Prokop: Kommen Sie bitte zur Sache, ich muss gleich wieder weg.

Jannings: Ja, ich ... mein Pflichtverteidiger ... ich meine, jetzt habe ich wieder einen anderen ... er legte mir nahe, auch im Hinblick auf den Vorsitzenden in der Hauptverhandlung ... nun, er legte mir nahe und ich hab' schon seit meiner letzten Therapie mit dem Gedanken gespielt ... mich einer neurochirurgischen Kastration zu unterziehen ...

Prokop *(ernst)*: Der mildernden Umstände wegen?

Jannings: Ich will endlich wieder leben können ... ohne diese Versuchungen, und die ständige Verfolgung durch die Behörden ... seit einem Jahr wird mein Telefon überwacht, ich meine, ich war nie vorbestraft oder so, aber Sie wissen ja, wie das so geht ...

Prokop: Wenn Sie pädophil sind, dann könnte man die Möglichkeit schon in Erwägung ziehen. Sie wissen, dass davon erhebliche Gefahren für Kinder ausgehen ...

Jannings: Jaja, schon klar. Wissen Sie, wenn man die sexuellen Gefühle irgendwie ... abstellen könnte, dann wäre das ein Segen für mich ... ich meine, ich halte mich nicht für gemeingefährlich oder so ... ich mein', ich liebe junge Menschen, Kinder, wenn Sie so wollen ... wissen Sie, wenn man diese Gefühle irgendwie abtöten könnte, so dass ich nicht mehr in Versuchung komme, dann wäre das zumindest eine Erleichterung, wenn mir nur die anderen Gefühle bleiben ...

Prokop: So einfach ist das nicht, wie Sie sich das vorstellen. Es handelt sich immerhin um einen operativen Eingriff. Wir machen das nur, wenn wir den Eindruck haben, dass jemand wirklich voll und ganz hinter seiner Entscheidung steht. Und wenn nachgewiesen werden kann, dass Sie mindestens drei Therapien erfolglos abgebrochen haben, und die müssen dann auch über mindestens zwei Jahre gelaufen sein. Es muss uns ein psychiatrisches Gutachten vorliegen, das uns Ihre Aufrichtigkeit bestätigt. Und wo drin steht, dass Ihnen mit herkömmlichen Methoden nicht zu helfen ist.

Jannings *(eifrig)*: Oh, das kann ich Ihnen besorgen, ich hab' mich da schon vor längerer Zeit kundig gemacht, nicht erst wegen dem Verfahren, das jetzt läuft, wenn Sie das mit Aufrichtigkeit meinen ...

Prokop: Das meine ich nicht. Sie werden einsehen ... wir müssen uns erst sicher sein, dass Sie das, was Sie vorhin Ihre Gefährlichkeit genannt haben, rückhaltlos einsehen.

Jannings *(erregt)*: Aber ... wie könnte ich das! Ich könnte keiner Fliege etwas zuleide tun. Und für einen Vergewaltiger kann ich mich nicht halten, tut mir Leid. Wenn man so einsam ist wie ich, und nichts dagegen tun kann, ohne dass man mit einem Fuß im Knast, ich meine, im Gefängnis steht, dann ist das wohl Grund genug, nicht an meiner Aufrichtigkeit zu zweifeln. Die drei Therapien hab' ich gemacht, und auch mal mit 'nem Psychiater gesprochen, der wäre damals schon bereit gewesen, so ein Gutachten zu schreiben. Aber der hielt's einfach für'ne Spielart von Sexualität ... er sagte, ich passe ihm nicht ins Bild eines Triebtäters, ich solle da nichts überstürzen. Ich weiß doch bald selbst nicht mehr, was ich von mir halten soll. Ich hab's mich dann doch nicht getraut, solche Schritte in die Wege zu leiten, es ist immerhin – und da haben Sie völlig recht – ein Entschluss ... sagen Sie, diese Kastration ...

Prokop *(pikiert)*: Also, ich glaube, Sie haben da die üblichen Vorurteile übernommen. Wir "kastrieren" keinen. Da wird viel Unsinn ungeschrieben. Mit diesem Eingriff wird der Trieb beherrschbar gemacht, wie wir sagen ... die Fremdgefährdung wird ausgeschaltet – wie soll ich sagen – auf der Ebene der Erektionsfähigkeit ...

Jannings *(verdutzt)*: Beherrschbar? Soll das heißen ... Sie meinen, ich würde zwar weiter sexuell erregt werden können, wenn's dumm kommt, aber nur soweit ... dass ich mich nicht einmal mehr selbst ... ? *(ihm graust)* Und dafür schneidet man mir im Kopf rum ...

Prokop: Dann nehmen Sie was triebdämpfendes und machen's medikamentös.

Jannings: ... Nein, nein, davon hab' ich schon zuviel Schlechtes gehört.

Prokop: Sagen Sie mal, was wollen Sie eigentlich ... na, überlegen Sie sich's noch mal in aller Ruhe. Sie sollten das wirklich nicht vom Zaun abbrechen. Ich muss jetzt ohnehin schnell weg,

Termine, können Sie sich sicher denken ... gelte selbst in Fachkreisen als äußerst vielbeschäftigt, müssen `Se wissen.

Jannings *(erschreckt)*: Sagen Sie, könnten wir das schon nächste Woche festmachen ... dann könnte ich die Einverständniserklärung bei der Hauptverhandlung vorlegen ...

Prokop: Wir telefonieren. Ich muss jetzt wirklich weg.
Poltern und Knarren. Prokop steht auf.

Jannings: Ich kümmere mich bis nächste Woche dann um das Gutachten von diesem Psychiater.

Prokop Kriegen wir schon geregelt.

Prokop verlässt jetzt das Zimmer. Elaine Roland tritt ein.

Roland: Heiliger Bimbam, Sascha. Wie siehst du denn aus?

Jannings: Dicke Lippe riskiert. Schön, dich zu sehen, Elaine. Wenigstens du hältst noch zu mir. Ich hab' schon die Conny angerufen, ob sie mir ein paar Sachen vorbeibringen kann, aber die ist nicht gekommen. Herrn Becker hast du ja wohl schon kennengelernt?

Roland: Ja, wir kennen uns.

Jannings: Was hast du denn da alles mitgebracht? Klasse, frische Hemden ... prima, meine sind schon ganz verschwitzt.

Roland: Ich hab' dir noch was zu lesen mitgebracht. Den Schinken auf dem Tisch da, den musst du doch schon dreimal durch haben ...

Er lacht gallig.

Roland: Du hast Glück gehabt, dass der Prozess so früh angesetzt ist. Finden Sie es nicht überraschend, Herr Becker, dass das so schnell ging? Aber was starren Sie denn so?

Jannings: Gefällt Ihnen das Buch nicht, Becker, oder was ist los?

Becker: Sie haben's mit Gedichten, wie?

Jannings: Sagen 'Se bloß keinem, ich wär' bibliophil. – Kann's Ihnen übrigens empfehlen. Trakl ist gut für's melancholische Gemüt.

Becker *(langsam)*: Ich hätt's bloß nicht für Jugendliteratur gehalten ...

Jannings: Ach – das wissen Sie ... ? – Na ja, der Junge ist vor ein paar Wochen zu mir gekommen. War völlig fertig mit der Welt. Sie haben in der Schule aufgebrummt bekommen, sich ein Gedicht auszusuchen, das ihnen zusagt, um's vorzutragen. Absolut nicht sein Fall. Er könnte Ihnen dreihundert Seiten aus Brehms Tierleben auswendig aufsagen oder im Reptilienpferch ganze Protestreden vom World Wildlife Fund über die unmenschlichen Haltungsbedingungen freilebender Wildtiere zitieren – immer vorausgesetzt, Sie bitten ihn nicht darum – aber er hat eine geradezu körperliche Abneigung davor, sich mit den Reimen fremder Leute zu produzieren. Sollte mal vor der Klasse singen und hat sich prompt zwei Stunden auf dem Klo verkrochen. Vor sowas kriegt er Muffe. Ich hab' ihm dann ein Gedicht von Trakl gezeigt, wir haben's zusammen gelesen, und ich hab's ihm erklärt. Sagen Sie bloß, er hat's Ihnen aufgesagt?

Becker: Hmm.

Jannings: Wie macht er sich?

Becker: Ganz gut.

Becker knetet die gesammelten Werke Georg Trakls in seinen Händen, und Jannings blickt gerade auf seine Armbanduhr.

Jannings: Gleich zwanzig nach Zwölf. Fünfte Stunde Dienstags – ja, da hat er Deutsch. Er müsste eigentlich in ein paar Minuten dran sein damit ... und ich kann ihm nicht mal gratulieren, wenn's geklappt hat! Er hat sich immer so gefreut, wenn ich ihm was beigebracht habe. Das hab' ich wenigstens gut gekonnt, ihm was beibringen ... und so geht's aus.

Roland: Was glauben Sie denn, wie es ausgeht?

Becker: Das hängt unter anderem auch von Ihrer Aussage ab, Frau Roland.

Roland *(leise)*: Ja, ich weiß.

Jannings *(indem er die mitgebrachte Tasche auspackt)*: Elaine, du hast mir ja sogar meine Platten mitgebracht! Das ist wirklich lieb. Nützen mir bloß nichts. Kassetten wär'n besser gewesen. Ich hab' doch bloß den kleinen Rekorder hier.

Becker blickt ebenso düster wie geistesabwesend auf die Platte, die Jannings gerade wieder einpacken will. Dieser erhascht seinen Blick.

Jannings: Was ist los, Herr Advokat?

Becker: Nichts. *(plötzlich hektisch)* Jannings, ich muss noch mal weg.

Jannings: Ja aber..wohin denn, wir müssen doch noch ...

Becker: Ich muss noch mal in die Schule fahren. Sie ... entschuldigen mich bitte.

Jannings: Da müssen Sie sich aber beeilen. Es geht ja bald auf eins – was wollen Sie denn da?

Becker: Ich ... muss noch ein paar Auskünfte einholen.

Jannings: Sehen Sie den Jungen ... ?

Die Antwort klingt gereizt.

Becker: Woher soll ich das wissen. Ich muss weg. Das Weitere besprechen wir dann, wenn ich wieder zurück bin.

Er steht bereits vor der Tür, als ihm noch etwas einfällt.

Becker: Haben Sie schon Antwort auf Ihr Schreiben an die Eltern erhalten?

Jannings: Ach ja, heute morgen kam was. Von der Mutter. *(Er zieht aus einer Tasche ein Schreiben hervor, das er Becker entgegenstreckt)* Sein Vater rührt sich nicht.

Becker *(überfliegt das Schreiben)*: Und?

Jannings: Sie scheint sich nicht wohl in ihrer Haut zu fühlen. Ich glaube fast, sie ahnt, was die Anzeige für den Jungen bedeutet. Jedenfalls betont sie, dass nicht sie, sondern ihr Mann den Jungen überredet hat, mich anzuzeigen. Sie schreibt, sie will mir nix böses, und so weiter, und so weiter.

Becker: Aber auf Ihr Angebot geht sie nicht ein, soweit ich sehe ...

Jannings: Sie will mich nicht sehen. Davor hat sie genauso viel Angst wie ich. Aber sie fragt, ob sie mit Ihnen mal telefonieren kann.

Becker: Ich ruf' sie an.

Jannings: Es ist vielleicht besser, wenn Sie anrufen, ohne dass ihr Mann daneben steht. Laim ist normalerweise bis achtzehn Uhr im Geschäft.

Becker: Also dann ... machen Sie's gut. Ach – kann ich Ihr'n Trakl da mal behalten?

Jannings: Werden 'Se glücklich damit.

Becker: Frau Roland.

Er nickt kurz und ist im nächsten Moment aus der Tür. Nachdem sie ins Schloss gefallen ist, wirft Jannings einen geradezu flehentlichen Blick auf Elaine. Die leidet es mit stummem Dulden. Es dauert einige Zeit, bis einer etwas sagt.

Jannings: Du lässt mich doch nicht hängen, Elaine?

Roland: Du und deine Jungs. Ich hab' immer gesagt, dass es mal schiefgeht. Aber du wolltst ja nicht hören.

Wieder herrscht Stille.

Roland: Ich verurteile dich nicht ... wegen deiner Sexualität oder so.

Jannings lauscht gespannt.

Roland: Wenn ich nicht den Eindruck gehabt hätte, dass du's mit den Jungs ehrlich meinst und nicht anders kannst, dann hätte ich dir doch die Freundschaft schon längst gekündigt, oder?

Jannings: Aber jetzt stehst du im Begriff, es zu tun, nicht?

Roland: Wenn du aussagen würdest, ich meine ... alles zugeben und so ... einfach die Wahrheit sagen, so wie sie ist, dann bräuchte der Junge hier gar nicht anzutreten ...

Jannings: Und du bräuchtest keine Falschaussage zu machen. Das meinst du doch, oder?

Roland: Der Junge tut mir so Leid ...

Jannings: Oh ja, der Junge. Meinst du, mir tut er nicht Leid ... ? – Was glaubst du, wie oft ich an ihn denken muss.

Roland: Ja, dein Rosarosen-Idyll. Du liebst, und wie andere damit leben, ist dir egal.

Jannings: Weißt du, was mir jetzt langsam auffällt – dass du nichts begriffen hast, die ganzen Jahre nicht, und ich merk's erst jetzt. Du glaubst doch auch, dass es bei mir nur um Sex geht, an den kleinen Perversen ... und du hast immer gesagt, dass du nicht so denkst wie die andern alle ...

Roland: Das ist doch nicht wahr.

Jannings: ... und jetzt lässt du die Katze endlich aus dem Sack. Jetzt, wo's nur drum geht, dass du diesen ganzen spießigen, verlogenen Wahrheitsmumpatsch – der in so'nem Fall übrigens nur dem System dient, das Leute wie mich mit Willkürparagraphen fertig machen will – dass du da mal das einzig Richtige tust und e i n m a l im Leben die Unwahrheit sagst.

Roland: Lass doch die Klischees. Bei dir muss der Staat immer für alles herhalten.

Jannings *(giftig)*: Bloß, weil man unter Verfolgungswahn leidet, ist das noch lange kein Beweis dafür, dass sie n i c h t alle hinter einem her sind. Dem Staat geht's doch nicht um den Jungen. Dem geht's drum, Ungeheuer wie mich einzusperren, dazu brauchen sie den Jungen, den sie kopfscheu machen, und dazu brauchen sie wahrheitsliebende Leute wie dich. Für eine große Lüge braucht man lauter kleine Wahrheiten. Mit der Wahrheit musst du paktieren, wenn verlogene Leute dir damit eine Falle bauen wollen. Sagst du für mich aus oder nicht?

Roland: Sascha, weißt du, in welche Gefahr du mich bringst? Die stellen mich wegen Meineid vor den Kadi, wenn das rauskommt, dass du mit dem Jungen zusammen duschen gegangen bist – und dass er nach dem Duschen nicht zu mir ins Wohnzimmer gekommen ist.

Jannings: Aber wie soll das denn rauskommen. Marc weiß doch auch, um was es geht. Und der ist der einzige ...

Roland: Er hat doch schon bei der Polizei ...

Jannings: Aber das war doch unter Zwang! Du weißt so gut wie ich, dass der Alte den Jungen schon wegen ganz anderer Sachen geschlagen hat.

Roland: Weißt du, was mich bei dir langsam ankotzt? – Dass du immer das in die Leute hineinsiehst, was dir gerade mal passt.

Jannings: Das hat der Junge auch schon gesagt ... aber ich geb'mir Mühe ... ihm hab' ich's wenigstens erklären können. Er hat mich besser verstanden als du.

Roland: Sascha, was habe ich dir eigentlich getan, dass ich dieses Misstrauen verdiene?

Jannings: 'Tschuldige.

Wieder entsteht eine Pause.

Jannings: Ich will dir was sagen, dass du merkst, dass ich dir vertraue. Willst du's wissen? – Wenn ich doch noch aus der U-Haft rauskomme, bringe ich mein Baby zur Verhandlung mit.

Roland: Wem willst du damit noch Angst machen? Mir bestimmt nicht. Selbst daran hab' ich mich bei dir gewöhnt.

Jannings: An irgendwas muss man sich ja festhalten. Mit Baby im Hinterkopf hab' ich bis jetzt immer das Schlimmste überstanden. Kein Wort davon zu Becker, klar?

Roland: Was fällt dir ein ... ? Willst du mich auch da noch zu deinem Mitwisser machen? Ich hab' nichts gehört. Gar nichts. Sprich mich nie wieder drauf an, verstanden? Nie wieder. Sascha, jetzt hör' mir mal zu, der Junge ...

Jannings: Was ist mit ihm?

Roland: Nichts. Es ist nur ... ich würde mich an deiner Stelle nicht so auf ihn verlassen ... Himmel, Sascha. Der Junge ist vierzehn!

Jannings: Weißt du, was verrückt ist? Das Einzige, was ich mir vorzuwerfen habe, steht n i c h t in der Anzeige. Dass ich ihm damals den Fünfer nicht unterschreiben wollte. Dass ich ihn bei seinem Alten verpfiffen habe. Da war er stinksauer. Er hat mir vorgeschmissen, dass ich ihn nur hab' rumkriegen wollen, und dass ich nicht dauernd an ihm rumerziehen soll. Oh, das hat wehgetan. Aber das haben wir zwischen uns ausgemacht.

Roland: Bist du sicher, dass das wieder in Ordnung ist?

Jannings: Er trägt mir nichts nach. Er hat mir verziehen. Ich hab' mich noch nie im Leben so vor mir selbst geekelt. Und ich war noch nie so glücklich.

Roland: Du bist und bleibst ein großes Kind. So naiv. So egoistisch.

Jannings: Und so unbedingt und so körperlich und so echt. Pervers, dass der Zehnjährige seine Verliebtheiten mit fünfunddreißig nicht losgeworden ist, was Sagst du für mich aus oder nicht?

Roland: Ich hab' mich doch schon so reingeritten ... ich möcht' wissen, was dem Marc eingefallen ist, bei der Polizei zu erzählen, dass er mich kennt, und dass ich an dem Abend dabei war.

Jannings: Er hat's wohl mehr mit der Wahrheit als ihr alle zusammen.

Roland: Man könnt' ja fast meinen, ich hätt' euch verkuppelt ... und dann haben sie mich gefragt, ob ich mit dir auf diesem blödsinnigen Seminar war, damals ... und ob ich mitangehört hätte, wie du deine Selbstdarstellung als Päderast abgezogen hast. Möcht' nur wissen, von wem die erfahren haben, was damals auf dem Seminar geredet worden ist.

Jannings *(merkt auf)***:** Und was hast du gesagt?

Roland: Ich Trottel hab' ja gesagt. Weiß auch nicht, was in mich gefahren ist. Ich hab' ja keine Ahnung, von wem die das wissen. Das ist doch schon über ein Jahr her und hat mit der Sache überhaupt nichts zu tun ... kannst du mir sagen, wie ich denen erklären soll, dass ich wusste, dass du so bist, und mich trotzdem nicht gewundert habe, dass der Junge dauernd bei dir war?

Jannings: Nun mal langsam. Woher können die das denn wissen mit dem Wochenendseminar? Außer der Conny war doch niemand dabei, den wir beide kennen.

Roland: Die Bachschütz? – Ich weiß nicht ...

Jannings: Ausgeschlossen, dass die gleich auf die Polizei gerannt ist. Die hat natürlich auch erst mal komisch reagiert, als ich das damals von mir gesagt hab' – aber danach hat sie mich mit ihrem Freund besucht und sich entschuldigt. Ist sogar'n richtig schöner Abend geworden. Nein, nein ... die haben mich verstanden, zumindest haben sie sich sehr bemüht und mich nicht mehr gehasst. Ich hätte das gar nicht erwartet.

Roland: Ich weiß nicht, wer sonst noch in Frage käme.

Jannings: Für Conny leg' ich meine Hand ins Feuer.

Sie schauen sich jetzt verlegen an.

Jannings: Elaine ... lass mich nicht im Stich ...

Er geht wieder ans Fenster, legt die Finger um die Gitterstäbe und starrt lange hinaus.

Jannings: Als Kind hab' ich immer geträumt ... war irgendwie ganz komisch. Viele Leute, schöne Leute, und Kinder, die spielen, Pieter dabei, der damals im See ertrunken ist, und ich mittendrin. Da war immer ein Riesenrad, und lustige Clowns und Männer auf riesigen Stelzen. In der eisigen Kirmesluft roch's nach Magenbrot und heissen Marroni. Menschen spazieren vorbei und schauen mich an und lächeln. Ich will winken und ihnen sagen, dass Pieter bald sterben wird. Aber ihre Blicke gleiten lächelnd an mir vorbei.

Als er sich jetzt umdreht, sind seine Augen nass.

Jannings: Ich will rufen und ihnen sagen, dass sie auf ihn aufpassen sollen, aber sie lächeln immer bloß, und immer so ... so seltsam an mir vorbei. Ab und zu trifft mich ein Blick – aber der gilt irgendetwas anderem, das ich nicht sehen kann. Irgendwo hinter mir. Da kommt der Bürgermeister mit einem schwarzen Zylinder und ruft öffentlich aus, dass ich ihm aus Eifersucht den Tod gewünscht hätte. Immer war da auch eine Blaskapelle, die spielt Zirkusmusik, und dann seh' ich Pieter mit diesen nassen Haaren auf dem Riesenrad mit den andern, und sie schauen alle her, und alles ist plötzlich ganz still, obwohl ich sie dauernd schreien sehe. Aber sie müssen mich doch sehen, denke ich. Aber da bin ich doch! Hier! Genau vor euch! Ich krieg Angst. Ich will rufen, aber alles erstickt wie in Watte. Alles zieht vorbei. Ich streck' den Arm aus, damit sie mich doch mitnehmen! Aber da berühren meine Finger etwas ... wie Glas.

Die junge Frau streicht verlegen die Decke über seinem Bettgestell glatt.

Jannings: Elaine. Ich hab' Angst. Schreckliche Angst.

Roland: Du solltest ... sehr vorsichtig sein, vor Gericht.

Jannings: Was immer ich sage, keiner wird mir glauben. Was immer ich lüge, es wird gegen ihn gerichtet sein. Soll ich schreien, was mir dieser Mensch bedeutet hat? Dass mich dieses beschissene einsame Leben ein einziges Mal geküsst und ich es e i n m a l geliebt habe in der Sekunde, als mich dieser unverbildete liebe Kerl ohne das geringste Vorurteil als das angenommen hat, was ich bin? Wo mich jeder andere, dem ich in meinem Leben nahekommen wollte, mied, weil ich schwul, weil ich unerträglich und voll Trauer starr bin? Weil ich mit Frauen nie was anfangen konnte und's mich vor der Grobschlächtigkeit alter Kerle mit ihren Pferdegesichtern ekelt? Und's, solang ich denken kann, doch immer bloß den einen Begriff von Schönheit gab?

Er atmet plötzlich schwer und verzweifelt.

Jannings: Himmel, Elaine! Mit neun war ich unsterblich in Pieter verliebt, als wär's 'ne Prophezeiung, da war er dreizehn und wie ein großer Bruder ... ich weiß doch selbst nicht, wieso ich über das nie rausgekommen bin, in Anbetung verharrt und trotzig alles Künftige verweigert, was weiß ich ... was für Verhängnisse dies Leben manchmal strickt, ohne dass man ein Gesetz erkennt. Seh's doch an dem Jungen, hoffentlich lassen 'se wenigstens dem seine Würde! Mutter hätt' mich besser tot gebären sollen, als mich so 'nem Leben auszusetzen! All die Liebe, die da in mir ist, und all das gegen mich gekehrt und immer nur beschmutzt zu wissen, immerzu dies Lachen drüber, immer diesen Hass! *(plötzlich brüllend)* Sind Eure Begriffe von Menschsein denn so begrenzt, mein Gott, ich weiß doch, wie ihr alle denkt! Ein Gefühlsleben ein einziges Verbrechen. Eine Biographie eine einzige Ausrede. So ist's doch, oder?

Die junge Frau lenkt schnell ab.

Roland: Weiß Becker, dass ich nicht die Wahrheit sage?

Jannings: Ach, Becker ... der ist doch genauso eingenommen gegen mich, hast du das nicht gemerkt? Nur an seinem Fall interessiert, der Mann *(Er kratzt sich, mühsam wieder zu sich kommend, am Kopf)* Möcht' bloß wissen, was der in der Schule will.

Jannings legt eine Kassette in den aufgestellten Rekorder. Kurz darauf vernimmt man Musik. Branduardi. Vanita.

AMTSSTUBE

Methode: Analytisches Voice-Recording. Richter Armadeck, ein gewisser Ringlein und der Staatsanwalt – Doktor Bendt – hocken in der Amtsstube des Richters. Von Bendt's Seite vernimmt man hin und wieder Raunen. Ringlein liest Zeitung. Bendt ist in Akten vertieft, Armadeck in die Lektüre eines Dossiers.

Armadeck: Jaja. Soso.

Dr. Bendt nuschelt etwas, von dem man nur das Wort "Strafrechtsnovelle" in die Reinsprache übertragen kann, sowie den Satz: "Die Letzte war doch erst".

Armadeck: ... im Rahmen der Rechtsangleichung, und so weiter, und so weiter, jaja, ich kenne den Text. Das haben die alten Schlawiner noch schnell vor der letzten Wahl durchgedrückt. Als wäre man zwanzig Jahre umsonst im Geschäft gewesen.

Bendt: Wenn Ihre Sache durch ist, haben Sie das vom Hals, Edmund.

Ringlein: Dann stimmt es also, dass Doktor Armadeck uns verlässt?

Bendt: Er hat sich immerhin lang genug an der Basis vollregnen lassen.

Ringlein: Oho! Dann hat man wohl noch viel mit ihm vor?

Armadeck *(strafend zu Bendt adressiert)*: Man soll nichts übereilen. Noch ist nichts entschieden. Erst steht das hier an.

Bendt: Wie oft ist denn dieser Kladderadatsch eigentlich schon geändert worden?

Armadeck: Trotzdem muss man sich die Hände weiter schmutzig machen.

Bendt: Der arme Junge. Sieht nicht so aus, als ob er redet. Wir werden ihm die Würmer ganz schön aus der Nase ziehen müssen.

Ringlein: Wenn der wüsste, wie politisch er ist. Lassen wir den Mann laufen, gehen die Frauenverbände auf die Barrikaden, sperren wir ihn ein, dann kommen uns die Libertinisten auf den Hals. Haben Sie das Interview mit dieser Sozialtussi gelesen? "Schon wieder wird ein Opfer vor Gericht Rede und Antwort stehen, das Entsetzliche immer wieder neu durchleben müssen, und wieder wird ein Täter ungeschoren davon kommen; Neue Gesetze können nur kaschieren, dass unsere Männergesellschaft bestimmten Dingen gegenüber blind ist". Originalton "Femina Mit Kanonen wird auf Spatzen geschossen" tönen die "Schwulen Juristen" ... , und so weiter und so weiter.

Bendt: Naja, die Fachpresse ist auch nicht gerade zimperlich. Hab' gerade die "criminologia" vor mir. Seite dreiundachtzig: "Die Justiz sollte an den Erkenntnissen aus dreißig Jahren Rechtsgeschichte festhalten und sich ihr Rechtsverständnis nicht von der Straße diktieren lassen; Die Nachlässigkeiten der Gerichte bei der Verfolgung von Triebtätern werden von der Bevölkerung nicht mehr verstanden", schreibt der alte Emmerich. "Milde Skandalurteile riskieren das Ansehen der Justiz; gefordert ist daher resolutes Durchgreifen", heißt's im Communiqué vom bayrischen Rechtsausschuss.

Ringlein: Sie haben in diesem Fall ziemlich Publicity, was, Doktor Armadeck?

Armadeck: Das wird auch nach zehn Gesetzesnovellen so bleiben. Vor der Wiedervereinigung hatten die Leute ein Bedürfnis nach universeller Toleranz, nach der Wiedervereinigung haben sie ein Bedürfnis nach kurzen Prozessen.

Bendt: Da hat die dreiundneunziger Rechtsangleichung ja schon fast symbolischen Wert, nicht wahr, Edmund? Was dürfen sich unsre roten Freunde wundern! Abtreibungsrecht verschärft, Sexualstrafrecht verschärft, Abhörgesetz durchgebracht, und was da noch alles zur allgemeinen Anschärfung im Paket ist. Wer hätte beim Steinesammeln an der Mauer gedacht, was die Ossis Adenauers Erben da an rechtsfreien Räumen aufmachen? An der Wiedervereinigung würgt's Ländle ziemlich schwer. Justitias Kropf ist das geworden, und sie sieht übel aus, die Gute.

Ringlein: Ich fühle mich auch unwohl. Recht und Ordnung sind ziemlich relativ geworden.

Armadeck: Sie reden da ein wenig altklug, junger Mann. Verschreiben Sie sich in Ihrem jugendlichen Leichtsinn nicht genau derselben Law-and-Order-Haltung, die uns die Linken immer wieder ankreiden. Und ich sage Ihnen, mit Recht fühlt der Laie, dass dies das größte Gift ist. Glauben Sie, dass etwas anderes die Stasi-Richter oder einen Freisler zu Monstren unserer Branche gemacht hat – etwas zuviel Engagement gegen das, was sie für das Böse hielten?

Ringlein: So unschuldig sind die nicht. Die haben in ihrem Kopf Gut und Böse ganz schön durcheinander geschmissen.

Armadeck: Solange Juristen, und das sollten Sie sich für Ihr Berufsleben merken, einen sauberen Zaun dazwischen gespannt sehen wollen, brauchen Sie sich weder auf ihren Kopf noch auf ihre eigene Erfahrung zu verlassen, und früher oder später werden sie ersetzbar. Wenn sie sich nicht schon vorher desillusionieren lassen, nur weil Recht sich schneller wandelt als sie selber.

Ringlein: Es ist aber doch frustrierend, wenn sich ausgerechnet der Bundesjustizminister hinstellt und auch noch öffentlich im Fernsehen erklärt, dass Juristen potentiell für jedes Regime zu brauchen sind? Finden Sie nicht?

Armadeck: Er hat es nicht erklärt, er hat einem Journalisten bei einer unverschämten Frage beigepflichtet.

Bendt: Außerdem war's lieb gemeint. Immerhin hat ihm unsere lasche Justiz bei seinem Unschuldserrettungsprogramm doch eine ordentliche Wahlkampfhilfe geleistet.

Ringlein: Was wollen Sie denn d a m i t sagen?

Bendt: Ich will damit sagen, auf unsrer Justiz lastet ein ganz außerordentlicher Konsens. Ist doch schön. Außen- und Justizministerium auf Kinderhilfsmission. Soll mal einer sagen, es gibt keine Moral in der Politik. War ein wahrhaft unerschrockener Idealist, unserer schwäbisches Cleverle. Wir sollen nicht mehr so viel Federlesens machen.

Ringlein: Linke Propaganda. Natürlich kann man alles schlecht machen. Warum erzählen Sie mir das alles? Wollen Sie mich lächerlich machen, weil ich noch sowas wie Gutglauben mitbringe? Ich hab' auch meinen Idealismus – und wenn's uns die gesetzten Herren hundertmal abtrainieren wollen.

Bendt: Nun ja, Sie sind am Anfang Ihrer Laufbahn ...

Ringlein: Und grün hinter den Ohren und naiv und idealistisch – ich weiß, dass das in Ihren Ohren nicht gut klingt. Zu meinem Idealismus aber stehe ich.

Bendt: Wir empfehlen Sie dem Weltfriedensgerichtshof.

Ringlein: Sie sind unglaublich zynisch, Doktor Bendt.

Bendt: Man muss heutzutage sehr zynisch sein, um seine Menschlichkeit zu behalten.

Ringlein: Ich glaube an dieses Land, und ich glaube an meinen Beruf.

Bendt: Dann revidiere ich mein Angebot. Ich empfehle Sie dem neuen Justizminister. Den wird Ihr Glaube derzeit sehr erfrischen.

Ringlein: Ich kann mir wirklich nicht vorstellen, dass man ohne einen Schuss Berufsethik gesund einen Prozess durchsteht, wo man kleine Kinder nach Intimitäten verhören muss. Da müssen klare Notwendigkeiten bestehen, damit der Zweck die Mittel heiligt. Die bestehen doch nicht, wenn man diese Kerle nach allem, was sie getan haben, wieder auf freien Fuß setzt! Oder sehen Sie: Da wird seit Jahren behauptet, dass solche Prozesse mehr Schaden anrichten können als sie sühnen. Und seit das DDR-Strafrecht ans StGB angepasst worden ist, schwimmen wieder die Begriffe. Ab wann ist Abtreibung Mord? Wann soll ein Päderast bestraft werden? – Ist er jetzt pervers, wenn er sich an einem Sechzehnjährigen vergeht, oder erst, wenn er sich an einem Vierzehnjährigen vergreift? Ist doch wie mit dem Stoiber und seiner Schwulenhochzeit: Da kann man ja gleich zum Teufel beten!

Bendt *(auflachend)*: Wie ist's mit Ihnen, Edmund? Würden Sie nicht auch lieber zum Teufel beten, als einen Kinderschänder laufen zu lassen?

Armadeck: Erwarten Sie wirklich von mir, Doktor Bendt, dass ich da jetzt Stellung beziehe? Noch vor der Beweisaufnahme? Bis jetzt habe ich gar nicht mal einen so ungünstigen Eindruck ...

Ringlein: Jedenfalls bin ich der Meinung, man sollte nicht immer alles mögliche an Perversem durchgehen lassen, bloß weil man sich nicht den Altmodischen nachsagen lassen will. Es ist nicht mehr als recht und billig, die Zwangskastration für solche Kerle zu fordern. Dieser alte liberale Quatsch ist nichts als untaugliche Kosmetik, die unsre Unfähigkeit kaschiert, mit gewissen Elementen endlich aufzuräumen.

Der Angesprochene scheint nun endgültig die Geduld verloren zu haben.

Armadeck: Jetzt hören Sie mal zu. Da ist schon was dran, an dem, was Kollege Bendt eben gesagt hat. Sie bevorzugen gerade Linien, wie? Meine Haltung zur Justiz ist auch keine Law-and-Order-Doktrin. Wo wir schon bei Grundsatzdiskussionen sind ... für mich ist der Gerichtssaal ein Abbild des Staats, und die Staatsratio ist: Übel anzuerkennen bei allem, was man tut, und die Träume vom sterilen Paradies auf Erden endlich zu begraben. Das Chaos um uns herum lässt nicht zu, einen Wallgaben zwischen Gut und Böse zu errichten. Zuviel Moralität kann töten. Die Justiz zeitweise auch, wie der Kollege Ihnen eben angedeutet hat.

Ringlein: Sie müssen unseren Beruf für sehr unmoralisch halten.

Armadeck: Man kann einen Mörder aus moralischen Gründen einsperren. Gleichzeitig kann man es für moralisch halten, junge Leute in Schützengräben massenhaft zum Mord anzustiften. Man kann einen Mörder einsperren, um der Bevölkerung zu zeigen, dass Mord nicht ohne Konsequenzen bleibt, sonst bekäme plötzlich jeder Lust, es mal damit zu probieren. Oder man kann ihn einsperren, damit er's jedenfalls für eine gewisse Zeit bleiben lässt. Und das ist völlig in Ordnung. Gesetze müssen funktionieren. Das ist alles.

Ringlein: Ist mir zu nihilistisch, Doktor Armadeck.

Armadeck: Ja, was, glauben Sie, ist das denn – Justiz?

Der Richter ist plötzlich ungemein erregt.

Armadeck: Soll Ihnen mal ein alter erfahrener Hase sagen, was das ist? Der Richter hat die Profession der schmutzigen Hände – der schmutzigen Hände um der Humanität willen. Damit die Leute draußen ruhig schlafen können, muss er sich schuldig machen: Leuten die Freiheit nehmen, von einem Zimmer ins andre zu gehen, wenn's ihnen zu eng wird. Damit bringt er sie wohl um das einzige, das ihnen die Natur allen mit wirklich gleichem Recht zugestanden hat.

Ringlein: Ihre schlaflosen Nächte möchte ich nicht haben, und Ihre Albträume auch nicht.

Armadeck: Die Verantwortung, die dich nicht schlafen lässt, die nimmst du wenigstens ernst. Und ihr jungen Leute seid mir da einfach ... ein wenig zu forsch. Juristerei an richterlicher Stelle ist ein Jonglierakt mit den Werkzeugen der Inhumanität – als Zugeständnis an eine Welt, wo das Böse relativ ist und oftmals sogar eine Überdosis falschverstandener Moral. Das Gute, das Sie sich in Ihrem Leichtsinn als akademische Würde um den Hals legen ist etwas, das immer irgendwo sein Spiegelbild im Bösen braucht, um seinen Sinn, seine Definition, und wenigstens eine gewisse Dauer zu erfahren. "Krieg", las ich mal, "lässt nach Frieden sehnen, die Greueltat erst nach Gerechtigkeit". Und genau dieses Wechselspiel, dass Gut nicht sein kann wo vorher nicht Zerstörung wirkt, das ist unser Beruf: Inhumanität zum Zwecke der Erhaltung humaner Bedingungen. Das berechnende Paktieren mit dem Übel, ein Leben solange einzusperren, dass es das kleinere Übel gegenüber dem Freispruch ist.

Ringlein: Doktor Armadeck, ich ... ich bitte um Pardon ...

Der Doktor besinnt sich.

Armadeck: Sie haben recht ... ich weiß auch nicht, was auf einmal in mich gefahren ist ... *(versöhnlich auflachend)* Da bringt mich nichts so auf die Palme wie elend langes Geschwätz, und dann vollführ' ich selber welches. Sehen Sie's mir nach.

Ringlein: Ich gedachte wirklich nicht, Sie so zu reizen ...

In Anbetracht Ringleins scheint Armadeck seinen moralischen Exkurs inzwischen lebhaft zu bedauern.

Armadeck: Was ich eben sagte gilt auch für diesen Fall da. Basta. Und wenn's zwanzig Wiedervereinigungen und fünfzig Rechtsangleichungen gibt. – Ungewöhnliche Methoden haben die da oben seit neustem übrigens, hab' ich gehört. Stichling ... die wollen wohl den Deibel mit dem Beelzebub austreiben.

Ringlein und Bendt blicken sich an.

Bendt: Sie meinen Stecher?

Armadeck: Ich hab' keine Ahnung, wer das ist. Aber dass sie mittlerweile einen als Prozessbeobachter einsetzen, um den Kollegen wegen der Rechtsangleichung auf die Finger zu gucken, das habe ich gehört. Sie haben ja bundesweit sämtliche Stellen vorgewarnt, Sie kennen das Rundschreiben.

Bendt: Akteneinsicht, Aufhebungsrecht, jede Information müssen sie ihm gewähren, wenn er seinen Schrieb vom Ministerium vorlegt und Fragen stellt.

Ringlein: Was ist das? Kümmert sich jetzt bald noch der Verfassungsschutz um uns? Müssen wir Angst haben, ja? *(zu Bendt)* Soweit ich gehört habe, geht's wohl bloß um ehemalige Stasi-Richter, nicht wahr?

Armadeck: Ach so. Na ja, was geht's mich an. Bin kein Ostler. Stecher, sagen Sie, heißt er?

Bendt: Ja, Gott, man hört da einige Namen. Im Moment tippen alle auf Stecher. Hexenstecher haben sie ihn drüben genannt. Wie diese Kopfgeldjäger mit ihren falschen Nadeln damals.

Sie lachen.

Bendt: Sie sagen, er hätte für's Ministerium für Staatssicherheit gearbeitet, das darf man natürlich nicht laut sagen. Aber wenn die so'ne Geheimniskrämerei draus machen, kriegen die Wände Ohren.

Armadeck: Geht doch nichts über eine seriöse Beamtenkarriere, nicht? Ich hab auch so einiges gehört.

Ringlein *(beunruhigt)*: Und was?

Armadeck: Böse Zungen behaupten, wenn der ausgepackt hätte, mit wem er als Stasi so alles im Westen Kontakt hatte, könnte man die halbe Regierungsbank auswechseln. Als Geheimnisträger hätte er deswegen damals seine Seele verpachten müssen, als er rüber kam. Soll der einzige Mensch seit Wendezeiten sein, der noch mit zwei deutschen Pässen herumläuft. Eine Identität für die Welt, die andre für's Kanzleramt. Dummerweise hätt' er dort aber seine richtige verpachten müssen. Seit der Kerl im Westen lebt, wär er nichts als Falschgeld in persona.

Ringlein: Und so einer, so'n Stasi-Mann, soll Ossis vor Ossi-Richtern schützen! Das ist ein bisschen grotesk, finden Sie nicht, Doktor Bendt?

Der Angesprochene lacht plötzlich verunsichert zu Ringlein hin.

Bendt: Nun ja. Nach allem, was man hört, hat er wenig Grund, ihnen die Stange zu halten. Wär' drüben fast über einen befreundeten Dissidenten mit West-Kontakten gestolpert, gegen den die Stasi einen Schauprozess eröffnet hatte. Hat ihn als Kronzeuge natürlich verraten. Aber als Gauck-Mitarbeiter hat er sie alle nacheinander zur Strecke gebracht. Keiner der Verantwortlichen von damals hat die Wiedervereinigung überlebt. Der eine hat sich aufgehängt, der andre sitzt im Bau, und ein anderer versäuft sich gerade als Stadtstreicher in Berlin seinen Rest an Verstand. Verflucht wahrscheinlich heute noch den Bluthund, der ihm das eingebrockt hat.

Armadeck: Klingt ziemlich illuster.

Bendt: Ein Fanatiker, heißt es. Hat damals die Abteilung für Gesinnungsprüfung geeitet. Soll ein ganz Linientreuer gewesen sein, aber auf eine undurchschaubare Art. Das hat ihn dort unbequem gemacht und hier natürlich ganz brauchbar. Soll in der psychologischen Kriegsführung gearbeitet haben, und dann wieder soll er abgestellt worden sein für Sonderaufgaben und ideologisch Unbestimmbare, irgend sowas. Nach der Wiedervereinigung war er zuerst so eine Art Personalchef bei Nucletechna, bevor Gauck ihn sich geholt hat. Rekrutierung von loyalen Führungskräften in Schlüsselpositionen, Abteilung Werksicherheit. *(Augen zwinkernd zu Ringlein)* Spezialist in Desinformation – zur Vergrößerung des Schreckens, wenn er auftaucht.

Ringlein: Erzählen Sie einem jugendlichen Spinner mehr. Sie wissen, dass wir solche Mythen brauchen.

Bendt: Später hat er für das Justizministerium Wendehälsen die Haut abgezogen, um nachzugucken, ob das Fleisch dahinter rot oder schwarz ist, bevor er ihnen ihr Dreihundertsechziggrad-Genick brach. Da haben natürlich einige kalte Füße bekommen und die Lizenz lieber freiwillig abgegeben. Wo der einschlägt, wird man durchsichtig, heißt's. Bei Gericht soll er durch ein paar Nebenfragen nach der Verhandlung schonmal einen Angeklagten soweit gebracht haben, dass er einen Weinkrampf bekam und ein achtseitiges Vollgeständnis ins Rotztuch blies. Zehn Minuten vorher war der Mann erst freigesprochen worden. Vielseitig verwendbar, der Mann. Hans Dampf in allen Gassen.

Es klopft. Eine Tür geht auf.

Armadeck: Ah, der Herr Pflichtverteidiger. Kommen Sie ruhig rein. Darf ich vorstellen ... Herr Becker, Herr Ringlein, Jurastudent und seit vier Wochen unser Praktikant – und Herrn Staatsanwalt Doktor Bendt kennen Sie ja bereits, nehme ich an? Was gibt's?

Becker: Ich komme gerade aus der Akteneinsicht. Diese Anlage zum Vernehmungsprotokoll wollte ich Ihnen noch schnell vorbeibringen. Man sagte mir, Sie hätten sie schon gesucht *(klingt plötzlich verlegen)* Hab' sie im Eifer des Gefechtes eingesteckt. Hier. Bitte um Entschuldigung.

Armadeck: Macht nichts, kommt vor.

Bendt: Was haben Sie denn da für einen monströsen Koffer unter'm Arm, Herr Kollege? Spielen Sie Mensch-ärgere-dich-nicht, beim Studium misslicher Akten?

Becker: Nur mit Staatsanwälten, die waghalsige Klagen führen. Möchten Sie eine Partie spielen?

Ringlein: Ach, Sie reden von dieser Schwulensache?

Becker: Hm-mm.

Ringlein: Doktor Bendt, wissen Sie, warum Schwule den sichersten Sex der Welt machen?

Bendt: Ich ahne Schlimmes.

Ringlein: Weil Homosexualität noch sicherer ist als die Pille!

Er lacht brüllend, und schlägt sich nach Atem ringend auf die Schenkel, dass es klatscht. Man hört Verlegenheitsgelächter, ein "aber, aber" Dr. Bendts, ein übertriebenes "köstlich, köstlich" des akreditierten Pflichtverteidigers.

Ringlein: Was ist denn? Versteht denn hier niemand mal einen Spaß? Doktor Armadeck, verteidigen Sie mich!

Armadeck *(beschwichtigend)*: War doch bloß'n Witz. Ein Praktikantenwitz. Sagen Sie, Herr Becker, was haben Sie denn nun da drin in diesem geheimnisvollen Kasten?

Becker: Den hab' ich mir von der psychologischen Fakultät ausgeliehen.

Armadeck: Ach, ein Test?

Becker: Interessiert Sie sowas? Einen Augenblick, ich's zeig's Ihnen ...

Armadeck: Ist das dieser Szenentest aus dem Gutachten? Szeno-Test heißt das, ach so ... – Aber was sind denn da für komische ... ach, goldig! Schauen Sie mal, Doktor Bendt! Das ist ja eine richtige kleine Puppenwohnung ... !

Ringlein: Und wie funktioniert das?

Becker: Nun, man wird gebeten, mit den Sachen da irgendeine Situation zusammenzustellen, die einem in den Sinn kommt – oder die den Psychologen interessiert. Zum Beispiel einen typischen Abend in der Familie. Dann kommt der Psychologe, bittet einen, dass man sich eine Geschichte dazu ausdenkt, und analysiert das ganze anschließend. Eine Art Persönlichkeitstest für Kinder. Vierzehnjährige Jungs zum Beispiel, Doktor Bendt, die mitten in der Pubertät stecken, dürften sich furchtbar langweilen.

Bendt: Keine Ahnung. War nie beim Psychologen. Im Gegensatz zu querulanten Strafverteidigern war ich in der Pubertät völlig unauffällig.

Becker: Das haftet Ihnen heute noch an.

Bendt: Unauffälliges Benimm haftet jeder seriösen Berufsausübung an!

Becker: Auffällige Widersprüche in der Anklageschrift zum Beispiel können aber nicht querulant genug sein, um Ihnen aufzufallen.

Bendt: Dafür fallen mir unbekannte Strafverteidiger auf, die sich nicht zu schade sind, sogar stadtbekannte Pädophile verteidigen. Und die dabei nichts unversucht lassen, die Wahrheit auf den Kopf zu stellen. Und denen es auch ganz egal ist, wenn sie dabei aus Tätern Opfer machen. Aber S i e haben den Test wohl schon gemacht?

Becker: Bei mir kam zumindest was interessantes raus.

Allgemeines Gelächter.

Ringlein: Spannen Sie uns nicht auf die Folter, Herr Kollege!

Becker: Meine Psychologin bescheinigt mir eine querulante Beziehung zu unauffälligen Staatsanwälten und eine obsessionelle Kastrationsangst, wenn ich Triebtäter verteidige.

Dr. Armadecks Sekretärin betritt eben das Zimmer und meldet, dass in der oberen Etage ein Anrufer dringend Herrn Becker zu sprechen wünscht. Und schon ist dieser aus der Tür.

Armadeck: Das war also unser Herr Becker.

Bendt: Seltsame Type, wie?

Ringlein: Vielleicht auch so einer, was?

Armadeck: Jedenfalls lacht er nicht, wenn er nicht will. Sie müssen mich jetzt auch entschuldigen, meine Herren, ein wichtiges Telefonat ...

Aufbruchstimmung.

Armadeck *(entschuldigend)*: Meine Frau hat vorhin aus der Stadt angerufen, dass sie nach der Arbeit erst noch zur Apotheke muss. Dorchen ist krank. Fischvergiftung, dazu noch Scharlach, und sie ist allein zu Hause. Mein Rangel kümmert sich ja um nichts. Ich muss ihr doch sagen, dass ich heute auch erst später komme.

Bendt: Aber natürlich.

Armadeck: Adieu, meine Herren.

Der Staatsanwalt und Ringlein verlassen das Zimmer, und Armadeck bleibt allein zurück. Er setzt sich an seinen Schreibtisch und nimmt den Telefonhörer ab. Sein Blick fällt verwundert auf den Szenokasten, der noch immer aufgeklappt vor seiner Nase steht.

Teil I

PROZESS

ERÖFFNUNG

Der Gerichtssaal verfügt über zwei Eingänge: Hinter dem Richterstuhl und dem Fenster zum Innenhof führt eine Tür ins Beratungszimmer, zur Rechten befindet sich die Eingangstür für die einströmende Öffentlichkeit. An der Stirnseite hat später der Richter seinen Sitz, flankiert von den beiden Schöffen. Außen links daneben prüft die Protokollantin ihren Stift auf Funktionstüchtigkeit. Rechtwinklig zum Richterstuhl erblickt man rechts die Anklagebank mit Staatsanwalt Bendt und Ringlein, links das Bänklein der Verteidigung: Zum Auditorium hin sitzend sieht man dort Becker nachdenklich seine Papiere richten, daneben Jannings. In der vordersten Zuhörerreihe harrt der Vater des Jungen dem anstehenden Gang der Dinge. In der letzten Reihe nimmt soeben Balder Heinken Platz, dessen nähere Rolle aus dem Fortgang der Ereignisse noch deutlich werden wird. Die Sachverständige lässt es sich nicht nehmen, dem Prozess vom Anfang bis zum Schlusse beizuwohnen – im Gegensatz zu Zeugen hat sie auch das Recht dazu – und setzt sich gleichfalls in die letzte Reihe. Als nächstes betritt eine Nachbarin der Familie Laim zusammen mit der Mutter den Raum, der Zeuge Wenzel in Begleitung seiner uniformierten Kollegen Konrad und Feith, bevor er den Saal allerdings wieder verlässt. Dann erscheint eine junge Frau, die sich beim Gerichtsdiener als Sozialarbeiterin vorstellt und nach dem Beginn der Verhandlung fragt. "Sozialtussi" hat sie ein böser Mensch erst jüngst genannt, und, in der Tat: Ihr Engagement für Soziales ist hinreichend erkenntlich an Buttons von Amnesty, den GRÜNEN, dem Marxistischen Hochschulbund, der Goldhamsterschutzgemeinschaft, der Störche-Zucht-Gesellschaft, der Schutzgemeinschaft für organisierte Krötenwanderungen, des Arbeitersamariterbundes, der Unicef und 20 weiteren wohltätigen Organisationen, die ihren Schafswollpullover übersäen. Dann endlich betritt der Richter mit den Schöffen den Saal. Durch die Tür tappsen eben noch die Fußballfreunde und mischen sich ins Publikum, in der Tracht ihres Standes: Rotweiß karierte Wollpudelmützen und Tröten. Zwei Nachzügler von ihnen entrollen ein selbstgemachtes Transparent, das der Gerichtsdiener lächelnd in Ge-

wahrsam nimmt: "DER PÄDERAST, DER PÄDERAST – HÄNGT IHN AN DEN NÄCHSTEN AST".

Bendt: Können sich die Leute nicht anständig anziehen?

Armadeck *(im Setzen:)*: Na, aber schau'n Sie mal, Herrschaften! Echte Kronleuchter haben wir da ja plötzlich! Ist das nichts? – Endlich mal 'ne Anschaffung nach Wunsch! Hab' Neonlicht immer gehasst!

Erster Schöffe: Ja, im Haus wird scheinbar überall umgebaut.

Protokollantin: Gestern abend war hier noch der Teufel los. Sogar der Pausenraum war gesperrt.

Armadeck: Herr Bendt, Herr Becker *(sie nicken sich zu)*, grüß' Sie ... Tag, Herr Jannings. Gute Fahrt gehabt? Ging's gut, heut morgen?

Jannings nickt. Er hat sich fein rausgeputzt für diesen Tag. Über einem himmelblauen Hemd prangt eine weinrote Seidenkrawatte, eingerahmt vom Reverskragen eines Jacketts.

Armadeck: Sind Sie arg nervös?

Jannings: Werd's schon überstehen.

Armadeck: Seien Sie da sicher. Nichts wird so heiß gegessen, wie's gekocht wird. *(wird amtlich)* Also, das Verfahren ist eröffnet. Sind alle geladenen Zeugen da? Darf ich die Zeugen kurz zu mir bitten?

Der Gerichtsdiener geht für einen Augenblick hinaus und kommt mit den Zeugen zurück.

Armadeck: Ich muss Sie darauf aufmerksam machen, dass Sie hier dazu verpflichtet sind, die Wahrheit zu sagen. Im Falle, dass Sie das nicht tun, können Sie wegen wissentlicher Falschaussage strafrechtlich belangt werden. Ich darf Sie bitten, draussen Platz zu nehmen, bis man Sie namentlich aufruft.

Die Zeugen gehen wieder hinaus. Der Richter sieht nun rechts einen sanft aussehenden Mann mit Hut eintreten. Jener geht gemächlich am Richtertisch vorbei und setzt sich in die erste Reihe, wo er Schreibzeug auspackt. Der Richter schaut ihm eine Weile irritiert nach.

Armadeck *(beugt sich zum Staatsanwalt)*: Wer ist d a s denn?

Der Staatsanwalt zuckt mit den Schultern.

Armadeck: Sind Sie ein Bekannter der Familie? Oder Journalist?

Den Mann mit dem Hut scheint die Frage nicht gehört zu haben.

Armadeck: Oder Öffentlichkeit?

Der Mann mit Hut: Öffentlichkeit. *(will plötzlich wieder aufzustehen).* Ach – ist das gar keine öffentliche Sitzung ... ?

Armadeck: Nun setzen Sie sich doch, in Gottes Namen. *(vorwurfsvoll mit dem Zeigefinger auf das Zifferblatt seiner Armbanduhr klopfend)* Die Öffentlichkeit kommt zu spät!

Ringlein *(zum Staatsanwalt)*: Die Öffentlichkeit kommt immer zu spät.

Der Richter starrt ihn mit einem vielsagenden Gesichtsausdruck an.

Armadeck: Jaja. Soso. *(reißt sich los)* Herr Staatsanwalt, bitte.

Der Staatsanwalt erhebt sich.

*

Bendt: Sascha Jannings, geboren am zwölften September neunzehnhundertzweiundsechzig in Brandenburg, wird beschuldigt, am einundzwanzigsten Juli dieses Jahres den zum fraglichen Tatzeitpunkt noch dreizehnjährigen Marc Laim zu sexuellen Handlungen durch Zureden verleitet, und ihn anschließend sexuell missbraucht zu haben. Laut Polizeiprotokoll vom einundzwanzigsten Juli hat er den Jungen beim gemeinsamen Duschen im Badezimmer seiner Privatwohnung dazu überredet, ihn in den Arm zu nehmen, ihn zu streicheln und zu küssen, und sich anschließend an seinem Penis sexuell betätigt. Er ist außerdem beschuldigt, an besagtem Marc Laim die fellatio versucht zu haben. Der Beschuldigte bestreitet die Anschuldigungen. Er gibt allerdings zu, dass besagter Marc Laim am fraglichen Tage bei ihm in der Wohnung war, zusammen mit der Zeugin Elaine Roland. Er gibt lediglich zu, dass der Junge in seiner Wohnung geduscht hat. Er bestreitet auch nicht, dass er zum fraglichen Zeitpunkt mit ihm gemeinsam im Badezimmer war.

Armadeck: Möchten Sie zu den erhobenen Vorwürfen Stellung beziehen, Herr Jannings?

Becker *(schüttelt den Kopf)*: Mein Mandant macht von seinem Zeugnisverweigerungsrecht Gebrauch.

Ein Fußballfreund: Jetzt muss der Junge hier antreten!

Die Sozialarbeiterin: Unglaublich!

Die Nachbarin: Pfui!

Man vernimmt im Publikum ein indigniertes: "Hm-Hm-Hm". Die buttonbehängte Sozialarbeiterin belehrt engagiert die Nachbarin neben sich.

Die Sozialarbeiterin: Typisch! Der Täter leugnet dreist die Tat!

Die Nachbarin *(eifrig beipflichtend)*: Wie sie's im Fernsehen immer sagen! Genau wie im Fernsehen!

Und sie schüttelt betroffen ihr ergrautes Haupt.

Armadeck: Bitte, meine Herrschaften. Mäßigen Sie sich! Jedem sein Recht. – Dann würde ich jetzt gern den Jungen befragen. *(zum Gerichtsdiener)* Führen Sie den Jungen bitte herein. Darf ich Sie bitten, Herr Jannings, nach draußen zu gehen, bis wir mit der Vernehmung des Jungen fertig sind?

Becker: Herr Vorsitzender, ich bin damit nicht einverstanden. Der Junge könnte in diesem Fall gerade durch die Abwesenheit meines Mandanten leichter zu dessen Ungunsten beeinflusst werden.

Armadeck: Wollen Sie dem Jungen zumuten, dass er im Beisein des Angeklagten über das Erlebte berichtet, Herr Becker? Wer wird da von was beeinflusst?

Becker: Ich habe meine Gründe.

Armadeck: Dann begründen Sie.

Becker: Die bloße Möglichkeit, dass der Zeuge durch die Anwesenheit des Angeklagten beeinflusst wird, rechtfertigt nicht, den Angeklagten nach Paragrafen zweihundertsiebenundvierzig StPO auszuschließen. Ich zitiere: "Erforderlich ist vielmehr eine aufgrund bestimmter Tatsachen näher darzulegende Befürchtung, dass der Junge in Gegenwart des Angeklagten die Wahrheit nicht sagen werde". Der Beschluss stammt vom Oberlandesgericht Düsseldorf vom zweiundzwanzigsten September neunzehnhundertneunundachtzig, fünf, Strafsache vierunddreißig Längsstrich neunundachtzig Strich vierundzwanzig Längsstrich neunundachtzig römisch eins.

Er reicht dem Richter das betreffende Papier. Der gibt es an die Protokollantin weiter.

Armadeck *(lakonisch)*: Vielleicht schämt er sich, wenn er vor dem Angeklagten aussagen muss.

Becker: Nun ... ganz besonders dann, wenn er ihn hier wissentlich mit f a l s c h e n Aussagen belasten muss. Nicht wahr?

Der Vorsitzende runzelt die Stirn.

Bendt: Herr Vorsitzender, die Verteidigung spekuliert auf den Unmittelbarkeitsgrundsatz – obwohl, wie wir ja alle wissen, das "Auge in Auge" von Kläger und Beklagtem für Kinder bei Sexualstrafdelikten die schlimmsten seelischen Folgen haben kann. Ich beantrage, den Angeklagten von der Vernehmung seines Opfers auszuschließen.

Becker: Nun, ich bin voll damit einverstanden, wenn Sie auch den Vater hinauschicken, der die Anzeige maßgeblich erwirkt hat.

Armadeck: Aber was soll denn das heißen, Herr Kollege, wenn Sie von Beeinflussung reden. Den Vater auszuschließen, dazu besteht doch nun wirklich kein Grund.

Becker: Ich denke doch. Marc hat seine einzige Aussage bis jetzt bei der Polizei gemacht. Es liegen zwei Aussagen vor: Der ersten zufolge sagt der Junge wortwörtlich: "Mein Vater meint zwar, da wär' was passiert, aber das stimmt nicht". Kurz darauf kam er erneut auf die Polizeiwache – wieder erschien er dort mit seinem Vater- und erzählt dann plötzlich, was die Anklageschrift wiedergibt. Wie Ihnen auch die Psychologin bestätigen wird, hat er seitdem unabhängigen Dritten gegenüber niemals Aussagen von Belastungswert wiederholt. Es ist merkwürdig, dass Marc zum ersten Mal um zwanzig Uhr dreißig auf der Wache war und dort zuerst nichts belastendes gesagt hat. Keine zwei Stunden später war er auf Drängen seines Vaters wieder da, und diesmal saß der Vater sogar bei der Vernehmung dabei. Und da hat der Junge plötzlich ausgesagt ...

Armadeck: Also gut, dann bleibt Ihr Mandant eben hier ..., Sie müssen das mit Ihrem Gewissen vereinbaren. Also dann ... den Jungen Marc, bitte.

Die Fußballfreunde bekunden mit "Marc, Marc" und "Halt durch"- Rufen sowie mit Tröten ihre Solidarität.

Armadeck: Für die Dauer dieser Vernehmung ist die Öffentlichkeit ausgeschlosssen.

Die Fußballfreunde, die Nachbarin, die Sozialarbeiterin sowie Balder Heinken verlassen für die Dauer der Vernehmung des Jungen – murrend – den Saal. Der Gerichtsdiener ruft Marc Laim auf.

MARC

Marc betritt den Saal zusammen mit seiner Mutter. Der Junge wirkt sehr unsicher. Gesenkten Haupts geht er zum Zeugenstand. Als sein Blick auf Becker fällt, blickt er erneut unter sich. Frau Laim hat unterdessen neben ihrem Mann Platz genommen.

Armadeck: Marc, du brauchst jetzt keine Angst zu haben. Sag' mal, Marc, wie lange kennst du den Herrn Jannings denn eigentlich schon?

Marc: Ooch, schon lange.

Armadeck: Wie habt ihr euch kennengelernt?

Marc: Auf dem Fußballplatz, wo ich immer trainiere.

Armadeck: Du spielst sicher gern Fußball.

Marc: Ooch ... es geht ...

Armadeck: Und da hast du also beim Fußballspielen den Herrn Jannings kennengelernt.

Marc: Ja, der war immer dort, wenn ich trainiert hab', und hat uns zugesehen. Der hat sich immer auf die Treppe vor'm Platz gesetzt.

Armadeck: Soso. Und fandest du das nicht merkwürdig?

Marc: Nöö, der war ja ganz nett. Der hat mich immer angefeuert, wenn ich keine Lust hatte oder zu langsam war.

Armadeck: Und wie war das, als ihr euch kennengelernt habt? Hat er dich zuerst angesprochen?

Marc: Ja. Er ist immer danach noch auf den Platz gekommen und hat noch mal mit uns gespielt. Einmal, da hat er mir gezeigt, wie man einen Fallrückzieher macht, und er hat gesagt, wenn ich Lust hätte, würd' er mit mir trainieren.

Armadeck: Und du warst damit einverstanden?

Marc *(zögernd)***:** Ja.

Armadeck: Wann war das, so ungefähr?

Marc: Vor 'nem halben Jahr.

Armadeck: Und von da an habt ihr euch regelmäßig gesehen?

Marc: Hmm-mm.

Armadeck: Warst du auch mal bei ihm zu Hause?

Marc: Ooch, ein paar Mal. Aber meistens waren wir bei mir daheim. Er hat mir auch Nachhilfe gegeben.

Armadeck: Aber ist es dir denn gar nicht komisch vorgekommen, dass sich ein wildfremder Mensch so um dich kümmert?

Marc *(stockend)*: Er hat mir gesagt, dass er mich nett findet, und ich hab's ihm geglaubt. Ich fand ihn ja auch nett. Er hat immer ... tolle Sachen zu mir gesagt.

Armadeck: Tolle Sachen?

Marc: Ja, weil ich doch immer so schlecht in der Schule bin, und weil ich im Fußball doch so 'ne lahme Ente bin.

Armadeck: Und was hat er da so gesagt?

Marc: Dass ... ich mich nicht zu schämen brauche, wenn die andern immer über mich lachen ... er hat gesagt, ich wär ... zu ... zu sanft für so harte Spiele. Und er hat auch gesagt, ich wär' ... hübsch, und deswegen soll ich mich nicht schämen, wenn ich anders wie die andern bin.

Armadeck: Und das hat dir gefallen?

Marc *(gepresst)*: Ja.

Armadeck: Und jetzt erzähl' mal, wie das war, am Einundzwanzigsten, als du bei ihm in der Wohnung warst. *Marc antwortet nicht. Er blickt unter sich.*

Armadeck: Wussten deine Eltern, dass du dort warst?

Marc *(kleinlaut)*: Nein.

Armadeck: Hast du ihnen absichtlich nichts gesagt?

Marc: Er ... Sascha hat gesagt, es ... es ist vielleicht besser, wenn Eltern nicht immer alles wissen.

Armadeck: Und was sollten die Eltern nicht wissen?

Marc: Dass er mich ... lieb hat.

Armadeck: Aber wenn einen doch jemand lieb hat, dann darf man das doch sagen, da ist doch nichts schlimmes dabei, oder?

Marc: Aber nicht ... so lieb ... er hat gemeint, die würden dann so Gedanken kriegen und vielleicht was dagegen haben, dass wir uns treffen.

Armadeck: Habt ihr euch dann heimlich in seiner Wohnung getroffen?

Marc: Ja.

Armadeck: Und was habt ihr da so gemacht?

Marc: Ooch, Fernsehen geguckt, Cola getrunken ... und er hat 'nen Computer, da haben wir immer Schach gespielt. Zweimal sind wir ins Kino gegangen und in den Zoo ins Afrikahaus, da wo die Reptilien eingesperrt sind. Ein paar Mal, da hat er mir das Rad von seiner Mutter geliehen und wir haben eine Radtour gemacht, nach Unteraching. Meistens haben wir was zusammen gespielt oder im Hof trainiert. (*schnell*) Nach dem Lernen.

Man hört jetzt einen verhaltenen Fluch. Der Vorsitzende starrt auf einen abgebrochen Bleistift. Die Protokollantin reicht ihm einen neuen.

Armadeck: Habt ihr auch am Einundzwanzigsten trainiert?

Marc: Ja. Der Sascha, die Elaine und ich.

Armadeck: Und danach?

Marc: Sind wir rauf zum Duschen gegangen.

Armadeck: Alle drei?

Marc: Nöö, die Elaine hat im Wohnzimmer Zeitung gelesen.

Armadeck: Und dann seid ihr also zu zweit duschen gegangen, der Timmy und du?

Marc: Wer?

Armadeck: Ich meine, der Sascha.

Marc: Ja.

Armadeck: Seid ihr immer zu zweit duschen gegangen?

Marc: Ja, erst ich, und dann der Sascha.

Armadeck: Jetzt hör' mal, mein Lieber. Auf der Polizei hast du doch gesagt, ihr seid beide zusammen ins Bad gegangen?

Marc: Na ja. Der Sascha hat sich immer über'm Waschbecken rasiert, und ich hab' geduscht.

Armadeck *(schaut ins Protokoll)***:** Hmm. Das steht aber in der Anzeige ein bisschen anders. Also, was ist dann passiert?

Marc antwortet nicht.

Armadeck: Marc, du musst uns hier die Wahrheit sagen. Ich kann mir denken, dass es schwierig für dich ist, darüber zu sprechen ... dass dir das alles peinlich ist ... aber du hast dir selber doch nichts vorzuwerfen, oder?

Marc schweigt immer noch.

Armadeck: In der Anzeige steht: "Der Sascha hat mich dann überredet, mich in seinen Arm zu legen und ihn zu streicheln. Das Hemd hatte er bereits ausgezogen, und die Hose auch."

Marc: Das stimmt. Ich war wütend, wir haben ... Krach bekommen. Da hat er mir zugeredet und mich in den Arm genommen. Ich war aber immer noch sauer. Und da hat er mir 'nen Kuss gegeben.

Armadeck: Und dazu erst kam er in die Duschkabine, er war also nicht schon vorher drin?

Marc: Ja.

Armadeck: Und was ist dann passiert?

Marc schweigt.

Armadeck: Hat er dich irgendwie berührt?

Marc: Ja.

Armadeck: Vielleicht gestreichelt?

Marc: Ja.

Armadeck: Hat er vielleicht mit dem Mund irgendwas gemacht?

Marc: Mich geküsst.

Armadeck: Na, jetzt lass dir mal nicht die Würmer einzeln aus der Nase ziehen. Wo hat er dich gestreichelt und geküsst?

Marc: Na ... auf der Haut.

Armadeck: Wo, auf der Haut?

Marc: Na, da, wo ich nackt war.

Armadeck: Aber du warst doch überall nackt, du hast geduscht und hattest keine Kleider mehr an!

Marc: Stimmt.

Armadeck: Auf der Polizei hast du gesagt: "Seine Hand fuhr an meinen Penis und streichelte ihn. Dann setzte er sich auf den Boden der Duschkabine und machte sich mit dem Mund daran zu schaffen".

Marc: Das weiß ich nicht mehr so richtig ...

Armadeck: Aber du hast Angst gekriegt?

Marc: Angst nicht direkt.

Armadeck: Was ist passiert? Erzähl' einfach mal der Reihe nach.

Marc: Muss ich drüber reden? Ich möcht' nicht drüber reden.

Karl Laim: Sag' doch, Junge, was er mit dir gemacht hat. Wir haben doch schonmal drüber geredet.

Marc *(schluckt)*: Na ja, er ... er hat mein Ding berührt.

Armadeck: Nur so berührt ... oder länger ... ?

Marc *(zögernd)*: Länger.

Armadeck: Und hat er dich dort geküsst?

Marc: Na ja, weil ich dort nackt war am Glied.

Armadeck: Wie lange hat er dich an dieser Stelle geküsst?

Marc: Bis es ... es ist ... ganz hart geworden.

Armadeck: Bei der Polizei hast du gesagt, er hat es in den Mund genommen. Ist das wahr?

Marc: Und dann hat er aufgehört und ist raus gegangen.

Armadeck: Und du?

Marc: Ich hab' fertig geduscht.

Armadeck: Und er?

Marc: Ist ins Schlafzimmer gegangen.

Armadeck: Hat er die Badezimmertür hinter sich zu gemacht?

Marc: Ja.

Armadeck: Wieso konntest du dann sehen, dass er ins Schlafzimmer gegangen ist?

Marc: Er ... hat's mir vorher gesagt, wo er hingeht.

Armadeck: Und du bist aber nicht mit ihm gegangen?

Becker: Herr Vorsitzender, diese Frage geht über das hinaus, was dem polizeilichen Vernehmungsprotokoll zu entnehmen ist, und worum es hier geht. Das Protokoll behauptet nur, dass mein Mandant mit dem Jungen geduscht, und dass er sich solange oral an ihm betätigt haben soll, bis es bei dem Jungen zum ... zum Nachlassen der Gliedsteife kam. Herr Jannings sei daraufhin ins Schlafzimmer gegangen. Es gibt keinerlei Grund anzunehmen, dass hier noch ein Nachspiel erfolgte.

Armadeck: Herr Becker, haben Sie von Ihrer Seite aus Fragen an den Jungen – dann würde ich Sie bitten, mir die mitzuteilen, damit ich sie dem Opferzeugen stellen kann.

Becker: Fragen Sie den Marc doch mal, warum er bei seiner ersten Vernehmung um zwanzig Uhr dreißig bei der Polizei nichts dergleichen gesagt hat, sondern erst zwei Stunden später, als ihn sein Vater erneut auf's Revier brachte.

Armadeck: Na, Herr Becker, wenn ich der Vater wäre, dann würde ich auch nicht bis nächste Woche warten wollen, wenn mein Junge endlich soweit ist, die Wahrheit zu sagen. Das liegt doch auf der Hand, dass das dann schon wieder ganz anders aussehen kann. Haben Sie noch andere Fragen?

Becker: Das erübrigt sich im Moment. Ich habe nachher noch eine Entlastungszeugin.

Bendt: Herr Vorsitzender, wir wollen doch einmal den Beamten zu Wort kommen lassen, der die Anzeige aufgenommen hat.

Armadeck: Herrn Wenzel bitte. Wenn der Beschuldigte nichts dagegen hat, ist die Öffentlichkeit wieder zugelassen. Marc, gehst du bitte wieder zu deiner Mutter.

Der Gerichtsdiener ruft die Öffentlichkeit wieder ins Auditorium, nebst besagtem Zeugen, der den Zeugenstand betritt.

DER ZEUGE WENZEL

Armadeck: Herr Wenzel, geben Sie doch bitte dem Gericht hier noch mal wieder, was der Junge an jenem Abend sagte, als er seine Anzeige bei Ihnen aufgab.

Becker: Herr Vorsitzender, ich muss wiederholt darauf hinweisen, dass es juristisch nicht der Junge ist, der die Anzeige erstattet hat. Der Junge ist schließlich minderjährig! Der Papa war's.

Wenzel: Ja also, der Vater brachte den Jungen. Der Junge erzählte folgendes: Nach dem Fußballspielen im Hof wäre er mit dem da duschen gegangen. Sie hätten sich ausgezogen und wären in die Duschkabine gestiegen. Und dann hätte ihn der Mann überredet, ihn in den Arm zu nehmen und zu streicheln. Dann fiel das Wort "missbraucht", und ich fragte nach. Jannings wäre mit der Hand an Marc's Penis gefahren und hätte ihn dort ungefähr fünf Minuten gestreichelt, bis das Glied hart war. Dann hätte er auch noch dran geleckt. Wieder ungefähr fünf Minuten lang. Dann wäre der Mann ins Schlafzimmer gegangen, und Marc hätte sich angezogen und sei dann ins Wohnzimmer zu einer Frau gegangen, die er Elaine nannte.

Armadeck: Hat sich in der Wohnung des Beschuldigten irgendetwas gefunden, was darauf schließen lässt, dass auch er sich geduscht hat?

Wenzel: Wir haben zwei nasse Badetücher gefunden. In einem davon fanden sich Körperhaare des Herrn Jannings. Im Schlafzimmer fanden wir auf der Bettdecke schwache Spuren von Sperma.

Armadeck: Wie abgesichert sind die Aussagen des Jungen über die Vorgänge im Haus, Ihrer Ansicht nach?

Wenzel: Wir haben uns von dem Jungen Einzelheiten über die Wohnung erzählen lassen, inclusive über den Tatort, die Duschkabine. Stimmt alles bis auf's i-Tüpfelchen genau. Der Junge beschrieb uns auf Anfrage auch eine Operationsnarbe, die Jannings in der unteren Leiste habe und ein Muttermal auf der Schenkelinnenseite. Wir konnten das bei Jannings verifizieren.

Armadeck: Ich habe vorerst keine weiteren Fragen. Herr Staatsanwalt? Herr Becker?

Becker: Herr Wenzel, könnten die nassen Handtücher nicht auch darauf zurückzuführen sein, dass eins noch vom Vortag – oder vom Haarewaschen – nass war?

Wenzel: Das konnten wir nicht ausschließen.

Becker: Die körperlichen Merkmale, die Sie bei Jannings feststellten – lokalisieren die an Stellen, die der Junge gesehen haben könnte, auch ohne dass sich Herr Jannings beim Rasieren dazu seiner Unterhose hätte begeben müssen?

Wenzel: Nun, ja. Wenn er eher kurze Slips trägt.

Becker: Den Aussagen des Jungen nach war Herr Jannings im Begriff, sich was andres anzuziehen und hat sich dann wohl nackt rasiert – wenn man Marc zur Abwechslung mal glaubt, was er ganz von sich aus zuerst mal an E n t lastendem sagt. Herr Jannings braucht also überhaupt keinen Slip getragen zu haben, nicht wahr?

Wenzel *(unangenehm berührt)*: Das ist sicherlich möglich.

Becker: Sie haben die Vernehmung des Jungen aufgezeichnet?

Wenzel: Ja. Das heißt, die erste nach acht Uhr abends nicht. Da, wo der Junge nichts gesagt hat. Das war mein Kollege Zettler.

Becker: Also erschien der Junge ein zweites Mal auf der Polizei. Wie spät war es da?

Wenzel: Ungefähr halb elf.

Becker: Kam es Ihnen nicht merkwürdig vor, so spät noch ... ich meine, der Junge musste doch morgens früh wieder in die Schule. Wie er erwähnte, schrieb er doch am nächsten Tag eine schwierige Klassenarbeit? Vor der er seit Wochen geschwitzt haben muss?

Wenzel: Ja schon. Aber der Vater, der den Jungen brachte, war halt ziemlich aufgeregt. Er hat gesagt, der Junge hätte sich's anders überlegt und hätte eine wichtige Aussage zu machen. Ich meine, das versteht man ja, wenn's um so was geht.

Becker: Welchen Eindruck machte der Junge auf Sie?

Wenzel: Er war sehr nervös natürlich. Ich versuchte natürlich, ihn zu beruhigen. Er war schon bei der ersten Vernehmung völlig aufgelöst, sagt mein Kollege. Sagte dauernd, er wolle den Mann nicht mit "falsch aussagen" ins Gefängnis bringen.

Becker: Sprachen Sie allein mit dem Jungen?

Wenzel: Nein, der Vater war dabei.

Becker: Über die ganze Zeit des Verhörs war der Vater zugegen?

Wenzel: Ja.

Becker: Wieso haben Sie das gestattet? Es ging doch immerhin um Intimes?

Wenzel: Ohne ihn hätte doch der Junge sofort abgebrochen.

Becker: Ach, wissen Sie ... Ich kann mir schon vorstellen, wenn mein Vater neben mir sitzt: Wie natürlich ich da einem Dritten erzähle, ich hätte *(blättert nach)* "den Penis von 'nem Mann gestreichelt". Wie lange dauerte denn die Vernehmung?

Wenzel: Tja, wieviel Uhr war's ... na, bis circa Viertel nach zwölf, halb eins.

Becker: Zwei Stunden? Na, das überrascht mich ... den Vorwurf, es hätte sich keiner Zeit für den Jungen genommen, den wenigstens kann ich Ihnen da wohl nicht machen ... Ihr Kollege um zwanzig Uhr dreißig jedenfalls war da'n bisschen abrupter. *(verzeihlich lächelnd)* Hätt' ich von seinem Untergebenen nicht erwartet, offengestanden.

Wenzel: Ah ja – *(lächelt verlegen)* – man tut ja in so'nem Fall, was man kann, nicht? Für so 'nen kleinen Fritzen ...

Becker: Ach, ich bitte das vorläufig noch gar nicht so sehr als Kompliment zu verstehen, Herr Wenzel ...

Er lässt sich Zeit, indes der andere erstarrt.

Becker: Denn wenn Sie sogar in Anwesenheit des Vaters noch gute zwei Stunden dazu gebraucht haben, um ganze fünf Sätze Belastendes aus einem derart widerspenstigen Opferzeugen herauszubringen – dann möchte ich lieber nicht wissen, wie lange der Junge Satz für Satz dazwischen zum Schwitzen gebracht wurde, nur damit iIhr Herz für Kinder höher schlug. Denn mit "Da war nichts" ganz am Anfang – da war'n Sie nicht so erleichtert, dass er hätte gehen dürfen.

Der Polizeibeamte wirft plötzlich einen finstren Blicke um sich.

Becker: Ich weiß im Moment nicht, Herr Wenzel, ob Ihr Herz da wirklich für den unbedarften kleinen Fritzen schlug oder eher für die diagnostische Delikatesse, endlich mal'n Kinderschänder zu stellen. Eine Kollegin von Ihnen hat jedenfalls berichtet, dass Sie im Beisein des Jungen mit dem Vater darüber geflachst haben, "Ja", es wären zur Zeit "wirklich zu viele Schwule im Umlauf". Als der beim Reinmarschieren sagte, so'n Kerl hätt sich an seinen Sohn rangemacht. Stimmt das?

Der Beamte schaut unter sich und beißt sich auf die Lippen.

Becker: Nicht, dass ich dem solche Bedeutung beimäße, Herr Wenzel. Aber nach anfänglichem Wiederabstreiten Marcs bei Ihnen nämlich wieder um zweiundzwanzig Uhr dreißig muss er sich eine Seite lang wie ein Lügner vorgekommen sein, dem man nix glaubt. Sie haben Marc daraufhin dann von Kopf bis Fuß beschreiben lassen, wie Jannings nackt beim Rasiern aussieht. Und den Jungen dann anschliessend damit gefangen, wieso er das denn so gut weiß, wenn "nichts war". Der Junge muss keine Vernehmung erlebt haben, sondern eine Überführung!

Wenzel *(wütend)*: Manchmal geht's doch gar nicht anders! Der Junge war doch völlig verstockt.

Becker: Herr Wenzel, in der Anzeige heißt es: "Er" – also der Beschuldigte – "redete mir zu, mich in seinen Arm zu legen." Erinnern Sie sich daran?

Wenzel: Sicher.

Becker: Können Sie es noch einmal in Worte fassen?

Wenzel: Der Junge sagte, der Mann habe ihn überredet, sich in seinen Arm zu legen.

Becker *(abrupt)*: Was steht in der Anzeige: "Überredet" oder "zugeredet"?

Wenzel: Wo liegt denn da der Unterschied?

Bendt: Das sind doch Haarspaltereien, Herr Kollege.

Becker: Ebensolche Haarspaltereien, wie dass das schriftliche Protokoll akademisch den Begriff "Penis" benutzt, während der Junge hier grundsätzlich nur von "Glied" oder "Ding" spricht. Haben Sie das Protokoll vielleicht etwas auf gute Lesbarkeit getrimmt, musste es schnell gehen, nachdem der Junge endlich mal was gesagt hat, Herr Wenzel, ja?

Wenzel: Man kann sicher nicht auf jede Nuance achten.

Becker: Wer hat von Missbrauch gesprochen? Hat der Junge selbst diesen Begriff benutzt?

Wenzel: Ja. Aber er hat im Telegrammstil geredet, und er stieß das Wort mehr so im Sinn von Umschreibung hervor, um's hinter sich zu bringen. Er war ins Stocken geraten, als es an die Einzelheiten ging. Deshalb habe ich ja noch mal nachgehakt.

Becker: Wie umschrieb denn der Vater, was passiert sein soll?

Wenzel: Er kam ja gleich und sagte, "so'n Kerl hat meinen Sohn missbraucht".

Becker: Also war es nicht der Junge, der diesen Begriff zuerst benutzte, sondern der Vater.

Wenzel: Das Wort "missbraucht" hört man doch im Augenblick sowieso dauernd, Sie brauchen doch bloß irgendwann am Tag den Fernseher einzuschalten. Der Junge kann's von überall her haben.

Becker: Wenn Sie aber auf Seite zwei in Ihrem Protokoll dem Jungen die Aussage "Dann hat er mich missbraucht" in den Mund legen, während Marc sich hier nicht zögerlich genug ausdrücken kann, um dieses Wort nur ja nicht zu benutzen – dann halten Sie das für eine Feinheit, auf die Sie keinen Wert zu legen brauchen.

Wenzel: Ich habe das fertige Protokoll am Ende ja noch vorgelesen, ob es so in Ordnung ist, und keiner rührte sich. Also war's doch für den Jungen, nehm' ich da an, in Ordnung.

Becker: Mir scheint, es war besonders für den Vater in Ordnung, der die ganze Zeit dabei saß und dem Jungen und Ihnen ein bisschen beim formulieren half ...

Armadeck: Wie das Kind genannt wird, ist ziemlich unerheblich. Ich muss die Verteidigung bitten, dass sie sich darauf beschränkt, nach Widersprüchen in den Aussagen selbst zu suchen, und hier keine Wortspielchen zu treiben.

Becker: Pardon, Herr Vorsitzender. Meine Entlastungszeugin wird Ihnen aber bestätigen, dass mein Mandant nicht duschen ging, wie's im Protokoll steht, sondern – wie der Junge ja hier auch sagte – sich nur rasiert hat.

Auf ein Handzeichen des Richters hin geht der Gerichtsdiener die Zeugin holen.

Becker: Ach ... eine letzte Sache noch, Herr Zeuge, bevor Sie entlassen sind; hätt' ich doch glatt vergessen!.

Wenzel – irritiert – macht auf dem Absatz noch mal kehrt und blickt ihn an.

Becker: Sofortige Verhaftungen – noch dazu öffentlich in Straßencafés – gehören doch in solchen Fällen trotz allem nicht zum üblichen? Auch nicht, dass sich jemand auf dem Revier nackt ausziehen muss, wo sein Geschlecht dann auf Muttermale inspiziert wird. Ebensowenig, wie dass bei sowas immer gleich die Spurensicherung ins Haus kommt und Bettdecken und Spermaspuren beschlagnahmt! Sagen Sie, Sie haben sich bei meinem Mandanten da ja wohl besonders viel Mühe gegeben?

Die Blicke des Staatsanwalts und Armadecks begegnen sich. Bendt blickt verlegen neben sich hinab.

Wenzel: Na ... wenn man endlich mal selber so'n Fall im eigenen Städtchen hat ... war uns halt wichtig, mal was andres, mein Vorgesetzter hat da eben auch mächtig Druck gemacht ... außerdem heißt's doch auch immer, nie würd' bei sowas was getan ...

Becker: Ist es nicht auch so, dass die ortsansässige Wehrsportgruppe – der auch Ihr Vorgesetzter Zettler angehört – seit Jahren Protestflugblätter zusammen mit besorgten Eltern verteilt, weil der Stadtrat ein Beratungszentrum für Homosexuelle eingerichtet hat – unmittelbar in der Nähe einer Schule? Und kandidiert Herr Zettler mit dem Thema "sichere Straßen" nicht derzeit zufällig gerade für's Amt des zweiten Bürgermeisters?

Armadeck: Herr Becker, was unterstellen Sie dem Mann denn da!

Becker: Herr Wenzel, ich meine ... wär da nicht endlich mal so'n schwuler Kerl, der die Schulbuben Ihrer kleinen Stadt belästigt, so eine richtig zweckdienliche Sache – noch dazu, wenn er einen höchstselbst als Polizist gefangen hat?

Wenzel starrt betreten auf den Boden.

Armadeck: Der Zeuge ist nicht für Werthaltungen seines Kollegen verantwortlich, Herr Becker ...

Bendt *(feixend)*: Und an der Sachlage nicht schuld. Herr Vorsitzender, i c h habe keine Fragen an den Zeugen.

Armadeck: Dann sind Sie aus dem Zeugenstand entlassen, Wenzel.

DIE ZEUGIN ELAINE ROLAND

Armadeck: Frau Roland, Ihre Personalien bitte.

Roland: Elaine Roland, geboren am vierten August neunzehnhundertsiebenundsechzig in Steinau.

Armadeck: Woher kennen Sie den Beschuldigten eigentlich?

Roland: Wir haben früher mal zusammen im Kindergarten gearbeitet. Ich mochte ihn, weil er mit Kindern umgehen kann. Es hat Spaß gemacht, mit ihm zu arbeiten. Ja, und seitdem besuchen wir uns öfters.

Armadeck: Frau Roland, was ist an jenem Abend des Einundzwanzigsten abgelaufen, schildern Sie uns das doch bitte mal.

Roland: Gegen dreizehn Uhr habe ich Sascha besucht. Da saßen beide noch beim Mittagessen. Sascha hat irgendwann den Vorschlag gemacht, dass wir einen Ausflug mit dem Rad machen könnten. Wir sind dann über Breibach nach Unteraching gefahren, und haben uns dort ins Eiscafé gesetzt. Gegen sechzehn Uhr sind wir zurückgekommen. Danach haben wir im Hof ein bisschen gekickt. Sascha wollte noch Abendbrot machen, und so sind wir gegen siebzehn Uhr hoch zu ihm in die Wohnung. Marc ist dann duschen gegangen.

Bendt: Nur Marc?

Roland: Etwas später ist Sascha ebenfalls ins Badezimmer, nachdem wir im Wohnzimmer noch das Fernsehprogramm studiert haben.

Armadeck: Auch zum Duschen?

Roland: Nein, er wollte sich, glaub' ich, nur so waschen, sich umziehen und rasieren.

Armadeck: Um siebzehn Uhr nachmittags?

Roland: Der Junge hatte ihn an diesem Sonntag ja schon um halb zehn aus dem Bett geklingelt, und deshalb ist er an dem Morgen nicht dazu gekommen. Er ist da ziemlich pingelig, was ein gepflegtes Aussehen angeht.

Armadeck: Woraus entnehmen Sie, dass er sich wirklich rasiert hat?

Roland: Das sieht man doch, wenn einer aus dem Bad kommt.

Armadeck: Wer von beiden kam denn zuerst wieder aus dem Bad zurück?

Roland: Marc.

Armadeck: Wie lange war er weg gewesen?

Roland: Ungefähr zwanzig Minuten.

Armadeck: Und Herr Jannings? Wann kam der zurück?

Roland: Zehn Minuten später.

Armadeck: Haben Sie auf die Uhr gesehen, dass Sie das so genau sagen können?

Roland: Als Marc in die Dusche ging, da haben gerade die Siebzehn-Uhr-Nachrichten angefangen. Ich weiß es auch deswegen noch so genau, weil ich im Bad plötzlich laute Stimmen gehört habe und aufmerksam geworden bin. Ich hab' gehört, wie der Sascha den Jungen angepflaumt hat. Ging irgendwie um eine versiebte Klassenarbeit, die der Marc nachschreiben musste. "Was", habe ich Sascha maulen gehört, "es ist jetzt viertel nach fünf am heiligen Sonntagabend, und du sagst mir erst jetzt, wo der Tag fast vorbei ist, dass du morgen die Mathe-Arbeit nachschreibst?"

Armadeck: Herr Jannings kam also zehn Minuten nach Marc ins Wohnzimmer. Wo kam er da her?

Roland: Ich hab' den Marc gefragt, wo er den Sascha gelassen hat. Er hat gesagt, der wär' in's Schlafzimmer gegangen. Ich nehme an, dass Sascha dann auch von dort herkam.

Armadeck: Wie wirkte der Junge auf Sie, als er aus der Dusche wieder zurückkam?

Roland: Ganz normal.

Armadeck: Nicht irgendwie verstört?

Roland: Das wär' mir als Pädagogin aufgefallen.

Bendt *(verwundert)*: Nicht einmal wegen dem Streit?

Roland: Zwischen den beiden rauscht's öfters mal. Aber so schnell wie's kommt legt sich's auch wieder.

Armadeck: Danke, Frau Roland.

Dr. Armadeck blickt hinüber zu Dr. Bendt.

Bendt: Ich habe für's erste keine weiteren Fragen an die Zeugin.

Elaine Roland geht, sichtlich erleichtert, hinunter ins Auditorium.

VON RAUCH UND FEUER

Bendt: Ich möcht' doch gerne einmal auf die Spermaspuren zurückkommen ...

Becker *(trocken)*: Wie Sie trotz unauffälliger Pubertät vielleicht aus eigener Erfahrung wissen, Herr Staatsanwalt: Nicht jeder, der onaniert, missbraucht dazu eigens vorher ein Kind.

Bendt: Ich möchte nicht auf Kastrationsängste von Verteidigern setzen, Herr Rechtsanwalt. Aber Sie müssen zugeben, dass die Wahrscheinlichkeit bei einem stadtbekannten Pädophilen doch recht hoch ist!

Armadeck: Bitte, meine Herren!

Becker: Bis zum Erweis des Gegenteils ist das zunächst eine Behauptung, dass mein Mandant pädophil ist.

Bendt: Sicherlich mehr als das. Wie Ihnen Herr Wenzel gerne bestätigen wird, ist Ihr Mandant bei der hiesigen Polizei kein Unbekannter. Wir sind dort auf Notizen über mehrere Jahre gestoßen, wo die Polizei auf das Treiben des Herrn Jannings aufmerksam geworden ist.

Becker: Das lässt sich leicht durch seine Homosexualität erklären. Wenn jemand gleichzeitig einen starken Draht zu Kindern hat, dann hat er sich in so einer kleinen Gemeinde wohl mit den grausigsten Verdächtigungen herumzuschlagen. Sie wissen, wie das ist.

Bendt: Nun, wo Rauch ist, ist oft genug auch Feuer. Herr Vorsitzender, bei der Hausdurchsuchung haben die Beamten Herrn Jannings' Tagebuch beschlagnahmt. Ich beantrage jetzt die Zulassung dieses Tagebuchs als Beweismittel. Da es seit letzter Woche sowieso Ihren Unterlagen beiliegt, seit Sie sich orientieren wollten, Herr Vorsitzender, hätte ich Sie an meiner Statt gebeten, hier die Passagen betreffs Marc Laim zu verlesen.

Armadeck: Es liegt noch den Unterlagen bei ... ? *(blickt verwundert unter dem vor ihm liegenden Stapel)* Ja, hat's Ihnen unsere Sekretärin nicht schon längst zugeleitet ... ach, tatsächlich ... *(zieht ein Buch hervor).* Gestatten Sie, dass ich hier ein paar Passagen vorlese, Herr Jannings ...

Becker: Einspruch. Es ist mir nicht ganz klar, was damit bezweckt werden soll.

Armadeck: Nun, es geht klar daraus hervor, dass Ihr Mandant Pädophiler ist. Da steht viel über Knaben drin.

Becker: Herr Jannings war in seinem früheren Beruf Erzieher, und Kinder faszinieren ihn. Wenn Sie das schon pädophil nennen wollen ... und selbst wenn er im psychologischen Sinne Pädophiler wäre – dass ein Mensch pädophil ist, sagt bekanntlich noch nicht unbedingt, wie – und ob er überhaupt – seine Gefühle auslebt.

Armadeck: Also, ich weiß nicht, was Sie wollen. In dem Buch steht nichts, was eine weitere Anzeige nach sich ziehen könnte, soweit ich es letzte Woche gesichtet habe.

Becker: Darum geht es nicht. Für den Fall, dass Sie seine angebliche Pädophilie – wenn sie denn besteht – zur Urteilsbegründung heranziehen, möchte ich vorher ein Sachverständigengutachten zum Gegenstand Pädophilie. Ich würde eine Verlesung des Buches von einem Gutachten abhängig machen, damit auch die Schöffen sich ein Bild machen können. Ist das notiert?

Protokollantin *(nickt, noch schreibend)*: Sachverständigengutachten über Pädophilie.

Der Vorsitzende bespricht sich kurz und tuschelnd mit den Schöffen. Der eine zuckt mit den Schultern, der andere schüttelt den Kopf.

Armadeck: Abgelehnt. Ich glaube, dass wir hier im Haus genügend Sachverstand und Erfahrung mit solchen Sachen haben, um uns ein eigenes Urteil zu bilden. Was psychologische Gutachten angeht, da habe ich eh' schon Pferde kotzen sehen. Ich frage Sie noch einmal, ob wir das Tagebuch hier vorlesen können?

Die Verteidigung bespricht sich mit Jannings.

Becker: Herr Vorsitzender, wir sind nicht damit einverstanden.

Armadeck: Aber wir müssen uns ein Bild über die Persönlichkeit des Angeklagten machen!

Becker: Mein Mandant fürchtet, dieses Zeugnis seiner selbst könne durch eine zu einseitige Interpretation seiner Empfindungen gegen ihn verwendet werden. Wenn das Tagebuch ohne Einordnung seiner Inhalte durch einen erfahrenen Sachverständigen hier verlesen wird, würde auch ich fürchten, dass man zu falschen Schlüssen kommen könnte. In einem Tagebuch stehen außerdem Sachen drin, die man nicht einmal einem guten Freund anvertraut.

Armadeck *(wirft das Buch mit kaum verhaltener Wut vor sich auf den Tisch)*: Dann sollten wir doch das Fräulein Roland noch einmal kurz her zitieren.

SELBSTERFAHRUNG

Elaine Roland tritt abermals hervor, unsicher zu Jannings blickend.

Armadeck: Frau Roland, ich lasse Sie jetzt vereidigen. Heben Sie bitte Ihre rechte Hand und schwören Sie, dass Sie hier wahrheitsgemäß aussagen werden.

Roland: Ich schwöre.

Armadeck: Erzählen Sie uns doch bitte von dem Hamburger Treffen im Juli letzten Jahres. Soweit wir erfahren haben, waren Sie doch mit Herrn Jannings damals nach Hamburg gefahren. Ein Selbsterfahrungsseminar, nicht wahr?

Roland: Das ist richtig.

Armadeck: Wurde dort jemals über seine sexuellen Neigungen gesprochen?

Roland *(verunsichert)*: Ja.

Armadeck: In welchem Zusammenhang?

Roland: Man redet da viel über Persönliches, auf so 'nem Seminar. Sascha hat über seine Probleme mit Jungs erzählt.

Armadeck: Sagte er dabei von sich, dass er pädophil sei?

Roland: Daran kann ich mich nicht erinnern. Er hat, glaub' ich, nur erzählt, dass er manchmal starke Gefühle für Jungs hätte.

Bendt: Sie glauben? – Das heißt, so sicher sind Sie sich also doch nicht?

Die Roland weicht seinem Blick aus und sucht nach Worten.

Armadeck: Aber bei der Polizei.

Armadeck: Und dass die "starken Gefühle" zu Jungs in Wirklichkeit homosexuelle Gefühle für minderjährige Jungs wie Marc sein könnten, kam Ihnen nicht in den Sinn?

Roland *(zögernd)*: Nein. sagten Sie doch aus, *(blättert nach)* ich zitiere: "Herr Jannings hat sich als Pädophiler zu erkennen gegeben".

Roland: Ich denke, dass der Polizeibeamte das so verstanden hat. Gesagt habe ich das nicht. Ich habe ja bis zu dieser Anzeige gar nicht gewusst, was das ist, Pädophilie.

Armadeck: Was hätten das denn sonst noch für Gefühle sein können, diese "starken Gefühle zu Jungs"?

Sie zuckt mit den Schultern.

Armadeck: Darf ich Sie darauf aufmerksam machen, dass Sie hier vor Gericht die Wahrheit zu sagen haben, und dass Sie sich strafbar machen, wenn Sie das selbst unter Eid nicht tun?

Roland: Ich ... weiß es doch nicht ...

Armadeck: Waren Sie jemals im Hause von Herrn Jannings zu Besuch?

Roland: Ja, das sagte ich doch schon.

Armadeck: Und Sie waren wirklich schon einmal bei ihm, als der Junge bei ihm war?

Roland: Aber natürlich. Das habe ich doch schon gesagt. Sonst hätte der Junge mich doch gar nicht gekannt. Ich habe doch die Vorladung erhalten, nachdem der Junge auf der Polizei meinen Namen erwähnt hat.

Armadeck: Herr Staatsanwalt?

Bendt: Und es kam Ihnen als Pädagogin überhaupt nicht komisch vor, diese Beziehung zwischen dem Jungen und dem um Jahre älteren Mann?

Roland: Nein.

Bendt: Und von "Pädophilie" haben Sie nie etwas gehört? Auch nicht, als Sie mitbekamen, auf welche Weise Ihr ehemaliger Arbeitskollege im Sommer vorletzten Jahres seinen Job im Kindergarten verlor?

Der jungen Frau schießen plötzlich Tränen in die Augen.

Roland: Das ... das war ... ungerecht ... eine ... einfach eine ... Schlechtigkeit ... ich meine, das ... dafür kann er doch nichts, sowas sucht sich doch keiner freiwillig aus ... Sascha hat sich niemals irgendetwas zuschulden kommen lassen, nie, nie, ich kenne ihn doch, und die waren doch so klein. Ich meine, richtige Pädophile vergreifen sich an Kleinkindern, Vorschülern, aber doch nicht Sascha.

Bendt: Ja, wie verlor er denn nun seinen Job?

Roland: Das ... das hatte mit ihm selbst erstmal gar nichts zu tun. Sascha war gut in seinem Job, flexibel, erzieherisch unarrogant, vergab sich nichts. Er war wirklich gut ...

Bendt *(süffisant)*: So. Dann hat Herr Jannings also seinen Job verloren, weil er so ein selbstloser Kinderliebhaber war.

Roland: Nein, nein, Sie ... Sie wollen mich falsch verstehen. Er hat ja die Betreuung älterer Kinder abgelehnt, wo's nur ging. Niemand hat so recht verstanden, warum. Ich vermute, weil er Angst hatte. Ich hab's mir mit seiner Homosexualität erklärt. Für mich ist er ein verhinderter Homosexueller, sucht wahrscheinlich nach seiner eignen verlorenen Kindheit ...

Bendt: Frau Zeugin! Beantworten Sie bitte meine Frage! Warum hat Jannings seine Arbeitsstelle im Kindergarten verloren?

Roland: Irgendwann hat dieser Blödsinn angefangen, dass wir vom Vorstand auf Vorträge über sexuellen Missbrauch und Männergewalt geschickt wurden, die hat so ein Frauenselbsthilfeverein abgehalten. Einen Abend ging's darum, wie man Vorschüler am schonendsten darüber aufklärt, dass sie auch der eigene Papa mal missbrauchen könnte. An einem andern Abend, wie man einem Missbrauch durch Kinderzeichnungen und Puppenspiele auf die Spur kommt. Da mussten wir uns dann darüber belehren lassen, dass Kindesmissbraucher mit Vorliebe in Kindergärten, Schulen und Heimen arbeiten, um jahrelang unerkannt Kinder missbrauchen zu können. Dass die Dunkelziffer so ungeheuer hoch wäre, und dass sich keiner eine Vorstellung über das Ausmaß macht. Ja, und dass es so schwer ist, sie rechtzeitig zu erkennen.

Bendt: Blödsinn nennen Sie das? Ja, finden Sie denn nicht, dass es notwendig ist, die Bevölkerung vor solchen Menschen zu schützen, Frau Roland?

Roland: Aber man hätte ja fast meinen können, dass hinter jedem Baum ein Kindesmissbraucher steht ... in zehn Jahren hatten wir ganze vier Fälle, wo man sowas hätte vermuten können. Aber nach dem, was die da plötzlich an angeblichen wissenschaftlichen Zahlen hatten, da hätte es ja jedes dritte Kind sein müssen, und damit wurd's für mich absurd. Ich hab' auf der Uni mal ein Seminar über statistische Sozialforschung besucht. Ich meine, jeder mit ein bisschen Ahnung hätte sehen können, was an diesen Statistiken nicht stimmt. Zum Beispiel hat man einfach alle möglichen falschen oder richtigen Anzeigen, die irgendwo in Deutschland erstattet wurden, mit einer völlig unnachvollziehbaren Dunkelzifferquote multipliziert, damit sowas rauskam. Ich meine, es ... es war ein bisschen viel, was da aufgrund von solchen Zahlen auf einmal vom Zaun gebrochen wurde.

Armadeck: Kein Grund, sich zu echauffieren, Frau Zeugin. War einfach nur eine Zwischenfrage. Erzählen Sie bitte weiter. Was meinen Sie damit, "vom Zaun gebrochen"?

Roland: Als ich mit denen mal über diese komischen Zahlen reden wollte, hat mich danach keine meiner Kolleginnen mehr angeguckt. Oder: Unser Direktor hat den Versuch gemacht, dagegen einzuschreiten, als sie unsere Fünfjährigen auf den Missbrauch durch den Papa vorbereiten wollten. Unser Chef war der Ansicht, man kann ihnen in dem Alter vielleicht den Glauben an den Weihnachtsmann nehmen, wenn man's für 'ne frauenfeindliche Einrichtung hält, aber nicht d a s . Er wurde dann sofort als Verharmloser an den Pranger gestellt und hat sich anschließend vor Schreck wie ein männlicher Feminist aufgeführt. Damit Sie sich ein Bild von der Athmosphäre machen, die damals bei uns im Ort herrschte, sollte ich vielleicht noch erwähnen, dass wir drei Tage nach dieser Initiative einen Referendar aus Köln beruhigen mussten, der nach der Anreise völlig durch den Wind war. Beim Aussteigen aus dem Zug hatte er eine Zwölfjährige nach der nächsten Telefonzelle gefragt. Das Mädchen hat prompt die Farbe gewechselt und ist panisch vor ihm davon gerannt, als ging's ihr ans Leben. Der Mann hat gar nicht gewusst, wie ihm geschieht. Vermutlich nur, weil er erstens fremd und zweitens freundlich war – genauso, wie diese Frau Wald oder wie sie heißt, den Kindern potentielle Kindermörder beschrieben hat.

Bendt *(schneidend)*: Aber sagen Sie ... hat sich denn "diese Frau Wald oder wie sie heißt" auch in der Einschätzung Ihres Kollegen Jannings getäuscht, liebe Frau Roland? Erzählen Sie doch bitte.

Die Zeugin Roland schluckt jetzt heftig.

Armadeck: Etwas lauter bitte, damit wir's hier alle hören können.

Roland: Um ... um diese Zeit ging's dann damit los, dass die Kollegen angefangen haben, sich irgendwann sogar gegenseitig zu misstrauen, weil sie uns was von unbewussten Übergriffsneigungen erzählt haben, von denen niemand frei wäre. Ein Praktikant hat daraufhin den Bettel hingeschmissen, weil er es satt hatte, plötzlich dauernd unter Beobachtung durch unsere Weiber zu stehen, wenn er mit den Kindern raus auf den Spielplatz vor's Haus gegangen war. Sascha hat irrsinnige Angst gehabt damals, die ich nicht recht einordnen konnte. Auf irgend so' nem Vortragsabend haben sie uns dann was über Merkmale erzählt, an denen man Täter in Fürsorgeeinrichtungen erkennen kann. Sie seien besonders unauffällig, würden allein leben, kaum was über ihr Privatleben erzählen und könnten mit Kindern so teuflisch gut umgehen, dass sie auf den ersten Blick wirklich total kinderlieb wirken. Sascha hat danach drei Wochen gefehlt.

Bendt: War das der Kündigungsgrund?

Roland: Nein. Der hat sich aber da schon entwickelt. Ich kam kurz nach diesem Vortrag mal dazu, wie eine Kollegin erzählt hat, dass sie Sascha mit einem unbekannten Jungen irgendwo in der Stadt gesehen hat. Ich meine, wir wissen alle, dass er keinen Sohn hat ... zwei Wochen später hat dann der Vater eines fünfzehnjährigen Jungen bei unserer Geschäftsstelle angerufen und erzählt, bei uns würde ein Kindergärtner mit Namen Sascha Jannings herumlaufen, der's "mit kleinen Jungs treibt". Jannings wurde daraufhin zu einem Gespräch einbestellt. Es wäre für alle Beteiligten das beste, wenn er in dieser Situation von sich aus kündigte. Das ... das hat er dann getan.

Bendt: Herr Vorsitzender, das genügt mir soweit. Ich finde, die Dame hätte genug Hinweise gehabt, die Sie zu einer Anzeige hätten veranlassen müssen, bevor etwas passiert.Wir sollten es ihr, denke ich, ersparen, die Frage ihrer effektiven Mitwisserschaft hier näher zu beleuchten.

Armadeck: Frau Roland, bleiben Sie bei Ihrer Aussage, nichts von der Veranlagung Ihres Bekannten gewusst zu haben? Auch dabei, dass der Junge unmittelbar nach dem Duschen zu Ihnen ins Wohnzimmer zurückgekehrt ist, und dass Sie keinerlei Anzeichen einer Verstörung bei dem Jungen ausmachen konnten?

Roland: Ich bleibe dabei.

Armadeck *(wütend)***:** Sie können sich setzen.

Er sieht fragend zum Staatsanwalt.

Bendt: Die Vernehmung der Bachschütz wird beantragt.

Armadeck: Die Zeugin der Staatsanwaltschaft, Frau Cornelia Bachschütz, bitte.

Becker horcht auf, der Gerichtsdiener macht sich auf den Weg. Jannings kaut nervös an seiner Unterlippe. Nicht wissend, wohin er den Blick wenden soll, starrt er gerade aus unter sich auf die Tischplatte. Dann und wann huscht ein unglückliches Verlegenheitslächeln über sein Gesicht. Im Publikum vernimmt man ein indigniertes: "Hm-Hm-Hm!"

Die Sozialarbeiterin: Da! Seht! Der Täter schweigt und lächelt kalt!

Die Nachbarin: Wie's in der Zeitung immer heißt! Wie in der Zeitung!

Und sie schüttelt betroffen ihr ergrautes Haupt. Cornelia Bachschütz betritt den Zeugenstand.

DIE ZEUGIN BACHSCHÜTZ

Bendt: Frau Bachschütz, Sie sind hier, weil Sie am zwanzigsten Juli letzten Jahres bei der Polizei vorstellig wurden und angaben, Herr Jannings sei pädophil und unterhalte eine Beziehung zu einem fünfzehnjährigen Jungen. Das ist zwar nicht der Fall, um den es hier geht, aber wir müssen uns ein Bild von dem Beschuldigten machen. Sie waren ja ebenfalls im Juli letzten Jahr auf diesem Wochenend-Seminar. Kennen Sie die Zeugin Elaine Roland?

Bachschütz: Ja, sie war auch auf dem Seminar.

Bendt: Was haben Sie da gehört, was ist da gefallen?

Bachschütz: Der da hat gesagt, dass er auf Jungs steht.

Becker blickt besorgt, Jannings ausgesprochen bestürzt.

Bendt: Wortwörtlich?

Bachschütz: Wortwörtlich.

Bendt: Und da sind Sie ganz sicher? Hat er sich als Pädophiler zu erkennen gegeben?

Bachschütz: Ja. Er sprach von starken Gefühlen zu Jungs, also Gefühlen, derer er sich nicht erwehren kann, wie er das ausdrückt. Und dass er, solange er denken kann, nur Jungs zwischen zwölf und sechzehn sexuell attraktiv finden könnte.

Armadeck: Und glauben Sie, dass Frau Roland das auch gehört hat?

Bachschütz: Na ja ... *(zögernd)* sie saß ja genau nebendran.

Bendt: Na, da haben wir's ja.

Jannings *(leise zu Becker)*: Mensch, die machen ja die Elaine fertig ...

Becker: Ich hab' Ihnen immer gesagt, dass da nur Mist rauskommt.

Bendt: Hat Herr Jannings auch gesagt, dass er sexuell mit ihnen verkehrt, den "Jungs zwischen zwölf und sechzehn"?

Bachschütz: Er sagte, dass er seit seinem "zweiten coming out", wie er das nannte, öfter mit Jungs intim gewesen wär'. Er erzählte uns lang und breit, dass er in einen Fünfzehnjährigen verliebt war und eine Beziehung mit ihm hätte.

Bendt: Was meinte er damit, seinem "zweiten coming out"?

Bachschütz: Sein erstes coming out war das Entsetzen, homosexuell zu sein, das zweite war, als er sich eingestehen musste, Päderast zu sein. So ähnlich drückt er das aus.

Bendt: Na, endlich mal jemand, der den Mund aufmacht hier. Keine weiteren Fragen. Herr Vositzender?

Armadeck: Vielen Dank, Frau Bachschütz. Sie haben uns sehr weiter geholfen. Wenn Sie nicht zur Polizei gegangen wären ..., *(indem er sich nachdenklich zurecht setzt)* Jaja. Soso.

Becker: Herr Vorsitzender, wenn Sie gestatten ... *(ohne die Antwort abzuwarten)* – Frau Bachschütz, was veranlasste Sie eigentlich, zur Polizei zu gehen? Gingen Sie unmittelbar im Anschluss an das Seminar zur Polizei?

Bachschütz: Nein, erst am Donnerstag zwei Wochen später.

Becker: Warum haben Sie sich solange Zeit gelassen?

Bachschütz: Man ... liefert niemanden gern ans Messer, das ging mich ja auch eigentlich nichts an.

Becker: Kannten Sie meinen Mandanten eigentlich schon vorher?

Bachschütz: Nein.

Becker: Also haben Sie während des Seminars Freundschaft mit ihm geschlossen – oder warum haben Sie ihn ein paar Tage später in seiner Wohnung besucht?

Ringlein *(erstaunt zum Staatsanwalt)***:** Sie hat ihn b e s u c h t ?

Bachschütz: Na ja, ich ... wollte mir darüber klar werden, was für ein Mensch er ist.

Becker: Und dazu haben Sie Ihren Lebensgefährten mitgenommen? Mein Mandant erzählte mir, dass da noch jemand dabei war, den Sie als Ihren Lebensgefährten vorstellten. Ist das der Herr, der da hinten sitzt?

Aller Augen wandern jetzt zu dem Mann in der letzten Reihe. Balder Heinken starrt plötzlich einer unerhörten Aufmerksamkeit entgegen.

Bachschütz *(dreht sich um, Beckers Fingerzeig folgend)*: Nein, das ist ...

Die Bachschütz wirkt jetzt sehr verlegen.

Becker: Ein Freund?

Sie starrt vor sich.

Becker: Wie lange kennen Sie sich?

Bendt: Das gehört doch nicht hierher!

Becker: Doch, Doktor Bendt, ich denke schon. Wenn sie ihren Liebhaber nämlich schon seit letztem Jahr kennt, dann hat sie entweder zwei davon – oder sie hätte meinen Mandaten belogen. Wenn sie ihn aber belogen hat, dann würde ich ihre Glaubwürdigkeit auch hier vor Gericht bezweifeln. Frau Bachschütz?

Urla Waldt, die mit ihr eingetreten war, macht in diesem Augenblick hörbar ihrer Empörung über Becker Luft. Sie flucht leise vor sich hin.

Bachschütz: Balder und ich kennen uns seit zwei Jahren.

Becker: Was macht Ihr Freund beruflich?

Bachschütz: Er hat gerade die Polizeischule abgeschlossen.

Becker: Ach ja. Wer war denn eigentlich im Gespräch mit Jannings dabei, als Sie sich über diesen Menschen klar werden wollten, ob Sie ihn anzeigen sollen oder nicht, wie Sie sagen? Haben Sie Ihrem Freund vielleicht etwas von dem Seminar erzählt, und er ist hellhörig geworden? Wie hieß der Mann doch gleich, der mit ihr gekommen war, Herr Jannings?

Bachschütz *(dumpf)*: Reinhelm Zettler.

Becker: Fragen Sie doch mal Ihren Freund, ob der einen Mann namens Reinhelm Zettler kennt.

Bachschütz: Ich ... brauche ihn nicht zu fragen ... Reinhelm Zettler ist ein Freund von ihm. Er arbeitet bei der Kripo.

Jannings' Gesicht wird leichenblass. Er fährt mit der Rechten nervös über sein Jackett.

Becker: So. Ihr Freund hat also von dem Seminar gehört. Sie haben ihm erzählt, dass Sie da jemanden kennengelernt haben, der auf Jungs steht. Und da hat er seinen Freund, den Kripobeamten, auf ihn angesetzt.

Bachschütz: Nein ... so war es nicht ... ich hab's ihm erzählt, ja. Aber da war Zettler dabei, er war an dem Abend zu Besuch gekommen, als ich vom Seminar nach Hause kam ... ich hab's ihnen beiden erzählt. Und da hat Zettler gesagt, ich soll dran bleiben, er meint, der Mann steht schon irgendwo in der Kartei, weil sie mal 'ne Abfrage mit seiner Autonummer gemacht haben, als er vor so'ner Kneipe geparkt hat, sie hätten ihm aber nichts nachweisen können. Bleib' dran, hat er gemeint, guck, ob du was rauskriegst, ich komm mit, vielleicht erzählt der was, hat Zettler gemeint.

Becker: Und daraufhin besuchten Sie Jannings in seiner Wohnung?

Bachschütz: Richtig.

Becker: Und? Hat er was erzählt? – So bei Kaffee und Kuchen, und 'nem Schnaps ... mein Mandant hat mir erzählt, dass es ein ganz netter Abend war, und dass so richtig alle in Stimmung gekommen sind ... ?

Bachschütz: Nur das, was er auch auf dem Seminar schon erzählt hat. Im Lauf des Abends wurde er ziemlich angeheitert, Zettler trank wenig, aber er spielte mit ... Jannings hat uns dann irgendwann ein paar Sachen aus seinem Tagebuch vorgelesen, so furchtbar kitschige Geschichten über Jungs, und uns dann was von hübschen Fotos erzählt, die er gesammelt hat, aber wir konnten ihn ja nicht bitten, dass er sie uns zeigt, das wäre aufgefallen.

Becker: Aber mein Mandant erzählte mir, er habe Ihnen eine Fotosammlung gezeigt ...

Bachschütz: Zettler hat ihm irgendwas von seiner eigenen "verborgenen Seite" erzählt, wie wir's abgesprochen hatten, und ich hab' gesagt, wir hätten ja schließlich alle unsere verborgenen Seiten, und später hat Jannings dann doch seine Bilder geholt. Ich mein', der Typ wollt' sich mal ausquatschen.

Becker: Und Sie haben die Fotos gesehen?

Bachschütz: Ja.

Becker: Warum haben Sie ihn dann nicht sofort angezeigt?

Bachschütz: Das waren keine pornographischen Sachen oder so ... Zettler hat gemeint, das reicht alles nicht.

Becker: Weil die Jungs auf den Fotos alle angezogen waren?

Bachschütz: Ja, so ähnlich.

Becker: So ähnlich. Aber am Donnerstag die Woche darauf haben Sie ihn doch angezeigt. Warum?

Bachschütz: Ja, das war so ... Jannings hat mich am Mittwoch abend angerufen. Ich hab' gleich gemerkt, dass etwas nicht mit ihm gestimmt hat. Er hat mich gefragt, ob wir irgendwo was zusammen trinken gehen sollen, es wär' ein "Scheiss-Tag" gewesen. Ich habe zugesagt. Später in der Kneipe hat er dann wieder was von dem Jungen erzählt, in den er so schrecklich verliebt wäre, wie er sich immer ausdrückt. Der Junge wollte seinem Vater erzählen, dass er eine Beziehung mit ihm hätte, und nun wüsste er nicht, wie's ausgeht. Der Junge, hat er erzählt, will ehrlich zu seinem "Alten" sein, er würde aber zu sehr darauf vertrauen, dass der sowas versteht. Und jetzt würde er Todesängste ausstehen, weil er nicht wüsste, wie der Vater reagieren würde.

Becker: Also, ob er ihn anzeigen würde.

Bachschütz: Ja.

Becker: Und dann sind Sie aufgestanden und haben ihn am nächsten Tag angerufen, wie's läuft.

Bachschütz: Ja.

Becker: Jannings hatte Ihnen erzählt, wie der Junge ihn nach dem Gespräch mit den Eltern angerufen hat, und dass er ihm gesagt hat, sein Vater würde Jannings nicht anzeigen, wenn sein Sohn ihm verspräche, dass er sich nicht mehr mit ihm trifft. Der Junge berichtete Jannings, dass er seinem Vater dieses Versprechen gegeben hätte. Und dann erzählte Jannings Ihnen, dass dieser Junge ihn trotzdem weiter heimlich besuchen würde.

Bachschütz: Ja. Ich hab' mir gedacht, so ein Junge kann doch gar nicht entscheiden, mit wem er sich da einlässt ... ich hielt es für unverantwortlich ... man kann doch sowas nicht wissen und gleichzeitig die Augen davor verschließen, dass hier ein Kind ...

Becker: Und als Sie dann zu Zettler gegangen sind – hat er Sie ermutigt, Ihre Anzeige aufzugeben?

Bachschütz: Nein, er hat immer nur gemeint, es reicht nicht.

Becker: Und als Sie dann auf der Polizei waren, ist Ihnen eingefallen, dass Sie im Eifer des Gefechts den Nachnamen des Jungen gar nicht erfahren haben. Der Beamte machte eine Notiz, und vergessen war die Sache.

Bachschütz: Nein. So war's nicht. Er hat gesagt: "Ich leg's mal dazu", der Mann wäre auch anderen Leuten schon aufgefallen, zum Beispiel den Vermietern und zwei Arbeitskolleginnen, als er noch berufstätig war, weil die einzigen Besuche, die er kriegt, scheinbar alles junge Burschen sind. Von dem Telefongespräch mit dem Jungen wüsste man auch schon. Sie wollten sehen, ob eine Ermittlung eingeleitet werden könnte. Dann habe ich von der Sache nichts mehr gehört.

Becker: Bis zur Vorladung – weil man sich anlässlich der Vernehmung Marc's an Sie erinnert hat.

Bachschütz: Man kann doch nicht einfach nur tatenlos zusehen ...

Becker lässt sich nun Zeit, ehe er weiterspricht. Es vergehen einige Sekunden, in denen er ihre wachsende Nervosität eindringlich und stumm fixiert.

Becker: Ich habe mich ein bisschen über Ihre Vorgeschichte kundig gemacht. Waren Sie schon einmal verheiratet, Frau Bachschütz?

Bachschütz: Ich bin seit drei Jahren geschieden.

Waldt *(zu sich, aber immerhin hörbar)*: Du verdammter Schuft.

Becker: Ich erspare Ihnen die Frage, warum Ihre Ehe scheiterte. Aus dieser Ehe entstammt eine Tochter, die heute zehn Jahre alt ist. Sie ließen sich von Ihrem Mann scheiden, nachdem er sich an Ihrer Tochter sexuell vergriffen hat.

Die Bachschütz nickt. Sie zittert etwas, und ihr Blick leert sich.

Bendt: Herr Vorsitzender, ich missbillige diese Art der Befragung ...

Becker: Herr Vorsitzender, ich musste diese Frage stellen. Diese Frau hat miterleben müssen, wie ihr eigener Mann sich über ihr Töchterchen her gemacht und sie wiederholt in volltrunkenem Zustand vergewaltigt hat. Sie ist mit diesen Erlebnissen niemals fertig geworden, und möglicherweise macht sie sich auch Vorwürfe, dass sie es nicht hat verhindern können. Die seinerzeit hinzugezogene Psychologin attestierte "panische Verlustängste aus sexueller Hörigkeit", welche es hier verunmöglicht hätten, rechtzeitig die Konsequenzen zu ziehen und sich von ihrem Mann zu trennen, damit das Kind geschützt ist. Ihre Aussagen gegen meinen Mandanten gehorchen dem Bedürfnis, ihre Schuldgefühle an Marc wieder wettzumachen. Dazu projeziert sie in Herrn Jannings den Inbegriff dessen, was sie unter einem Kindesmissbraucher zu verstehen scheint.

Dr. Armadeck blinzelt etwas, interveniert jedoch nicht weiter.

Becker: Ich habe keine weiteren Fragen mehr an die Zeugin. Ich erwähne nur, dass mein Mandant seit August letzten Jahres den Eindruck hat, dass man sein Telefon überwacht. Im August hat er zum Beispiel festgestellt, dass gut drei Sekunden Ansagetext fehlen, als ob jemand von außen versucht hätte, seinen Anwahlcode zu knacken.

Armadeck: Das tut hier nichts zur Sache. Es geht um diesen Jungen, und nicht um den bösen Überwachungsstaat. Sie dürfen sich setzen, Frau Zeugin.

Cornelia Bachschütz setzt sich zu Urla Waldt, puterrot. Diese ergreift ihre Hand.

Bendt: Ich schlage jetzt die Anhörung der Diplom-Psychologin Waldt vor, die den Jungen ambulant betreut hat, und die das Gericht mit der Erstellung des Gutachtens betraut hat. Es gibt da nämlich durchaus Hinweise psychologischer Art, die auf einen Missbrauch schließen lassen.

DIE SACHVERSTÄNDIGE WALDT

Armadeck: Frau Waldt, der Junge ist bei Ihnen derzeit in Therapie?

Waldt: So ist es.

Armadeck: Weswegen?

Waldt: Grob gesagt, wegen plötzlich aufgetretenen Schulproblemen.

Armadeck: Seit dem Einundzwanzigsten?

Waldt *(nickt)*: Ja, und wegen depressiven Momenten. Auf Anraten eines Polizeibeamten haben die Eltern den Jungen in meine Behandlung gegeben. Sie äußerten Bedenken, der Junge sei plötzlich furchtbar bedrückt, schlafe schlecht, und seine Noten seien in letzter Zeit rapide abgefallen.

Armadeck: Welchen Eindruck gewannen Sie von seiner ... Beziehung zu dem Beschuldigten?

Waldt: Nun, insgesamt erscheint der Junge etwas sexualisiert.

Armadeck: Sexualisiert?

Waldt: Ich gewann den Eindruck, dass ein Missbrauchserlebnis, von dem mir die Eltern berichteten, seine Geschlechtsrolle etwas durcheinander gebracht hat. Und dass die Symptome, derentwegen er in Behandlung ist, durch die erlittene Demütigung zustande gekommen sind.

Armadeck: Welche konkreteren Hinweise haben Sie denn darauf, dass der Junge sexuell missbraucht wurde? Er hat doch Ihnen gegenüber kaum davon gesprochen, heißt es in Ihrem Gutachten?

Waldt: Nein, er umgeht das Thema. Allein von daher ist schon zu vermuten, dass hier ein Trauma vorliegt, dass er vor sich selbst verdrängen möchte. Er scheut sogar die Erwähnung von Einzelheiten, wenn sie bloß die Einrichtung der Wohnung von Jannings betreffen. Wir nennen das traumatische Verdrängung.

Der Zeuge Wenzel schaut verblüfft in seinem Dossier nach.

Armadeck *(verwundert)*: Aber hat Marc denn – in all Ihren Sitzungen mit ihm – kein einziges Mal etwas persönlich verlauten lassen, was auf einen realen Hintergrund seiner Aussagen bei der Polizei hindeutet?

Waldt: Nur äußerst indirekt. Zum einen sprach er für mich viel zu dick aufgetragen und positiv über einen bloßen "Gelegenheitsbekannten", wie er das zunächst aussehen lassen wollte. Das sind die typischen Bagatellisierungstendenzen eines traumatisierten Jungen, der seine sexuellen Demütigungen nicht zugeben kann. Und immer, wenn ich ihn direkt auf Jannings ansprach, wich er aus und begann, mir stattdessen plötzlich irgendwelche Zoogeschichten zu erzählen. Ich hatte fast den Eindruck, er will mich damit ärgern ... so eine merkwürdige unterschwellige Renitenz ... man hat das öfter. Wir sprechen in diesem Zusammenhang von den typischen Übertragungsphänomenen des Missbrauchsopfers.

Armadeck: Entschuldigen Sie bitte – von was?

Waldt: Diese Kinder übertragen Aggressionen, die eigentlich dem Missbraucher gelten, unbewusst auf den Therapeuten. Eine der vielen Möglichkeiten, wie das Trauma zum Ausdruck kommt.

Armadeck: Interessant.

Waldt: Als er merkte, dass ich auf seine Versuche nicht einging, seine Beziehung zu Jannings im unschuldigsten Licht zu zeichnen, da begann der Junge irgendwann plötzlich, seine Erzählungen ganz seltsam auszukleiden. Fing auf einmal an, über "Freiheitsberaubungen von freilebenden Wildtieren" zu maulen. Marc hatte sich mal mächtig über eingepferchte Krokodile im Zoo aufgeregt, als er mit Jannings dort vor dem Gittergehege stand, wie er mir berichtet hat.

Armadeck *(stutzig)*: Und welche Schlüsse ziehen Sie daraus?

Waldt: Das mit den eingesperrten Krokodilen war eine ganz auffällige Parallele zu Jannings! Jannings saß ja zu diesem Zeitpunkt bereits in U-Haft – hinter Gitter! Mir wurde klar, dass der Junge mir mit dem Krokodil unbewusst Jannings als den Täter bezeichnete. Ich habe ihn dann gefragt, ob Krokodile denn nicht auch ziemlich gefährliche und gierige Tiere sind. Darauf sagte er wütend, die sähen "doch bloß gefährlich aus", wegen ihrer "ekligen Haut". Die könnten zwar "rücksichtslos zupacken", aber bloß, wenn sie "überreizt" sind – eindeutige sexuelle Anspielungen aus dem Unbewussten. "So wie der Sascha?" habe ich ihn dann gefragt. Da ist er abrupt aufgestanden, wollte wie in einer Panik die Szene im Szenotest umwerfen und hat völlig außer sich den Raum verlassen. Das war überdeutlich: Das Krokodil war gewissermaßen die einzig erträgliche Möglichkeit für ihn, über die Übergriffe durch seinen Peiniger zu sprechen.

Der Staatsanwalt betrachtet die Sachverständige mit einem nachdenklichen Kauen an der Unterlippe. Der Richter kritzelt gedankenversunken etwas vor sich hin, das wie die Speiche eines Fahrrades aussieht. Er schaut sie für eine Sekunde irritiert an.

Armadeck: Sagen Sie, unbewusst ... Sind Sie denn wirklich der Ansicht, dass ... nun ja. Sie sind ja hier die Sachverständige. Worauf stützt sich Ihre Hypothese noch, dass der Junge missbraucht worden ist?

Waldt: Nun, zum einen, wie gesagt, seine Bedrücktheit fällt auf. Er scheint sich auch seines Körpers zu schämen. Das hat man öfters. Die Mutter berichtete mir, dass er ein paar Tage nach der Sache den Spiegel in seinem Zimmer zugehängt hat. Zweitens sind da die Leistungsstörungen, obwohl ich das eher als Reaktionen auf den bevorstehenden Prozess auffasse. Drittens ergab der besagte psychologische Test eine für Missbrauch typische Projektion.

Armadeck: Ich danke Ihnen, Frau Waldt. Das ... das genügt dem Gericht soweit ... Herr Becker?

Becker: Der Psychologe, der den Jungen explorierte, als Sie den Fall wegen Krankheit vorübergehend abgaben, sprach davon, dass Marc die Freundschaft zu dem Erwachsenen augenscheinlich sehr viel bedeute. Und dass er ihm gegenüber öfters über schöne Erlebnisse mit ihm sprach. Diese Exploration fand vor vier Wochen statt. Wenn der Junge an dem besagten Sonntag – oder überhaupt in der Beziehung zu meinem Mandanten – irgendetwas traumatisches erlebt hätte, dann würde er doch wohl nicht rundherum so positiv von ihm geredet haben?

Waldt: Wenn ein Kind ein traumatisches Erlebnis verarbeitet, kann es das auf sehr unterschiedliche Weise tun. Es kann das Trauma auch damit auszuradieren versuchen, dass es die ganze Angelegenheit vor sich selbst und der Welt einseitig beschönigt. Wir nennen das Positive Verzerrung.

Armadeck *(tuschelnd zur Protokollantin, auf den Mann mit Hut in der ersten Reihe zeigend, welcher sich unermüdlich Notizen macht)*: Ich möcht' bloß wissen, was der da unten die ganze Zeit eigentlich schreibt?

Becker: Der hinzugezogene Psychologe lehnte die weitere Exploration des Jungen ab. Weil es, wie er mir sagte, nicht möglich war, den Jungen ohne ständige Interventionen zu sprechen. Ohne Sie, als Sie den Fall übergaben. Und ohne den Vater, nachdem Sie ihn übergeben h a t t e n.

Waldt: Für Animositäten kann ich nichts.

Becker: Ging der Junge aus freien Stücken in Ihre Behandlung – oder war da wieder der Vater federführend?

Bendt: Einspruch! Herr Vorsitzender, die Verteidigung versucht wieder einmal das Klischee vom tyrannischen Vater zu bemühen. Ich denke, die Eltern haben genug mitgemacht.

Armadeck: Stattgegeben. Lassen Sie das bitte, Herr Becker.

Becker: Dann möchte ich eine andere Frage stellen. Sie sprachen vorhin von sexualisierten Verhaltensweisen des Jungen. Was verstehen Sie unter "sexualisiert"?

Waldt: Der Kollege, der Marc kurzzeitig übernommen hatte, war zu dieser Ansicht gekommen.

Becker: Wie das?

Waldt: Er meinte, der Junge sei etwas distanzlos, ihm gegenüber. Dauernd schnitte er sexuelle Themen an ... ob sein Glied steif würde, wenn er über Sex nachdachte, ob er gern mit Frauen schlafen würde und lauter solche Dinge.

Becker: Könnte man das nicht auch als ganz natürliche Regungen bei einem Jungen in diesem Alter auffassen – wenn man ihn nicht von vornherein als Kind betrachtet, das missbraucht worden ist?

Waldt: Nun, ganz auffällig war, wie der Junge dauernd die Nähe von diesem Therapeuten suchte. Dauernd soll er ihm die Hand auf die Schulter gelegt haben, und einmal kam er sogar von hinten und streichelte ihm den Nacken. Und seine Mutter erzählte ja auch einiges. Ich hatte sie gebeten, darauf zu achten, ob Marc vielleicht irgendwelche Symptome entwickelt. Und in diesem Zusammenhang war ihr aufgefallen, dass der Junge nachts sehr unruhig schlafen würde, um das mal so zu sagen ...

Becker: Weil er das tut, was Sie in Ihrem Gutachten als "exzessives Onanieren" bezeichnen?

Waldt: Ja.

Becker: Herr Vorsitzender, gestatten Sie mir bitte, zum besseren Verständnis ein paar Fragen an die Mutter zu richten. Ich hätte an dieser Stelle gerne unterbrochen, bevor ich fortfahre ...

Der Richter zeigt einige Verwunderung. Aus dem Auditorium hört man ein erstauntes Murmeln.

Armadeck: Ja, nun ... wenn denn die Frau Laim damit einverstanden ist ... ?

DIE MUTTER HELGA LAIM

Als Helga Laim eintritt, wischt ihr zielstrebig der Junge durch die Tür. Niemand wagt – womit er gerechnet zu haben scheint – ihn des Saales zu verweisen.

Becker: Frau Laim, dürfte ich Sie kurz einiges fragen. Wann fiel Ihnen auf, dass Ihr Kind diese Verhaltensauffälligkeit hat, die seine Psychologin "exzessives Onanieren" nennt?

Helga Laim: Seit ungefähr einem viertel Jahr.

Becker: Könnte es denn nicht auch sein, dass sich der Junge einfach in ein Mädchen verliebt hat, was seine Gefühle ... nun, etwas in Wallung brachte?

Helga Laim: Mein Sohn interessiert sich noch nicht für die Mädchen. *(lächelt plötzlich)* Da fällt mir was ein, damit Sie's mir glauben, dass es das nicht sein kann. Da gibt's ein Mädchen in seiner Klasse, Anna heißt die. Die hat sich ein bisschen in ihn verschossen. Wir haben mal beobachtet, wie sie ihm den Schulranzen bis vor die Haustür getragen hat. Der Marc ist immer zehn Meter vor ihr her geflitzt. Dann hat sie sich auch mal den ganzen Tag vor'm Haus herumgedrückt. Glauben Sie, der hätt's gemerkt? Ja, und irgendwann kam er dann natürlich nach der Schule nach Hause und war ganz beleidigt, dass sie ihn in der Schule plötzlich links liegen ließ. Dabei haben sie früher immer zusammen gespielt.

Becker: Und wann wurden Sie wegen des Mannes misstrauisch, Frau Laim?

Helga Laim: Mein Mann fand's von Anfang an merkwürdig, wie ein erwachsener Mann sich um so einen kleinen Jungen bemüht, den er gar nicht kennt. Und dann eben ... na, ich hatte den Eindruck, dass der Marc manchmal gefühlsmäßig ein bisschen durcheinander war. Ich meine, das mit dem expressiven ... na, ich kann's nicht aussprechen.

Becker: Aber könnte es nicht sein, dass Sie in dieser Zeit nur besonders stark auf Ihr Kind achteten – weil Sie bereits entsprechende Befürchtungen hatten?

Helga Laim: Sie meinen, dass er vorher schon ... das ... das kann sein. *(plötzlich betroffen)* Als Mutter ist man immer sehr drauf bedacht, dass man nichts falsch macht. Aber wer weiß denn schon, was da immer in so 'nem Kind vorgeht ... wer macht denn schon immer alles richtig ...

Becker: Frau Laim, niemand hier sagt, dass Sie irgendeinen Fehler gemacht hätten. Erinnern Sie sich noch an die Sache mit dem Spiegel, den er mit einem Tuch verhängt hat?

Helga Laim: Ja.

Becker: Wann war das genau?

Helga Laim: Na, das war zwei, drei Tage nach dem Sonntag. Da, wo es den ganzen Zinnober gegeben hat.

Becker: Hat er sowas vielleicht früher schon mal gemacht?

Helga Laim: Sie haben mich haben mich das schon mal gefragt, Herr Becker. Damals hab' ich da gar nicht dran gedacht. Ich bin schon mal zum Aufräumen in sein Zimmer gekommen, und da war er einfach zugeklappt. Aber das ist schon so lange her, dass ich schon gar nicht mehr genau sagen kann, wann das war, nach irgend 'nem Radau in der Schule.

Der Frau rinnt plötzlich eine Träne über die Nasenspitze.

Helga Laim: Ich möcht' nur wissen, was mein Bub an sich auszusetzen hat ...

Becker: Frau Laim, wann meldeten sich denn Ihre ersten Bedenken, was die Bekanntschaft Ihres Sohnes mit meinem Mandanten betrifft?

Helga Laim: Mein Mann hat schon länger vermutet, dass da etwas nicht stimmt, mit dem Mann. Ein Mann, den der Junge auf dem Sportplatz kennen gelernt hat ... hat der nix andres zu tun, haben wir uns gefragt. Na ja, wissen Sie, der Junge konnte gut mit ihm. Dann wollte er ihn plötzlich unbedingt als Nachhilfelehrer. Der Sascha ... ich meine, der Herr Jannings ... der war uns ja nicht unsympathisch. Wissen Sie, einmal hat der Marc einen Zweier in Mathe mit nach Hause gebracht. Er ist mir richtig um den Hals gefallen. "Mama", hat er gesagt, "das ist der beste Freund, den ich je hatte". Das nächste, was uns zu denken gegeben hat, war, als Marc ihn mal wieder über den grünen Klee gelobt hat. "Mama", hat er gesagt, "der Sascha ist dieses Jahr extra nicht in Urlaub gefahren, weil er mich in Mathe fit machen will". Ja, und dann haben wir uns plötzlich gewundert, dass Marc sich dauernd Süßigkeiten kauft. Wie kommt der auf einmal zu Geld ... ich meine ... und da hat er uns erzählt, der Sascha würd' ihm manchmal die zwanzig Mark zustecken, die er von uns für die Nachhilfe kriegt. Sascha hinten, Sascha vorn. Ach, und dann diese Geheimniskrämerei, wenn er mit ihm telefoniert hat. Richtig gedämmert hat's uns aber erst, als ein Anruf von der Schule kam. Jemand würde ihn dauernd abholen, und der Mann würde einen komischen Eindruck machen. Der würde immer den Arm um ihn legen, wenn sie weggehen.

Becker: Haben Sie das auch Ihrem Mann erzählt?

Helga Laim: Nein. Wissen Sie, Karl ... der regt sich immer so schnell auf. Aber am Einundzwanzigsten war der Marc noch nicht zu Hause, als er abends von 'ner Geburtstagsfeier aus der Stadt kam. Jemand hat ihm auf dem Geburtstag erzählt, Sascha Jannings wär' homosexuell. Und da hat's ihm gereicht und er wollte wissen, was da los ist. Der Junge hatte uns morgens erzählt, er geht zum Kevin. Mein Mann hat da angerufen. Kevin's Mutter hat ihm erzählt, dass der Marc schon lange nicht mehr dort bei seinem Freund gewesen ist. Aus irgendeinem Grund hätten sich die Jungs schon vor langer Zeit ... voneinander abgewendet.

Becker: Und als Marc dann nach Hause kam, haben Sie ihn zur Rede gestellt?

Helga Laim: Nein, das war mehr mein Mann. Ich kam ja erst später von dem Geburtstag zurück, nachdem mir jemand gesagt hat, der Karl wär' plötzlich auf und davon. Ich kam erst so gegen halb acht. Schon im Hof hab' ich diese Schreierei gehört. Der Karl hat ihn so furchtbar angeschrien.

Karl Laim: Aber Helga, was sagst du denn da ... !

Becker: Können Sie uns bitte einmal genau wiedergeben, was Sie damit meinen, wenn Sie sagen, Sie hätten so furchtbare Schreiereien gehört? Was genau ist denn gefallen?

Helga Laim: Ach Gott. Er hat sich ganz entsetzlich aufgeregt und getobt. Es fielen so schreckliche Worte, es war ... einfach schrecklich.

Becker: Ich bitte Sie, sich genau zu erinnern, Frau Laim. Erzählen Sie, was so schrecklich war, damit wir uns ein Bild von der Situation machen können. Was sagte Ihr Mann zu Ihrem Sohn?

Die Frau atmet plötzlich sehr schwer und rasselnd, sie spricht unter verzagenden, schnellen Blicken hinüber zu ihrem Mann, der die Hand vor die Lippen gepresst hält.

Helga Laim *(schluckt)*: Er war weiss wie die Wand. "Erzähl mir nicht, dass du mit diesem Homo den ganzen Tag gelernt hast" und ... muss ich das denn sagen? A l l e s ?

Becker: Ich bitte Sie sehr darum, Frau Laim. Wir brauchen das für die Rekonstruktion der Aussageentwicklung.

Helga Laim: "Ich bring die Sau um", immer nur "ich stech' die Sau ab", und der Marc hat dazwischen immer geheult und gewimmert: "Tu das nicht, bitte tu das nicht, ich erzähl doch schon alles, was Du willst, aber bitte, bitte Papa, fahr nicht hin". Es war so furchtbar. Als ich reinkam, saß der Marc ganz verheult am Tisch. Ich hab' den Karl noch nie so außer sich gesehen. Er wollte unbedingt zur Polizei.

Becker: Sie wollten das nicht?

Helga Laim: Nein, ich ... hab' ihm geraten, doch noch einen Tag zu warten, bis der Junge sich wenigstens beruhigt hat.

Becker: Aber er ist nicht darauf eingegangen?

Helga Laim *(zögernd)*: Nein. Wir waren beide sehr schockiert.

Becker: Hätten Sie persönlich die Anzeige lieber wieder zurückgezogen?

Helga Laim *(blickt unter sich. Leise)*: Das geht ja jetzt nicht mehr. Das ist doch ... wie heißt das doch ... so das Gegenteil von Kavaliersdelikt ...

Ein Lächeln huscht jetzt über die Gesichter.

Becker: Ein Offizialdelikt.

Helga Laim: Ja, ein Offiziersdelikt.

Becker: Frau Laim, wir haben uns ja neulich am Telefon schon etwas ausführlicher unterhalten. Damals erwähnten Sie auch, der Junge habe an jenem Abend, als er wegen Jannings zur Rede gestellt wurde, schreckliche Angst davor gehabt, sein Vater könne ihm etwas antun. Könnte man unter Umständen vielleicht sagen, dass Ihr Mann in der Regel etwas streng zu Ihrem Sohn ist?

Helga Laim: Was heißt streng ... *(wieder unsicher zu ihrem Mann schauend)* Streng ... die haben sich doch immer irgendwie in der Wolle ...

Becker: Schon immer, sagen Sie?

Helga Laim: Mein Mann ... die haben schon von Anfang an ihre Probleme miteinander gehabt. Ich sag' da immer, Antipathie von Natur aus.

Becker: Die beiden hassen sich doch nicht etwa?

Helga Laim *(verschreckt)*: Nein, nein, um Gottes Willen. Das wollt' ich damit nicht sagen. Mein Mann liebt den Marc. Wenn's auch manchmal falsch rauskommt. Es ist nur ... wissen Sie, die zwei haben einfach eine schwierige Beziehung ... schon früher ... mein Mann war nach meiner Entbindung so glücklich über seinen Jungen, aber ... er hat einfach keine richtige Beziehung zu ihm gekriegt. Als Marc klein war, da wollte er ihn immer mit auf den Fußballplatz nehmen und solche Sachen, wo er gemeint hat, dafür muss sich doch so ein Junge interessieren. Aber der Junge hat sich immer irgendwie dagegen gesperrt. Er war halt'n Träumer, hat lieber gelesen.

Becker: Eine letzte Frage noch, Frau Laim. Als Sie mit Ihrem Mann und dem Marc beim ersten Mal mit zur Polizei gefahren sind – haben Sie sich da nach einem Psychologen erkundigt?

Helga Laim: Nein. Aber der Herr Zettler, der uns begrüßt hat, hat anschließend gemeint, der Marc hätte eine starke psychische Belastung, einen Schock, weil er ja dort den Mund nicht aufgekriegt hat. Zettler hat uns dann die Frau Waldt empfohlen. Er hat gesagt, eine Bekannte von ihm hätt' eine Tochter, die ähnliches mitgemacht hat wie wir, die wär' dort auch in Behandlung, und die Psychologin dort, die würde sich mit sowas auskennen. Wir sollten mal hingehen, damit sich der Junge dort mal aussprechen kann. Wir sind aber erst zwei Wochen später hin, weil das plötzlich wieder in der Schule mit ihm kritisch geworden ist.

Becker: Hatten Sie den Eindruck, dass der Junge gerne hinging? Dass es ihn erleichterte?

Helga Laim: Darüber redet er nicht. Aber er ist auf die Frau nicht gut zu sprechen. Mit dem Psychologen, den er zwischendurch mal hatte, ging's, glaub ich, besser.

Becker: Haben Sie vielen Dank, Frau Laim.

Die Mutter nimmt jetzt zwischen ihrem Mann und ihrem Sohn Platz.

GROSSES GEHEIMNIS KINDHEIT

Becker: Haben Sie schon öfters mit missbrauchten Kindern zu tun gehabt, Frau Waldt?

Waldt *(giftig)*: Ja. Ich habe mich schon seit geraumer Zeit darauf spezialisiert.

Becker: Wie interpretieren Sie das, wenn so ein Junge "exzessiv onaniert"?

Waldt: Nun ... mit Jungs hatte ich freilich weniger zu tun ... meistens sind es ja Mädchen, die zu uns kommen ... aber ich würde annehmen, dass auch Jungs sich durch das Missbrauchstrauma innerlich so beschmutzt fühlen, dass sie sich auf diese Weise ... quasi ... innerlich reinigen wollen ... dass sie ... ähem ... dass sie unbewusst ... na ja, halt ... etwas los werden wollen ...

Für einen Augenblick herrscht Stille. Der Staatsanwalt hat leidend das Gesicht mit der Hand beschattet und brütet eingesunken vor sich hin. Der Richter starrt sie mit zusammengekniffenen Augen an. Ringlein kehrt der Psychoanalytikerin einen Blick zu, als wäre sie ein magisches Wundertier auf einer verzauberten Glaskugel.

Becker: Eine brauchbare Interpretation, wenn eine Analytikerin über die Untiefen der männlichen Sexualität urteilt. Unerfreulicherweise schrieb Freud aber auch vom weiblichen Penisneid. D e r Teil seiner Theorie gefällt Ihnen als Feministin wohl nicht ganz so gut?

Allgemeines Gelächter. Auch der Staatsanwalt lacht jetzt. Der Richter nimmt es reichlich irritiert zur Kenntnis. Allein Becker betrachtet sie mit unverwandtem Ernst.

Becker: Soweit ich informiert bin, sollen Psychoanalytiker ganz besonders stark in der Missbrauchsdomäne vertreten sein – stärker zum Beispiel als Ihre Kollegen von der Lerntheorie. Womit hängt das zusammen? Mit Freuds dämonischem Unbewusstem – als Füllplatz irrwitzigster Deutungen? Oder mit so furchtbar bedrohlichen Triebquanten? Die dann aus dem Unbewussten psychosomatisch gegen die Halsschlagader donnern, weil sie vom Bewusstsein so garstig unterdrückt werden – zwischen Ich, Es und Überich, wie einer irdischen Dreifaltigkeit? Fast hat man den Eindruck, das engelreine Kinderseelchen zieht moderne Dämonologen an? Oder wieso begeistert sich Ihre Schule so speziell für Kindesmissbrauch?

Waldt: Das große Geheimnis Kindheit fasziniert uns eben alle, aus Gründen, die man nicht erklären kann ... für mich als Feministin zum Beispiel war's immer die frühe Deformation des Einzelnen durch sein bürgerliches Umfeld.

Becker: Aber Sie kennen doch den Unterschied zum alten Freud, nicht wahr? Dass die meisten Erlebnisse bei Kindern erst Lernprozesse im Anschluss brauchen, um sich als T r a u m a zu verfestigen? Oder krankmachende Einordnungen durch das Kind – dass sie auf natürliche Weise nicht von ihm verarbeitet werden können?

Waldt: Also ... ich muss hier schon einfordern, dass man mir als Sachverständigen in meinen Einschätzungen vertraut, dafür bin ich ja hier!

Becker: Nun, für den Kollegen Staatsanwalt – da wird er Sie sicher beruhigen! – genügt bereits Ihre pure Existenz als Beweis für Ihre fachliche Exklusivität. Muss es ja auch ... *(grinst zwischen den Zähnen zu Bendt hinüber, der sich an seinen Papieren festhält)* verzeihen Sie es aber bitte der leidigen Existenz eines Anwalts in so 'ner Affäre, dass der sich von Berufswegen da erst noch'n bisschen überzeugen muss. Vorausgesetzt, der Herr Vorsitzende und der Herr Staatsanwalt geben mir dazu genügend Raum ...

Armadeck nickt offnen Mundes; Bendt antwortet gönnerhaft grienend mit einer ausladenden Geste, die zu besagen scheint: Aber bitteschön! Fühlen Sie sich ganz wie zu Hause!

Becker: Wer nannte Freuds Traumatheorie ein schockgefrostetes "Kältesteppenmammut"?

Sie erstarrt. Betrachtet ihr Gegenüber mit einem verdutzten Ausdruck keimender Verwunderung.

Waldt: Was weiß ich, Reich ... Adler ... halt, nein, irgend so ein Behaviorist sicher, Watson oder Skinner ... – Skinner!

Becker: Falsch. Der Analytiker Paul Wachtel. Wer wies Zufallskonditionierungen nach und produzierte "Abergläubische Tauben"?

Waldt: Konrad Lorenz?

Becker: Nein. *(lächelt blass)* Skinner.

Die Sachverständige schnauft.

Becker *(beschwichtigend)*: Auch Max und Moritz hatten's mit Geflügel, Frau Waldt.

Waldt: Ach, was ... wer erinnert sich denn schon an Stoff aus dem Grundstudium ... Himmel, das ist zehn Jahre her!

Becker: Sie würden sich also als Wissenschaftlerin bezeichnen?

Waldt: Natürlich.

Becker: Sie könnten diesem Gremium hier also versichern, dass alles, was Sie in Ihrem Gutachten zu dieser Angelegenheit schreiben, auf fundierten wissenschaftlichen Erkenntnissen über Missbrauchsopfer beruht?

Waldt: Selbstverständlich.

Becker: Frau Waldt, wie erklären Sie uns zum Beispiel den Sachverhalt, dass zig kriminologische, psychologische und psychiatrische Untersuchungen an Kindern im In- und Ausland zwischen neunzehnhundertsechzig und neunzehnhundertneunzig zu einem viel relativeren und vielschichtigeren Bild kommen, als Ihre Fraktion in den letzten paar Jahren?

Sie lacht.

Waldt: Gewalt gegen Frauen und Kinder ist seit Urzeiten vom Patriarchat verharmlost worden.

Becker: Sie würden also sagen, wir hätten erst Dank verfeinerter Forschungsmethoden der Feministischen Psychologie in den letzten paar Jahren gelernt, was für zerbrechliche Animosen Kinder in Wirklichkeit sind. Und erst die Feministische Psychologie hätte endlich das w a h r e Gesicht dieser pädophilen Satane ausgegraben?

Waldt: Ich würd's nicht so persiflieren, aber ja, darauf läuft's hinaus.

Der Anwalt kratzt sich sinnierend am Kopf. Er fasst sie in ein Augenmaß, als ermesse er den dünnsten Punkt über ihrer Halskrause.

Becker: Frau Waldt, was versteht man unter "Rosental-Effekten"?

Sie überlegt fieberhaft.

Waldt: Dass ... dass Versuchsleiter ihre Experimente oder Stichproben unabsichtlich so anlegen können, dass sie ihre eigenen Erwartungen bestätigen ...

Becker: Vor allem, wenn sie gar nicht merken, dass sie nur e i n Spektrum von Ergebnissen erwarten, nicht wahr? Was ist ein "Pygmalion-Effekt"?

Waldt: Wenn ... wenn Versuchspersonen sich zudiktierten oder übernommenen Erwartungen des Versuchsleiters anpassen, ohne dass es jemand merkt.

Becker: Besonders wohl, wenn es sich dabei um Kinder handelt. Die von sich aus noch k e i n e r l e i fremde Einordnung haben. Was ist "Stichprobenverzerrung durch Statistische Selbstselektion"?

Waldt: Muss ich mir das bieten lassen?!

Becker: Wenn Sie in Zeitungen nach "Missbrauchsopfern" annoncieren und sich dadurch nur automatisch solche Menschen melden, die entsprechend massive Erfahrungen entsprechend traumatisch eingeordnet haben! Oder wenn Sie zum Beispiel eine Studie über "Pädophilie" machen wollen, dazu nur an Psychiatrien und Gefängnisse gehen können, weil's ja auf keiner Haustür steht. Und Sie sich Ihr Bild dann eben aus pädophilen P s y c h o p a t h e n und G e w a l t t ä t e r n zusammensetzen. Just der Hokuspokus, auf dem nach Einschätzung wirklicher Experten Ihre ganze postfeministische Erkenntnisrevolution beruht! Und mit dem Sie dank der Medien eine ganze Bevölkerung in Schockzustand versetzten! Wie lange kennen Sie den Jungen jetzt schon?

Waldt: Seit er mir von den Eltern vorgestellt worden ist.

Becker: Also nach dem angeblichen Missbrauch durch meinen Mandanten.

Waldt: Ja.

Becker: Wie wollen Sie denn dann wissen, dass sein Verhalten nach dem Missbrauch "exzessiver" ist als vorher – nachdem selbst die Mutter das nicht so genau sagen kann? Soweit ich sehe, haben Sie doch keine Vergleichsfrequenzen für dieses Verhalten für die Zeit v o r Sonntag, dem Einundzwanzigsten erstellt?

Waldt *(trocken)*: Das war schlechterdings nicht möglich. *(Entnervt greift sie sich jetzt an die Stirn und sucht mit bebenden Lidern ihre Gedanken zu ordnen. In ihrem Innern toben sichtbarlich Orkane)* Ich ... ich konnte mir ja wohl kaum ein Feldbett in seinem Schlafzimmer aufschlagen und ... und Strichliste führen!

Becker: War's dann vielleicht gar nicht so "exzessiv"? Hat er überhaupt ... ? Ich meine, wenn die Mutter nicht auf Ihr Anraten hin ein bis zweimal abends das Ohr an die Schlafzimmertür gelegt hätte, dann hätten wir's wahrscheinlich mit einem völligen asexuellen Jungen mitten in der Pubertät zu tun!

Waldt *(aufgekratzt)*: Eins zu Null für den ambitionierten A n w a l t.

Becker: Nein, da haben 'Se ein paar Tore verpennt. Es steht gleich zehn zu null. Denn wenn Sie keine Vergleichsgröße vor Sonntag, dem Einunzwanzigsten haben – woher wollen Sie denn dann wissen, dass er nicht zuvor schon ... dass er nicht zuvor schon zum Beispiel unter einer ... starken inneren Einsamkeit litt?

Waldt: Das ist natürlich nicht entscheidbar, aber der psychologische Test spricht da Bände.

Becker: Auch schwarze Männer hinter Fenstern, und Krokodile, die kleine Kinder fressen, ergeben nur ihren Sinn, wenn jemand in den Mann den Missbraucher hineinsieht – und in das Kind, das da vom Krokodil verspeist wird, das vom Missbraucher verschreckte Kind. Wir wissen aber bis heute nur, dass S i e das hineingesehen haben. Wir wissen nicht, ob Marc Sie genau das auch sehen lassen wollte. Marc hat – wie Sie selber sagen – den Mund bis auf den heutigen Tag nicht aufgemacht, um es zu deuten.

Waldt *(wirft den Kopf zurück)*: Das ist eine laienpsychologische Standardinterpretation.

Becker: Das mag sein. Aber bis jetzt haben wir gesehen, dass alle Ihre aufgezeigten Verhaltensauffälligkeiten kein Beweis dafür sind, dass hier das traumatische Erleben eines sexuellen Geschehens die Ursache ist.

Wieder entsteht eine unangenehme Pause.

Becker: Ich möchte noch einmal darauf zurückkommen, was Ihr Kollege wahrgenommen hat, als Sie krank waren und er Sie vetreten hat. Hat sich Marc I h n e n gegenüber sexualisiert benommen?

Waldt: Nein.

Becker: Was hat Ihr Kollege denn noch festgestellt?

Waldt *(überlegt einen Augenblick)*: Dass der Junge ihm gegenüber recht distanzlos war.

Becker: Was heißt das?

Waldt: Nun ... es gibt Kinder, die laufen einem dauernd hinterher. Oder sie fassen einen dauernd an und registrieren gar nicht, dass es den anderen stört.

Becker: Und Ihr Kollege hielt Marc für ein solches Kind?

Waldt: Ja, offensichtlich. Er sprach davon, dass Marc seine durch Jannings enttäuschten Gefühle unbewusst auf ihn gegenübertrage.

Armadeck: Sie versuchen hier offensichtlich den Eindruck zu erwecken, als habe der Junge den Mann dazu getrieben, mit ihm intim zu werden, Herr Becker.

Karl Laim: Ja, richtig, der will meinen Jungen ja so hinstellen, wie wenn der ein Schwuler wäre!

Erster Fußballfreund: Schwein!

Zweiter Fußballfreund: Niederträchtiger Seckel!

Dritter Fußballfreund: Drecksack!

Die Sozialarbeiterin: So werden aus Opfern Täter gemacht!

Die Nachbarin: Wie in "Mona Lisa"! Genau wie in "Mona Lisa!"

Und sie rauft betroffen ihr ergrautes Haupt.

Becker: Herr Vorsitzender, das ist ganz gewiss nicht meine Absicht. Ich versuche hier nur zu beleuchten, inwieweit dieser Junge bei meinem Mandanten etwas gesucht haben könnte, was er von seinem Vater nicht bekommt.

Waldt *(schnippisch)*: Und? Wenn er es nun bekommen h a t?

Sie sieht ihn herausfordernd an.

Waldt: Was ändert denn das dann am sexuellen Delikt?

Sie sieht jetzt lachend zum Richter und zum Staatsanwalt. Ihr Gegner ist ganz die Ruhe selbst.

Becker: Nun, Frau Waldt. Wenn ich mich vorhin nicht dreimal verhört habe, dann scheint dieser Junge da nicht anähernd so wie vielleicht mancher andere hier das Sexuelle zum Inbegriff seines gesamten Selbstwerts gemacht zu haben. Vielleicht ist das eine Generationsfrage. Oder es ist der Unterschied zwischen einer Vergewaltigung und dem, womit wir's hier möglicherweise zu tun haben.Vielleicht liegt hier aber auch ein ganz grundsätzlicher

Unterschied zwischen dem männlichen und dem weiblichen
Geschlecht, demnach, was man uns auf den Weg gegeben hat, und
Sie missverstehen mich deshalb.

Ihr Lachen gefriert.

Becker: Wenn er es bekommen h a t , Frau Waldt ... wenn er
d a s wirklich bei ihm gesucht und bekommen haben sollte ...

*Nachdenklich blickt er jetzt hinüber zu dem Jungen, um dann wieder mit
einem Ausdruck düsterster Verachtung zu ihr zurückzukehren.*

Becker: ... dann werden wir alle in der Hölle schmoren für das,
was wir diesem Jungen dann aus sexualisierten Motiven
inzwischen angetan haben!

Waldt *(den Kopf zurückwerfend)*: Was ... was soll d a s denn heißen?
(nachdem sie sich gefasst hat) Soll hier etwa das Treiben eines Pädophilen
gerechtfertigt werden?

Becker: Hat das hier jemand insinuiert?

Sie schweigt erschrocken.

Becker: Frau Sachverständige, wollten Sie der Verteidigung eben
unterstellen, dass sie es auf die Rechtfertigung von sexuellem
Kindesmissbrauch anlegt?

Waldt: Ach was, ich unterstelle doch nichts ...

Becker: So? Aber schrieben Sie nicht neulich erst in einer
feministischen Wochenzeitschrift von einer "patriarchalischen
Männerjustiz", die darauf angelegt sei, Gewalt gegen Frauen
u n d   K i n d e r in einer Art "justitiarischer Männerbündelei" zu
entschuldigen und pädophilen Kindesmissbrauchern Freibriefe zu
attestieren?

Waldt: Das ... das ... das ist doch völlig aus dem Zusammenhang gerissen!

Becker: Na. Vielleicht sehen wir ja einen Zusammenhang mit Ihren Methoden. Auf Seite sechsundfünfzig Ihres Gutachtens bescheinigen Sie dem Jungen ein mangelndes Selbstbewusstsein, und ein überdurchschnittliches, "in der Realität nicht erfüllbares Bedürfnis nach Anerkennung".

Waldt: Was ist denn daran wieder nicht in Ordnung!

Becker: Sie legen das einseitig als leichte Missbrauchbarkeit dieses Jungen aus! Sie begründen damit, dass er bei der Polizei schon "irgendwie" die Wahrheit gesagt haben wird. Merkwürdigerweise verlieren Sie aber kein Wort über die Möglichkeit, dass eine Provokation völlig f a l s c h e r Aussagen bei der Polizei gerade durch sein mangelndes Selbstbewusstsein denkbar hätte sein können. Und Kinder schließlich mit "übersteigertem Anerkennungsbedürfnis" lassen sich doch leichter als andere Kinder zu falschen Aussagen verleiten – wenn sie das Gefühl haben, man hält sie für Lügner, wenn sie sagen "da war nichts"? – Außerdem: Hätte nicht gerade ein s o l c h e r Junge an einmal gemachten Falschaussagen festhalten müssen, Frau Waldt – um sich bei Ihren Sitzungen mit ihm nicht im Nachhinein als Lügner bloßzustellen?

Waldt: Wie man das im Einzelfall zu betrachten hat, das lehren einen einzig Intuition und Erfahrung ...

Becker: Und später, als Sie über die Persönlichkeit meines Mandanten zu sprechen kommen, greifen Sie die Sache mit dem mangelnden Selbstbewusstsein erneut auf – mit den Worten, Pädophile würden angeblich gerade durch ich – schwache Kinder wie Marc "sadosexuell" besonders angezogen. Können Sie mir erzählen, was eine solche Stilblüte in einem Sachverständigen-Gutachten zu suchen hat?

Waldt: Ich verstehe nicht ganz.

Becker: Wollen Sie uns hier erzählen, dass starke Anerkennungsbedürfnisse eines Kindes und Mangel an Selbstvertrauen ursächlich einen Rückschluss auf Missbrauch zulassen?

Waldt: So ist das natürlich nicht zu verstehen ...

Becker: Dafür drücken Sie's aber gekonnt missverständlich aus. Wie s o l l t e n wir es denn verstehen?

Waldt: Ich ... ich meinte damit, dass ... dass anerkennungsbedürftige Kinder ganz besonders in der Gefahr sind, die Ansinnen der Täter für die reinste Liebe zu halten ... die registrieren doch nicht, dass sie da keineswegs um ihrer selbst willen geliebt werden ...

Er legt umständlich seine Papiere zurecht; wirkt mit einem Mal linkisch; weiß nicht, wie er's anpacken soll. Unschlüssig blättert er in seinen Unterlagen und blickt ihr ins Gesicht.

Becker: Ich ... ich darf Sie dazu mal ganz unverhohlen fragen, Frau Waldt, ob das so ohne weiteres logisch ist ... ob es sich denn so ohne weiteres ausschließt mit etwas humanistischer Bildung ... wenn Sie schon so unverrückbar von der Schuld meines Mandanten überzeugt sind ... dass man jemandes Äusseres liebt – und dadurch allein schon völlig außerstande ist, sein Wesen selbst zu lieben. Ich möchte lieber nicht wissen, wie Ihre Männerbeziehungen aussehen, wenn Sie eines solchen Irrsinns teilhaftig sind.

Sie wird grün im Gesicht.

Becker: Ich weiß, Frau Waldt, im Fall eines Menschen wie Jannings wird's Ihnen besonders leicht gemacht, sowas einfach so daherzusagen. Man glaubt ja umso mehr über Menschen, je weniger man persönlich von ihnen sieht. Ich würde es jedoch als das Natürlichste der Welt auffassen: Dass eine gesteigerte Wahrnehmung für das eine immer auch eine gesteigerte Wahrnehmung für Entsprechungen des Innern im Gefolge hat – einen Gesamtzustand, den wir gemeinhin als "Liebe" bezeichnen. Und wenn Sie auch nur e i n e n Blick in die psychiatrische Grundlagenliteratur geworfen hätten, bevor Sie Ihre Umgebung fanatisieren, dann wüssten Sie auch, dass nicht mal p ä d o p h i l e n Männern dieses tragische Element abzusprechen ist!

Er fixiert sie jetzt ernst und illusionslos.

Becker: Wenn Sie auf das Anerkennungsbedürfnis dieses Jungen abheben, dann ziehen Sie es vor, das als Hinweis auf Missbrauch zu handeln – statt sich erst einmal zu fragen, ob er sich aus Anerkennungsbedürfnissen bei der Polizei zu falschen Aussagen hat hinreißen lassen, weil man dort nichts andres von ihm hören wollte. Oder, ganz anders – gesetzt den Fall, es w a r etwas: Ob wir's hier vielleicht einfach mit der gefühlsmäßigen Verwicklung eines liebesbedürftigen Jungen und einem vereinsamten Homosexuellen zu tun haben?

Waldt: Na, aber ... wo wollen Sie denn da die Grenze ziehen zwischen Missbrauch und ...

Becker: Man kann eine Grenzziehungsdebatte auch aufwerfen, um jede Grenze zu verwischen, Frau Waldt.

Waldt: Also rechtfertigen Sie Missbrauch ja doch!

Der Anwalt verliert jetzt endgültig die Geduld und legt, für einen Augenblick innehaltend, die Hände auf die Platte seines Pultes.

Becker: Sagen Sie mal, Frau Sachverständige, interessiert Sie das Gefühlsleben dieses Jungen eigentlich nur insoweit, als es zur Verurteilung dieses Menschen dort taugt?

Die Staatsanwaltschaft, die sich bis dahin so stoisch zurückgehalten hat, reißt es jetzt von ihrem Stuhl.

Bendt: Ich protestiere! Ich protestiere ganz energisch! Frau Waldt: ist eine anerkannte Expertin auf dem Gebiet des sexuellen Kindesmissbrauchs. Sie hat unzählige Kinder aus den Fängen von Menschen gerettet, die ihnen Gewalt antun, und viel für ihre Wiederherstellung getan. Selbst wenn sie in Gerichtsgutachten vielleicht nicht ... nicht ganz so erfahren ist ... woher nimmt sich die Verteidigung eigentlich das Recht, hier eine Art inoffizielles Gegengutachten aufzumachen?

Armadeck: Herr Becker, das Gericht missbilligt ausdrücklich, wie Sie Ihre Befragung der Sachverständigen gestalten.

Becker: Herr Vorsitzender, es gibt in letzter Zeit eine ganze Reihe von Hinweisen, dass in der Sachverständigenszene nicht immer sauber gearbeitet wird. Ich habe mich da gründlich eingelesen. Die Fachwelt spricht inzwischen von regelrechten "pressure groups", die mit einer Mischung aus halbgarem Vulgärfreud und sexualdämonologischem Hokuspokus eine ganze Bevölkerung hysterisiert haben. Dieser Irrsinn trifft auch auf die Methoden zu, mit denen aufgrund einer psychischen Problematik auf einen sexuellen Missbrauch geschlossen wird.

Armadeck: Das rechtfertigt nicht Ihre Sprache.

Becker: Dann bitte ich, mein Echauffement zu entschuldigen, Herr Vorsitzender. Ich hielt es für geboten, hier deutlich zu werden, da nach Lage der Dinge in dieser Angelegenheit wohl letztlich der Beweiskraft des psychologischen Fachgutachtens die ausschlaggebende Bedeutung zukommen dürfte ...

Armadeck: Machen Sie in Gottes Namen weiter. Aber tun Sie das nicht in dieser herabwürdigenden Form.

Becker: Danke. Auch Ihre Frage, Herr Staatsanwalt, werde ich Ihnen gleich beantworten. Es wäre mir nur lieber gewesen, Sie erführen es von der Sachverständigen selbst. – Frau Waldt, begannen Sie Ihr Expertentum nicht bei einem Selbsthilfeverein für weibliche Vergewaltigungsopfer namens "Zartbitter"? Und ist gerade der nicht nach dem Montessori-Prozess zu einer ziemlich traurigen Berühmtheit innerhalb Ihrer Zunft gelangt?

Dr. Armadeck wirft dem Staatsanwalt jetzt einen fassungslosen Blick zu. Dr. Bendt's Gesichtsausdruck spiegelt selbst die unangenehmste Überraschung wider. Indigniert streckt er dem Richter die Innenfläche seiner Hände entgegen.

Waldt: Damals kam ich frisch von der Uni! Außerdem habe ich dieser Organisation schon vor Jahren den Rücken gekehrt, weil ich da mit manchem nicht einverstanden war!

Becker: War'n die Ihnen zu lasch – oder warum haben Sie's unmittelbar danach ausgerechnet bei dem Schwesterverein "Wildwasser" versucht – Ideologen, die mit h a a r g e n a u den selben Methoden arbeiten wie Sie heute, und die im Wormser Massenbeschuldigungsverfahren damit so gewütet haben, dass eine ganze Häuserzeile unschuldig in die Gefängnisse geraten ist? Wollten 'Se der ignoranten Männerjustiz da heute auch wieder so'n bisschen nachhelfen?

Die Sachverständige ist kurz vor dem Explodieren. Zitternd vor Entrüstung hebt sie zu einem entlarvenden Rundumschlag an, doch ihr Gegenüber kommt ihr eben noch zuvor.

Becker: Keine Preisgabe der amtlichen Rollen, bitte.

Sie zuckt leicht zusammen. Irritierte Blicke allerorten. Er spricht weiter, ohne sie anzuschauen.

Becker: Die F r a u Urla Waldt – mit ihrer individuellen Biographie und mit persönlichen Verwundungen, die man als Mann nicht aus dem hohlen Bauch nachempfinden kann; mit ihrer ganz persönlichen Wahrnehmung der Dinge und ihren redlichen Absichten, jene Gewalt zu verhindern, zu der Männer gemeinhin imstande sind: Die hat meinen vollen, wenn auch männlich verwundeten Respekt. Mit dieser couragierten Frau trinke ich auch jederzeit gern hinterher ein Bier. Ich wäre sogar stolz darauf, die persönliche Wertschätzung einer solchen Frau zu genießen. Ich spreche aber jetzt zur S a c h v e r s t ä n d i g e n Urla Waldt.

Urla Waldt indessen tritt für einen Augenblick das Wasser in die Augen. Sie stockt, doch ihre Nasenflügel beben vor Wut.

Waldt: Wie fühlt man sich eigentlich so dabei, so einem ... so einem Päderasten auf freien Fuß zu verhelfen ... dabei mitzustricken, dass so einer i m m e r und i m m e r w i e d e r ungeschoren davon kommt? – Darf man das, darf man sowas machen, ohne dass einen sowas wie ein Gewissen belastet?

Bestürzt starrt sie jetzt den Mann an, dem sie mit einem überlegteren Wort so leicht eins hätte auswischen können.

Becker: Aber ich bin doch sein Anwalt! Ich muss doch schauen, was für ihn spricht!

Die Luft scheint in diesem Augenblick über ihr gefroren zu sein.

Becker *(messerscharf)*: Aber S i e ?

Aller Augen ruhen auf der Waldt.

Becker: Was dürfen S i e, Frau Sachverständige? Ist d i e s kein Mensch, dessen Stigma in Ihren Diagnoseschlüsseln als seelisches Problem definiert ist? Und in Ihren Lehrbüchern gleichfalls ein Recht auf psychologischen Sachverstand hat?

Die Sachverständige lacht wegwerfend.

Becker: Sie haben mir hier auf meine Fragen zu antworten. Das hier ist kein Privatplausch auf einer Parkbank. Ich frage Sie noch einmal: W a s   d ü r f e n   S i e ?

Der Vorsitzende sieht der Demontage der Sachverständigen jetzt mit einem Ausdruck schieren Entsetzens entgegen.

Becker: Dürfen Sie das Vertrauen, das die Gerichte in Ihre fachliche Distanz, Ihre Unparteilichkeit als Gutachterin und in Ihre Sachkunde als Psychologin setzen, dazu missbrauchen, einen Menschen aus ideologischen Motiven ins Gefängnis zu schreiben? Statt uns bei der Beurteilung der individuellen Schuld dieses konkreten Menschen zu helfen, mit insinuativen Methoden ein öffentliches Exempel zu statuieren – und ihm gar d e n   K o p f   z u   s c h e r e n ?

Die Sachverständige Waldt steht in dieser Sekunde wie angewurzelt.

Becker: Haben Sie noch nie kahlgeschorene Köpfe hinter Stacheldrahtzäunen gesehen? Haben Sie hier eigentlich dem Rechtstaat zu dienen – oder bevorzugen Sie mittelalterliche Sitten schauprozessualer Demütigung, bevor Sie Ihren feministischen Klassenfeind hinrichten?

Sie wankt wie ein geprügelter Hund zu ihrem Platz, schlotternd und halb ohnmächtig vor Wut. Sie sieht aus wie gekocht. Die Sozialarbeiterin springt auf; verlässt mit Flüchen von "Frauenfeind" und "Patriarchalisches Oberpaschaschwein", über "Neoimperialistische Sexualausbeutersau" bis "Nieder mit der Kindermördermafia!" den Saal und knallt die Tür hinter sich zu.

Becker *(unter sich blickend)*: Ist d a s die fromme Denkungsart Ihres Berufes, Frau Waldt?

*

Armadeck: Wenn es keinen Missbrauch gab und alles gelogen ist, Herr Becker – wie erklärt die Verteidigung denn dann all die anderen Auffälligkeiten, von denen im Gutachten die Rede ist, und von denen Frau Waldt sagt, sie hätten sich im Laufe der Beziehung zu dem Angeklagten eingestellt?

Becker: Um Ihnen diese Frage zu beantworten ist mein weiterer Zeuge hier, der den Jungen schon seit Jahren kennt. Es ist sein Klassenleiter, der ihn in Deutsch und Religion unterrichtet. Bitte, Herrn Marquard.

DER ZEUGE MARQUARD

Becker: Seit wann sind Sie an Marc's Schule tätig?

Marquard: Seit etwa zehn Jahren.

Becker: Wo waren Sie vorher?

Marquard: Ich war einige Jahre in der kirchlichen Seelsorge tätig.

Becker: Berichten Sie dem Gericht doch bitte mal, wie Sie den Jungen in der Schule so erleben.

Marquard: Nun ja, ich halte ihn für einen ziemlich intelligenten Burschen, wenn er auch manchmal ein bisschen linkisch wirkt. Vielleicht ein bisschen ängstlich.

Becker: Woran merken Sie das?

Marquard: Im Unterricht ist er manchmal mehr als zurückhaltend ... zurückhaltender als es seiner Intelligenz entspricht. Traut sich nicht. Ich erinnere mich auch, dass mir ein

Kollege berichtet hat, er hätte große Probleme in Sport. Der Junge traut sich dort sehr wenig zu. Die anderen hänseln ihn deswegen. Er hat seine Gedanken einfach dauernd woanders.

Becker: Und dadurch wirkt er zu langsam?

Marquard *(skeptisch)*: Aber das soll sich ja ändern. Der Vater möchte, dass er Fußball spielt und sich mehr sportlich betätigt, damit er besser anerkannt wird. In der Klasse hält man ihn für einen Angsthasen. Zum Beispiel hat er furchtbare Angst vor'm Schwimmen. Außerdem habe ich gehört, dass er sich immer alleine umzieht nach dem Sport. Er wartet in der Umkleidekabine immer, bis die anderen fertig sind. Scheinbar hat er Angst, dass die anderen ihm was abgucken.

Becker: Hat er diese Probleme schon immer gehabt?

Marquard: So eine komische Bedrücktheit fällt bei dem Buben schon ungefähr seit dem zehnten Lebensjahr auf, aber das mit dem Sport ... na, das kam so mit elf oder zwölf. Zeitweise ging's ja auch ganz gut. Das hängt aber sicherlich auch mit dem Lehrer zusammen. Als er zu uns auf die Schule kam war da ein junger Lehrer, der hat sich sehr viel Mühe mit ihm gegeben. Marc hat ihn aber sofort überall als seinen persönlichen Intimus in Beschlag genommen, was es für den Mann ziemlich schwierig machte, den Jungen bei seinen Kameraden einzugliedern. Dieser Lehrer brachte es durch, dass sie statt den üblichen Turnstunden mal ein paar Stunden in einem Reitstall zubrachten. Und das hat ihm dann auch sehr viel Spaß gemacht. Der Marc liebt Tiere ja über alles. Einige Zeit später verunglückte der Lehrer bei einem Verkehrsunfall. Das ging dem Jungen damals ziemlich nah. Der Marc hat unglaublich an ihm gehangen.

Becker: Und danach kam ein anderer Lehrer?

Marquard: Ja. Und dann gab's ernsthafte Schwierigkeiten. Der Junge benahm sich dort ausgesprochen befangen. Ich meine, befangen war er ja schon immer, zumindest gegenüber gleichaltrigen Jungs, aber als er in die Pupertät kam, war er in einer völlig desolaten Verfassung. Der Sportlehrer hatte den Eindruck, dass er entsetzlich darunter litt, wenn ihm die andern bei den Übungen oder in der Duschkabine zuschauten, und hat ihm deshalb mal vorgeworfen, er würde sich als Kerl ja zieren "wie ein Mädel im Männerschwimmbad". Er muss sich körperlich richtiggehend beobachtet gefühlt haben und hatte vor jedem Fehler, der ihm vor den anderen unterlief, panische Angst. In dieser Ausprägung habe ich sowas noch nie gesehen. Marc litt so unter dem Sportunterricht, dass wir ernsthaft erwogen haben, ihn davon freizustellen.

Becker: Aber das scheiterte dann.

Marquard: Ja. Der Vater hat sich furchtbar darüber aufgeregt und sich beschwert.

Becker: Warum? Hatte er Angst, dass sein Sohn ein Außenseiter werden könnte?

Marquard: Ja, das hätte ihm schon Leid getan. Er hätte ihn ja so gern in seinem Fußballverein.

Für einige Sekunden gehen im Auditorium zur Begrüßung ein paar Wollmützen und Fähnchen hoch.

Becker: Herr Marquard, glauben Sie, dass der Junge Angst vor seinem Vater hat?

Marquard: Ich weiß nicht, ob Angst das treffende Wort ist. Ich würde eher von einem gestörten Vertrauensverhältnis sprechen.

Becker: Wie kommen Sie darauf?

Marquard: Als es am Schlimmsten mit ihm stand, hat er sich dazu hinreißen lassen, einen Fünfer selber zu unterschreiben. In Mathe.

Becker: Glauben Sie, dass er zu Hause geschlagen wird?

Marquard *(unter sich schauend)*: Nicht, dass ich wüsste.

Becker: Hatte der Junge noch in anderen Fächern Probleme?

Marquard: Außer in der Geometrie und beim Diktat ... er hat immer ganz tolle Aufsätze geschrieben. Denken Sie nur, in Religion hat er eine wunderschöne Nacherzählung über die Geschichte von David und Jonathan geschrieben, über vier DIN-A-vier-Seiten lang.

Becker: Wie steht's mit Gedichten?

Marquard: Gut. Wenn er will. Er will halt nur nicht immer. Zum Beispiel scheinen ihn Liebesgedichte furchtbar zu langweilen, die andern hör'n wenigstens zu. Oder er lacht sich halb tot. Das gibt ihm noch nichts.

Becker: War er denn schon mal verliebt?

Marquard: Ich halte ihn in dieser Beziehung eigentlich eher für einen Spätentwickler.

Becker: Herr Marquard, als wir uns in der Schule miteinander unterhalten haben, sagten Sie, der Junge mache auf Sie und Ihre Kollegen einen gewissen Eindruck. Können Sie uns das mal schildern?

Marquard: Ich glaube, manche Kinder gehen durch eine schwere Schule, die mit der unseren nichts gemein hat. Man hat sie einen schmerzhaften Zweifel an sich selbst gelehrt, oder sie empfinden zu tief. Sie werden manchmal schwermütig und machen sich Gedanken, die sich sonst in ihrem Alter keiner macht.

Becker: Und so ein Junge ist Marc?

Marquard: Manchmal, wenn ich ihn so sehe, wie er mich im Unterricht ansieht ... etwas in seinem Blick ... dann weiß ich genau, da geht jetzt was vor in seinem Kopf. Aber wenn ich ihn drauf anspreche, flüchtet er sich meist nur in Banalitäten. Ich denke manchmal, er treibt da doppelte Buchführung. Manchmal denke ich mir, Gottes schlichte Liebe ist für ein so unruhiges Herz wie seins gemacht.

Becker: Wie sind denn seine Noten so in letzter Zeit?

Marquard: Schlecht, ganz schlecht. Ich kann's mir nur mit ... na, mit dieser Sache erklären.

Becker: Also seit vier Monaten? Seit der Anzeige am einundzwanzigsten Juli?

Marquard: Ja, das ist mir direkt aufgefallen.

Becker: Aber nicht schon vor der Anzeige?

Marquard *(überlegt)*: Ach ja ... *(nachdenklich)* er hat ja Nachhilfe gekriegt ...

Becker: Und wie sahen seine Noten, sagen wir, vor einem Jahr aus?

Marquard: Da hat er vor allem in Geometrie Riesenprobleme gehabt.

Becker: Das war also zu einer Zeit, als er meinen Mandanten noch gar nicht kannte?

Marquard: Ich weiß nicht, wann er ihn kennengelernt hat.

Becker: Wie erfuhren Sie denn, d a s s er ihn kennengelernt hat?

Marquard: Ja, also – von einer Kollegin. Die hat was gemerkt.

Becker: Und was?

Marquard: Der Mann hat ihn von der Schule abgeholt. Meine Kollegin, die Frau Suhr, hat's gemerkt. Die stand zufällig im Pausenhof. Der Junge hat ihn ihr sogar vorgestellt. Marc hat gesagt, das sei der beste Freund, den er hätte.

Becker: Und wie hat Ihre Kollegin reagiert?

Marquard: Der Mann ist sehr unsicher geworden natürlich, als der Junge das gesagt hat, und das kam ihr sofort komisch vor. Und dann will sie noch beobachtet haben, wie der Mann im Weggehen den Arm um ihn gelegt hat. Ich meine, man hört ja soviel in letzter Zeit ... deshalb hat sie dann auch die Eltern angerufen.

Becker: Und die sind dann erst recht misstrauisch geworden, wie wir wissen. – Nun zu etwas anderem, Herr Marquard. Vor kurzem, da war ich zufällig in dem Park, der neben Ihrer Schule liegt. Da habe ich da doch so zwei Gören gesehen – höchstens sechs Jahre alt, die beiden – und die haben da ganz ungehörige Sachen gesagt! Sagen Sie mal, ist es üblich, dass kleine Kinder von Ihrer Schule sich gegenseitig schon mit dem Wort "schwul" beschimpfen?

Marquard: Man weiß ja, wie Kinder heutzutage sind ...

Becker: Von wem lernen die denn sowas?

Marquard: Unter Kindern wird eben viel geredet, das kann man sich doch denken.

Becker: Das heißt, sechsjährige Kinder unterhalten sich miteinander, wer "schwul" ist und wer nicht. Obwohl sie die Sache selbst noch gar nicht kennen? Wie kommen die denn darauf? Haben Sie denn Homosexuelle in Ihrer Schule?

Marquard: Ich unterrichte nur die jüngeren Klassen. Wie kann ich das wissen?

Becker: Na ja, ich denk nur manchmal, irgendwo müssen die vier Millionen ja schließlich herkommen, wenn's heißt jeder Zwanzigste. Wieviele solcher Burschen haben Sie in Ihrer Zeit als Lehrer denn schon gesehen?

Der Lehrer wirkt plötzlich sehr distanziert, und seine Antwort klingt befremdlich schroff, signalisierend, dass er keine Lust hat, sich hier über Homosexualität an Schulen zu unterhalten.

Marquard: Ich erinnere mich nur an zwei oder drei Fälle aus den Oberklassen.

Becker: Das ist nun aber doch ziemlich seltsam, nicht wahr?

Marquard: Inwiefern?

Becker: Na, rein statistisch müssten doch selbst nach den Minimalschätzungen in jeder Schulklasse ein bis zwei Jungs oder Mädchen sitzen, die das Problem betrifft? Und in den all den Jahren müssen Sie doch Dutzende von Schulklassen unterrichtet haben.

Erster Fußballfreund: Nanana!

Zweiter Fußballfreund: Unglaublich!

Die Nachbarin: Worauf will denn der hinaus?

Marquard: Ist mir nie aufgefallen.

Becker: Herr Marquard, als ich Sie neulich in der Schule besuchte, da erzählten Sie mir über einen bestimmten Vorfall.

Marquard: Nun, ja, richtig ... da war mal eine Zeitlang ein ganz dummes Gerede in der Klasse. Sowas gibt's öfter. Der ist schwul, und der, und der ... das soll man bei Kindern nicht so genau nehmen. Vielleicht bringen sie's auch nur von Zuhause mit.

Becker: Und geriet auch Marc bei seinen Mitschülern einmal in einen solchen Verdacht?

Der Angesprochene schweigt mit einem Mal bedrückt. Zögert. Schaut unter sich.

Marquard: Ja.

Becker: Wie kam denn das?

Marquard: Das hat er sich ja wohl auch ein Stück weit selber zuzuschreiben. Zum Beispiel sprachen wir in einer Vertretungsstunde mal über Adam und Eva. Ich erzählte ihnen von der Erbsünde, und warum Gott Mann und Frau füreinander erschaffen hat. Ich erzählte ihnen gerade vom Sinn der fleischlichen Liebe, und da fragt mich doch so ein Naseweis, wieso Gott denn dann die "Schwulen gemacht" hat. Einer von den türkischen Jungs rief aus "Also i c h glaub, was im Koran steht", "für uns sind das Tiere", und alles hat natürlich geklatscht. Ich erklärte ihnen daraufhin, dass das arme Seelen sind, auf ewig dazu verurteilt, einsam durch's Leben zu irren und der irdischen Liebe zu entbehren, weil sie sich der göttlichen Liebe verweigern. Ich erzählte ihnen gerade was von der göttlichen Liebe, und dass sie alles auf der Erde wärmt. Und da ist der Marc plötzlich aufgesprungen. Ich seh' das noch genau vor mir, wie er da steht – völlig außer sich – und wie er auf einmal loslegt. "Ach Quatsch", schreit er, "da ist doch gar nichts über uns. Da ist doch bloß das Weltall, und das glitzert bloß eiskalt!".

Die Staatsanwaltschaft raschelt.

Becker: Ob sich die Staatsanwaltschaft – trotz ihrer bis jetzt eher amusischen Bemühungen in dieser Angelegenheit – wohl imstande sieht, uns den Sinn dieser kryptischen Worte zu erhellen ... ?

Der Staatsanwalt hat unterdessen gefunden, was er sucht.

Bendt: Äh ... ja ... also ... sinngemäß findet sich sowas ähnliches auf dem Einband von Herrn Jannings' Tagebuch. Ein englischsprachiger Text. Entstammt wohl seiner Jugendzeit, als Herr Jannings noch Musiker werden wollte. "Nothing's over us, just the cold and glittering universe. Nothing that warms us, just the one we hold in arms". Wir fanden es an die Küchenwand gepinselt, im Schlafzimmer aufgehängt, im Badezimmer verewigt – und sogar im Klo ...; *(lacht kopfschüttelnd)* Hätte Dichter werden sollen statt Kindergärtner.

Marquard: Ich wusste doch gleich, dass solche Gottlosigkeiten nicht auf seinem Mist gewachsen sind.

Becker: Es gab da schon weit vorher einen Vorfall, von dem Sie mir erzählt haben, Herr Marquard. Können Sie uns das mal schildern?

Marquard: Ja, das war auch ganz seltsam ... ich glaube, das hing mit seinem Freund zusammen, Kevin hieß der. Wie gesagt, Marc ist ein Spätentwickler, und für Mädchen interessiert er sich noch nicht. Kann schon sein, dass da komisch rumgedacht wurde, Kinder beobachten da viel dummes Zeug. Und irgendwie war er ja mit dem Kevin als einzigem eng befreundet. Für alle anderen war er ja der Angsthase.

Becker: Was möchten Sie uns erzählen, Herr Marquard?

Marquard *(gibt sich einen Ruck)*: Eines Tages haben wir draußen im Pausenhof plötzlich Radau gehört. Ich bin raus, und da hab' ich gehört, wie sie alle sagen: Der Marc wär'schwul. Und er ist nach drinnen gelaufen und hat mit den Tränen gekämpft, und immer wieder gesagt: "Es ist nicht wahr. Es ist nicht wahr ... ". Ich hab' eins der Kinder gefragt, warum sie sowas über Marc erzählen. Der Junge hat geantwortet, der Marc hätte dem Kevin den Arm um den Hals gelegt und ihm "sowas ganz geheimes" gesagt. Dann sei plötzlich das Wort "schwul" gefallen. Und darüber haben sie sich dann lustig gemacht.

Becker: Wie haben Sie auf den Vorfall reagiert?

Marquard: Ich hab' meinen Jungs in der Klasse mal 'ne ordentliche Standpauke gehalten, um ihn in Schutz zu nehmen. Vor allem habe ich bemerkt, dass der Kevin total verunsichert war und nichts mehr mit ihm zu tun haben wollte. Er saß plötzlich nicht mehr in der Bank neben ihm, sondern weiter hinten. Das hat den Marc furchtbar gekränkt. Der war die ganze Woche noch völlig neben der Kappe. Mittags wäre er vor dem Schulhof fast sogar in ein Auto gelaufen. Ist plötzlich mitten auf der Straße stehen geblieben. Ein Kollege meint, es wär' vielleicht Absicht gewesen, weil der Junge anschließend gesagt hat, es hätte im Bauch "so schön gekitzelt", aber ich glaube das nicht. Hat wohl einfach angefangen, rumzuträumen.

Becker: Und was haben Sie zu den Kindern gesagt?

Marquard: Ich habe ihnen gesagt, dass man sowas schlimmes nicht über einen sagen soll, solange man's überhaupt nicht weiß. Genauso gut könnte man ja behaupten, jemand sei ein Dieb, wo's gar nicht stimmt.

Becker: Wann war das, Herr Marquard?

Marquard: Ach, das ist lange her. Damals war er zwölf.

Unangenehme Stille ist eingetreten. Die Mutter hat ihr Gesicht mit den Händen beschattet. Karl Laim blickt unter sich, mit plötzlich unendlich müden Augen.

Becker: Danke, Herr Marquard. Danke, dass Sie sich zur Verfügung gestellt haben. Wenn der Herr Vorsitzende vielleicht noch Fragen an Sie hat ...

Dr. Armadeck scheint mit seinen Gedanken woanders zu sein. Seine Augen sind starr auf den Jungen gerichtet.

Bendt: Herr Vorsitzender.

Armadeck: Wie bitte?

Becker: Ob Sie noch Fragen an den Zeugen haben, Herr Vorsitzender.

Armadeck: Oh. Ach, nein, nein. Danke. Keine Fragen. Danke, Herr Dankwart.

Marquard verlässt den Saal. Becker ordnet mit ernstem Gesicht seine Unterlagen. Er stellt fest, dass die Mutter kummervollen Blicks den seinen sucht, und schaut für einen flüchtigen Moment hinüber.

Becker: Herr Vorsitzender, geehrte Schöffen ... es ist, denke ich, klar geworden, dass es andere Erklärungen dafür gibt, weshalb die ... die Noten dieses Jungen ... mit der Zeit schlechter geworden sind.

*

Betroffenheit hat sich breit gemacht. Nach totenstillen Sekunden steht einer der Fußballer auf, und hebt zu einem urgewaltigen "Buuh" an und "Gemeinheit". Sein Nebenmann packt ihn am Arm und zwingt ihn, sich zu setzen: "Halt's Maul. Jesus. Halt doch um Himmels Willen jetzt wenigstens dein Maul."

Die Nachbarin hat sich zwischenzeitlich erhoben, hält sich an ihrer Handtasche fest und starrt sekundenlang auf die Szenerie. Sie wirkt hochgradig verwirrt.

Die Nachbarin Aber ... das ist ja alles gar nicht so, wie sonst im Fernsehen immer ...

Und sie schüttelt ihr ergrautes Haupt und verlässt sinnierend den Saal.

SCHRAUBENDREHUNGEN

Armadeck: Das ist hier alles völlig unerheblich, was Sie uns da aufmachen wollen, Herr Becker! Ganz gleich, was das für ein Kind ist. Die sexuellen Handlungen des Erwachsenen an einem jungen Menschen dieses Alters sind strafbar!

Bendt: Immerhin haben wir die Aussagen des Jungen, Ihre zweifelhafte "Entlastungszeugin" – und übergenug Hinweise darauf, dass Ihr Mandant pädophile Neigungen hat.

Becker: Der Herr Staatsanwalt versucht, da ihm ja leider die Beweise für den Missbrauch noch immer fehlen, aus der Tatsache, dass mein Mandant pädophil ist, automatisch abzuleiten, dass er Marc nicht anders als missbraucht haben kann. *(maliziös)* Im unauffälligen Dienst einer seriösen Berufsausübung lege ich allerdings Wert auf den genauen Text unserer Gesetze, wonach die Eigenschaft "pädophil" für sich allein genommen noch kein Straftatbestand ist.

Armadeck *(lächelt gönnerhaft)***:** Da haben Sie sicher recht, Herr Becker. Jeder kann in diesem Land tun und lassen, was er will. Solange er es nur will – und nicht tut. Diese wundersame Gabe der Entscheidung nennt sich bekanntlich die menschliche Willensfreiheit.

Becker sieht das Lächeln. Es wirkt kalt. Auch die Schöffen geben mimisch zu verstehen, dass sie das Argument vom pädophilen Zölibatär für einigermaßen überzogen halten. Der Staatsanwalt lächelt ingrimmig in sich hinein.

Becker: Herr Vorsitzender, es gibt im menschlichen Leben Bereiche, da kann man vielleicht tun, was man will, aber man kann nicht wollen, was man will. Und dann liegt das außerhalb eines solchen Schuldbegriffes.

Armadeck: Wollen Sie sich jetzt auch soweit über die Sachverständige überheben, dass Sie das Charakterbild in Zweifel ziehen, das sie als Psychologin von Ihrem Mandanten zeichnet?

Becker wartet einen Augenblick. Behutsam, während er unschlüssig in seinen Unterlagen blättert, fährt er dann fort.

Becker: Herr Vorsitzender, an diesem Punkt darf ich erhebliche Zweifel daran anmelden, ob das Gericht gut beraten ist, sich bei seinen Wertungen an den populären Expertisen zu orientieren, die seit einiger Zeit unters Volk gebracht worden sind. Man sagte mir, spezialisierte Forschungsstellen hätten niemals eine solche publicity gehabt wie die, die Sensibilisierung meinen und dabei Hysterisierung betreiben.

Armadeck: So, was schreiben denn Ihre Fachleute?

Becker: Die Fachblätter gehen davon aus, dass zumindest die ausschließliche, sogenannte "primäre" Pädophilie von Sadismus, Notzucht und selbst vom familiären Missbrauch abgegrenzt werden muss. Das Problem sei nicht als Gewaltneigung, sondern als Stehenbleiben der sexuellen Orientierung auf einer frühen Stufe der Sexualentwicklung gekennzeichnet. Als pubertär verankertes, grundsätzliches Liebesbedürfnis sei es nicht auf das strafrechtlich relevante Sexuelle zu reduzieren. Auf der Seite der Opfer schließlich müsse an zig Befragungen heute erwachsener früherer kindlicher Opferzeugen erinnert werden – unter anderem durch das Bundeskriminalamt – die auf den äußerst relativen

Charakter heute kursierender Vorstellungen von monströsen Schädigungen und stets nur schrecklichen Erlebnissen hinweisen. Da lässt sich zeitweise weißgott anderes in Erfahrung bringen. Diese ganz anders gelagerten Erfahrungen werden naturgemäß weder gerichtskundig noch öffentlich bekannt. Studien des Bundeskriminalamtes sprachen vor Jahr und Tag – wie wir uns als Juristen erinnern sollten – sogar von "deklarierten Opfern". Das Feld entziehe sich einer pauschalisierenden Betrachtungsweise.

Bendt: Es ist doch wohl hinlänglich bekannt, dass diese Leute sich im Kern sexuell an Schwächeren ausleben, weil sie sich an Größere nicht trauen?

Becker sucht in seinen Unterlagen ein dünnwandiges Manuskript hervor.

Becker: Ich möchte an dieser Stelle sicher stellen, dass mein Mandant nicht nach Ursachentheorien und Medienexpertisen, sondern nach seiner individuellen Schuld gemessen wird. Ich bitte das Gericht zur Kenntnis zu nehmen, dass auch hierüber in letzter Zeit offenbar vieles unseriös, falsch oder verkürzt in die Öffentlichkeit geraten ist. Es wird inzwischen davor gewarnt, sich auf populärwissenschaftliche Binsenweisheiten zu stützen. Darf ich Ihnen dazu aus der Publikation eines sexualwissenschaftlichen Instituts zitieren?

Armadeck: Bitte, nur zu, wenn Sie da Befürchtungen haben!

Becker: Pädophilie, so heißt es in dieser Abhandlung, entsteht vor dem Hintergrund einer angeborenen hetero- oder homosexuellen Orientierung wahrscheinlich durch ein Einfrieren bestimmter psychosexueller Lernprozesse vor und in der Pubertät. Bildlich gesprochen ist es, als ob der Zwölfjährige, der sich in Zwölfjährige verliebt, niemals in dem Stadium ankommt, wo er für Kinder blind ist und ihn stattdessen das erwachsene Erscheinungsbild interessiert. Einige Wissenschaftler sprechen von einer Art

Seelenblindheit für erwachsene Geschlechtsmerkmale. Es ist sozusagen die Legasthenie der psychosexuellen Kindesentwicklung.

Bendt *(grinst)*: Der Herr Strafverteidiger verlegt sich augenblicklich dazu, die Schandtaten eines Kinderschänders durch dessen ach so traumatische Kindheit zu entschuldigen. Nicht sonderlich originell, Herr Kollege.

Becker *(schüttelt den Kopf)*: Mit Ihrer Erlaubnis, Herr Vorsitzender ... ich erwehre mich nur der fortgesetzten Versuche des Herrn Staatsanwalts, durch das Reizwort "Pädophilie" über die individuelle Schuld dieses Mannes hinwegzutäuschen – und ihn stattdessen pauschal für etwas verantwortlich zu machen, wofür er nichts kann.

Bendt *(achselzuckend)*: Ich weiß nur, dass Päderasten in ihrer Kindheit selber missbraucht wurden, und dass die Lust, dies heimzuzahlen, die Triebfeder ist, weswegen sie sich Kinder aussuchen. Das liest man allerorten, und mehr interessiert mich auch nicht.

Becker: Na, dann haben Sie ja eine brauchbare Theorie, um aus meinem Mandanten einen Gewalttäter zu machen, wie er im Buche steht.

Er blickt in das gelangweilte Gesicht Dr. Armadecks. Dr. Bendt grinst maliziös, wie nach gewonnener Schlacht. Der Richter unterdessen interveniert mit einem versöhnlichen Lächeln.

Armadeck: Sind Sie sicher, dass es sich bei Ihren sogenannten "Wissenschaftlern" nicht um einen getarnten Päderastenbenefizverein handelt?

Der Verteidiger vermag sein Gegenüber nur offnen Mundes anzustarren – steht da und starrt und schweigt.

Armadeck: Wir danken für Ihre psychologischen Unterweisungen, Herr Becker.

Des Anwalts Gesicht ist gerötet. Ob vor Scham, ob vor Wut ist nicht zu sagen. Er setzt sich; langsam und starren Blicks.

Jannings: Unsere Sache steht schlecht, nicht wahr? Was jetzt?

Becker *(missmutig)*: Das, was keiner wollte. *(Er gibt sich einen Ruck)* Herr Vorsitzender, für mich ergeben sich ganz massive Zweifel an der Glaubwürdigkeit dieses Jungen.

Armadeck: Das erklären Sie uns jetzt aber doch bitte etwas eingehender, Herr Becker.

Becker: Ich habe erhebliche Zweifel, dass ein Junge die Wahrheit sagt, der seine Eltern nachweislich hintergangen hat – so ging er nicht etwa in den Park, oder zu einem Schulfreund, wie er den Eltern weis gemacht hat, sondern zu Jannings. Der Schulfreund, von dem uns der Lehrer berichtete, hat sich bereits vor langer Zeit von ihm abgewendet, als Marc immer noch behauptete, er wolle zu ihm – während er in Wirklichkeit zu Jannings ging. Der Lehrer hat uns berichtet, wie er schlechte Noten unterschlug: Aus Angst, sie seinem Vater vorzulegen, hat er sogar Unterschriften nachgemacht, um in der Schule zu erklären, er hätte sie zuhause vorgezeigt. Schließlich hat er selbst sich hier in seinen Aussagen mehrfach widersprochen, und sich danach wieder korrigiert, als er gemerkt hat, dass ihm der Vorsitzende nicht glaubt ...

Er spricht jetzt halb an Marc gewendet, das Gesicht gerötet. Tränen aus Schmerz und Enttäuschung schiessen Marc in die Augen, wie er den Mann da nun anstarrt: Kreidebleich. Der Junge verkrampft die Lippen zu einer stotternden Verteidigung – als Becker ihm einen eigenartigen Blick zuwirft.

Becker: Ich glaube, er war auch überhaupt niemals im P a r k. Das würde ich ihm nur glauben, wenn ich ihn selber dort gesehen hätte ...

Das Zucken um Marcs Mundwinkel verschwindet urplötzlich. Und doch: Entgeistert hängt er an des Mannes Lippen.

Becker: Nichts kann man dem Kerl glauben! Offensichtlich haben wir es hier mit einem jungen Mann zu tun, der innerlich so labil und feige ist, dass er dem geringsten Widerstand weicht, und lügt und Schneckentänze macht, nur um nicht zu sich selbst und zur Wahrheit stehen zu müssen. Was wissen wir überhaupt, was bei ihm wahr ist und was nicht? Einmal sagt er – und zwar bevor ihm die Eltern auf die Schliche kommen – er habe Jannings gern und stellt ihn bei der Lehrerin sogar als seinen "besten Freund" vor – aber hier lässt er plötzlich durchblicken, dass er ihn in Wirklichkeit sogar hasst ...

Marc: Ich hab' ihn gern gehabt, den Sascha! *(verschreckt; plötzlich unsicher zum Vater blickend)* Wenn er das damals ... nicht gemacht hätt' ...

Becker: Aber vorher war's doch dein Freund, Marc. Oder war er das vielleicht gar nicht, in Wirklichkeit?

Marc: N' schöner Freund ... *(heult fast).* Der stellt mich ja hin wie'n Lügner, und du jetzt auch ... ich hab' doch aber nicht gelogen ... ich hab' doch bloß die Wahrheit gesagt ... ich lüg' doch nicht, ich lüg' doch nie ...

Becker: Also wie war das nun ... hat der Sascha dich überredet, dass du ihn streichelst, oder hat er dir mehr so zugeredet, doch nicht mehr sauer zu sein, wegen dem Krach?

Bendt *(bellend)* War da nicht was mit einem Fünfer in Mathe, und einer Unterschrift?

Jannings macht mit einem Mal einen verbissenen Eindruck. Der Junge wendet sich plötzlich zu ihm um.

Marc: Mensch, Sascha, hilf mir doch.

Aufgeregtes Getuschel zwischen Becker und seinem Mandanten. Jannings springt plötzlich auf.

Jannings: Das ist doch alles Theater, was die hier mit uns machen, das weißt du doch so gut wie ich ...

Armadeck: Herr Jannings, setzen Sie sich!

Jannings: ... die ganze Zeit mogeln wir uns hier drumrum, das kann sich doch jeder denken, was war ... so ein verlogener Quatsch, auf dem Jungen dauernd rumzuhacken. Es geht um meinen Kopf, okay, den sollt ihr haben. Ich hab' mir die Hände schon genug dreckig gemacht hier, jedesmal wenn ich mich am Ohr kratze, ist es, als ob mir die Kacke am Finger kleben bleibt ... ich mach' das nicht länger mit, ich denk' gar nicht dran, diese Show noch länger abzuziehen ...

Bendt *(ungläubig):* Wollen Sie etwa ein Geständnis ablegen?

Jannings: Ja. Und zwar laut und deutlich: Alles, was in dem Protokoll steht, stimmt. Ich hab' ihn geküsst und gestreichelt, und ihn gefragt, ob er sich ausziehen will. Dann haben wir uns beide ausgezogen zum Duschen. Ich hab' ihn in den Arm genommen, und er hat onaniert, während er seinen Kopf an meine Brust schmiegte. Ich hab'sein Haar gestreichelt und seine Lippen und seine Brust geküsst, und er hat alles erwidert, ja, alles, aber das mit dieser ... dieser fellatio *(lacht plötzlich völlig hysterisch)* ... das hat e r doch sogar von mir gewollt ... aber wie hätt' er das denn einfach so zugeben können, so, wie ihr ihn immer nur gefragt habt ... und als er gekommen war, da haben wir uns noch weiter gestreichelt und geküsst, und zwar überall, überall, und es hat uns beiden so gefallen! Der Junge hat mich geliebt. Und ich ihn!

Die Fußballfreunde gröhlen. Schweiß ist auf seine Stirn getreten.

Jannings: Schon lang war es so, zwischen uns, und immer wieder kam er zu mir, obwohl er dafür lügen musste. Wir haben sogar den Verkehr versucht, jeder mit dem andern, weil er neugierig war und ich auch mal wissen wollte, wie's ist, aber es ging nicht, und ich habe mich entschuldigt und aufgehört, aber ich habe ihn nicht missbraucht ... mein Gott, ja, am Anfang, da war ich nicht ehrlich zu ihm, und ich hab' mich geschämt, als ich gemerkt hab', dass er mich mochte, so geschämt, so schrecklich geschämt ... aber dann wurd's anders zwischen uns, er ist mir ans Herz gewachsen, und er, er hat's auch bei mir immer öfter gesucht ... aber ich habe ihn nicht missbraucht, auch wenn die Bullen meinen, dass man das so nennen muss. Geliebt hab' ich ihn, so geliebt ... ganz tief da drin, da weiß er's. Nie soll er's vergessen, nie – auch wenn er jetzt glaubt, was ihr alle ihm einreden wollt. Mein Gott ... es ist meine letzte Gelegenheit, es ihm zu sagen ...

Gehetzt – so, als wolle er die eben entglittenen Worte zurückholen – blickt er für eine Sekunde um sich. Doch es gibt kein Halten mehr, mit einem Ruck wendet er sich Laim zu.

Jannings: Ihr Schweine! – Warum habt ihr das getan? Warum habt ihr mich nicht mit ihm reden lassen, statt gleich zur Polizei zu rennen, bevor ihr mit mir geredet habt. Abschiednehmen hat einer wie ich doch gelernt ... *(heult fast, plötzlich hilflos nach seinem Anwalt schauend)* es kann mich doch keiner zwingen, ihm hier den Hintern aufreißen zu lassen ... ich hab' ihm vertraut, er ist glaubwürdig ... *(setzt sich entkräftet. Vergräbt die Hände)* Macht doch mit mir, was ihr wollt.

Karl Laim: Du perverse Drecksau, ich hab' ja gewusst, dass da noch viel mehr passiert ist. Abschießen hätte ich dich sollen! Schwuchtel.

Erster Fußballfreund: Für den ist ja 'ne Zelle viel zu schade!

Zweiter Fußballfreund: Für sowas zahlt man Steuergelder!

Dritter Fußballfreund: Einfach die Eier zwischen zwei Backsteine gelegt – und Raaaatsch!

Brüllendes Gelächter im Publikum. Der Junge starrt leichenblass auf Jannings. Jener starrt apathisch an ihm vorbei.

Becker: Ich beantrage, die Sitzung zu vertagen! Sie sehen doch, dass mein Mandant sich in diesem Augenblick selber der unmöglichsten Dinge bezichtigen würde ... ein ... ein ... reiner Impuls der Selbstbestrafung, für die Gewalt, die er dem Jungen durch sein Schweigen angetan hat!

Hysterisches Gelächter von der Psychologin.

Armadeck: Herr Becker, wollen Sie dem Jungen zumuten, dass sich das noch weiter hinzieht?

OH, COME, MY BOY – COME, SPEAK, COME OUT

Armadeck: So, Marc, jetzt komm' doch noch mal' her ...

Marc kommt leichenblass zum Pult.

Armadeck: Du musst uns jetzt alles erzählen, was du weißt. Ohne Umschweife diesmal. Du b i s t mit ihm nach dem Duschen noch ins Schlafzimmer gegangen.

Becker: Sie stellen Suggestivfragen!

Armadeck: Der Junge soll sich's endlich vom Herz reden. Er schleppt es lange genug mit sich herum. Nicht wahr, mein Junge? Marc?

Marc *(gepresst)*: Ja.

Ein Fußballfreund: Man muss den Jungen doch nicht unnötig so quälen!

Becker: Wollen Sie die Öffentlichkeit nicht rausschicken!

Der Vorsitzende plötzlich keucht schwer – doch macht er eine entschlossene, Ruhe erheischende Geste mit der rechten Hand.

Armadeck: Was ist dann passiert? Komm', er kann dir jetzt nichts mehr einreden. Er hat dir Angst gemacht, aber das ist jetzt vorbei ... ich bin sicher, wenn du uns alles gesagt hast, wird's dir gleich viel besser gehen. Du hast doch selbst nicht etwa was Falsches getan, oder?

Marc: E r hat ...

Der Junge beißt sich auf die Lippen.

Armadeck: Erzähl', hab' keine Angst jetzt. Ist gleich vorbei, mein Junge.

Marc: Ich..ich hab' ... sein Ding gestreichelt.

Armadeck: Na, weil du's musstest! So ist's doch, nicht wahr, mein Lieber? Du musstest es doch?

Der Junge ringt nach Worten.

Armadeck: Marc, ich habe hier ein paar Zeichnungen. Schau sie dir an, und wenn ein Bild dabei ist, das zeigt, was er mit dir gemacht hat, dann gibst du's mir zurück, okay?

Dr. Armadeck reicht ihm einen Stoß Zeichnungen aus seiner Aktentasche. Nach einer Weile gibt Marc ihm stumm und mit rasselndem Atmen eines der Bilder wieder, nachdem er es einige Sekunden lang erstarrt in Händen hielt. Der Richter betrachtet es mit ernster Miene. Sein Gesicht zuckt. Er reicht es dem Staatsanwalt, jener reicht es der Protokollantin, Becker lässt es sich von dieser zeigen.

Armadeck: Wie tief?

Waldt *(entsetzt)*: Lassen Sie doch das Kind in Ruhe!

Armadeck *(kramt aus seiner Aktenmappe ein Lineal hervor, das er dem Jungen hinhält)*: Zeig' mir einfach, wie tief.

Marc zögert. Er will krampfhaft etwas sagen, kommt aber über ein Stottern nicht hinaus.

Armadeck: Brauchst dich nicht zu schämen. Jetzt stell' dich mal nicht so an. Unter uns Männern, wie?

Er lächelt dem Jungen zu. Marc ergreift wie versteinert das Lineal. Widerwillig legt der Junge das Lineal zwischen Daumen und Zeigefinger. Ohne hinzusehen, gibt er es dem Richter. Der zeigt es den Schöffen und dem Staatsanwalt. Er notiert etwas.

Armadeck: Gestehen Sie auch das, Herr Jannings?

Jannings *(nickt betroffen)*: Bitte ... ich ... ich hab' ihm nicht weh tun wollen ... mein Gott, ich hab' ihn doch nicht vergewaltigt ... zwischen uns war's Freundschaft ... ich hab' ihm doch immer in allem geholfen ...

Bendt *(scharf)*: Wollten Sie ihm dadurch helfen, dass Sie Ihre Sexspielchen mit ihm getrieben haben?

Jannings schweigt verletzt.

Armadeck: Nun sag' mir zum Schluss noch, Junge: Warum hast du denn nicht gleich alles gesagt?

Marc: Ich schäm' mich ...

Armadeck: Hat er dir verboten, jemals etwas auszusagen, wenn die Sache herauskäme?

Marc: Der Sascha hat damals im Zoo zu mir gesagt, dass er auch irgendwann hinter so Gittern sitzen könnt', wenn jemand auf dumme Gedanken wegen uns käm' ... ich wollt' ihm das erst nicht glauben, aber er hat gesagt ...

Der Junge schaut immer wieder zu Jannings, schüttelt verzagend den Kopf; dann bricht er plötzlich in verzweifeltes Weinen aus.

Marc: "Hör zu", hat Sascha gesagt, "das, was wir machen, das ist verboten". Der Sascha hat gesagt, er kann dafür eingesperrt werden. Wenn mal irgendwas passiert, und mein Vater kriegt's raus, dann sollen wir's so machen, dass ich nix sage, auch wenn mich einer dazu zwingen will. Aber wenn ich doch ... dann würd' er's verstehen, aber dann geht's um seinen Kopf, hat er gesagt. Und dass er dann alles tun muss, damit mir keiner glaubt. Aber das ist dann nur Theater, hat er gesagt, damit uns beiden nix passiert. Er hat gesagt, mein Vater würd's nicht verstehen, keiner würd's verstehen ... und dass sie ihn dann einsperren würden oder verbieten, dass wir uns sehen, wenn ich was sagen würde ... er hat gesagt, dann müsst er in den Knast ... und ich hab' gesagt, ich will nicht, dass du ins Gefängnis musst ...

Kaum ist das Wort dem Mund entfahren, erstarrt der Junge zur Salzsäule. Das Zucken in seinem Gesicht ist einer maskenhaften Starre gewichen, es scheint, als entweiche ihm jene warmherzige Lebendigkeit des Inneren, welche eben noch durch seine Tränen Kühlung erfahren hatte. Niemanden wagt er anzusehen in diesem Augenblick, nicht den Richter, nicht Jannings, nicht Becker und nicht die Mutter. Die großen Augen sind leblos ins Leere gerichtet. Dann – für einen kurzen Augenblick – sucht er jemanden, und sind seine Augen voll und rund auf Jannings gerichtet, welcher ihm unter einem zittrigen kleinen Lächeln zuzublinzeln versucht. Marc scheint dies nicht wahrzunehmen. Der Junge wirkt völlig apathisch. Ganz still ist es im Saal. Unangenehm lange still. Verlegenheit macht sich breit, die erst des Richters Stimme klingen macht.

Armadeck: Jaja. Soso. *(Nach einer Weile)* Gut, das wär's dann. Marc, ich weiß, dass es nicht leicht für dich war. Du kannst dich jetzt wieder setzen.

Marc läuft zuerst in die falsche Richtung, bleibt dann abwesend stehen, und setzt sich schließlich, starr unter sich blickend, neben seine Mutter.

Armadeck: Also, Herr Jannings, sehen Sie jetzt, Sie hätten dem Jungen viel erspart, wenn Sie früher damit herausgekommen wären. Und Sie selbst haben sich damit auch keinen Gefallen getan. *(Er wirft einen verächtlichen Blick auf Becker)* Sie sind schlecht beraten worden. – Wenn nun keine Fragen mehr sind, schließe ich die Beweisaufnahme ab.

PLÄDOYER DES STAATSANWALTES

Bendt: Wie uns der Beschuldigte soeben gestanden hat, hat er sich des sexuellen Missbrauchs an einem Kind unter vierzehn Jahren schuldig gemacht. Hierüber brauchen wir also nicht mehr zu reden, Worüber wir aber schon noch ein Wörtchen verlieren sollten, ist: Mit welcher Raffinesse er des Kindes habhaft wurde, und die ungeheure Perfidie, mit der er über es verfügte. Vorwürfe sind ihm nicht allein wegen der sexuellen Übergriffe zu machen, nein, mehr ist zu sagen – und weitaus Schlimmeres.
Er verführte den Jungen mit einer Überredungskunst, vor der es einem die Sprache verschlagen muss. Klar erkannte er als ehemaliger Pädagoge die Minderwertigkeitsgefühle dieses Jungen, und nutzte sie für sich aus, in dem er sein sexuelles Interesse als Anteilnahme, ja, als "Liebe" verkaufte; Marc's sexuelle Unerfahrenheit, die Suche des Jungen nach Anerkennung und Geborgenheit nutzte er für die Befriedigung seiner abnormen sexuellen Gelüste aus, um ihm damit schlimmen und möglicherweise lebenslangen seelischen Schaden zuzufügen, den sexueller Kindesmissbrauch bekanntlich hinterlässt. Selbst aus der schwierigen Beziehung des Jungen zu seinem Vater wusste er

Kapital zu schlagen, denn leicht konnte er dem gutmütigen Jungen einreden, dass sein Vater ein Tyrann, er hingegen der einzige Freund sei, den er gegen diesen vorgeblichen Feind – den Vater! – hätte.

Sein Verantwortungsgefühl hätte ihm sagen müssen, welchen seelischen Schaden er damit in dem Jungen anrichten könnte, indem er die Gefühle des ahnungslosen Buben rücksichtslos für sexuelle Absichten vereinnahmte. Seine schrecklichen Erlebnisse – wir wissen es – wird dieser Junge wohl nie in seinem Leben mehr verarbeiten können.

Wie uns der Klassenlehrer des Geschädigten erzählte, ist das Vertrauensverhältnis zum Vater gestört. Der Beschuldigte zwang den Knaben nicht nur immer wieder, ihn sexuell zu befriedigen; immer wieder zwang er ihn dazu, seine Eltern zu hintergehen, säte Misstrauen, indem er dem Jungen einredete, sein Vater würde ihm die "harmlose" Freundschaft verbieten, erzählte der Junge auch nur ein Sterbenswörtchen darüber, was er bei dem Beschuldigten immer wieder zu durchleiden hatte. Der Herr Jannings schämte sich auch nicht, mit der Zuneigung des Jungen zu spielen – indem er ihm einredete, dass er ins Gefängnis kommen würde, verriete er ihn jemals. Schließlich drohte er ihm sogar mit der Trennung von ihm, wenn sein Vater davon Wind bekäme, und – käme es zur Anzeige – alles nur erdenkliche zu tun, um ihn als Lügner hinzustellen. Dass er dies mit der Bemerkung tat, Marc müsse das "verstehen", es ginge "um seinen Kopf" – das ist besonders zynisch: Damit erreichte Jannings sein Ziel, dass der Junge mit niemandem über seine Probleme reden würde, ohne die entsetzliche Gewissenangst aushalten zu müssen, seinen Peiniger zu verraten, der ihn angeblich "geliebt" habe.

Die Staatsanwaltschaft kommt zu dem Schluss, dass es sich hier um ein besonders Abscheu und Ekel erweckendes Verbrechen an der Kinderseele handelt, und fordert eine Haftstrafe nicht unter sieben Jahren, wahlweise auch die Verbringung des Beschuldigten in eine psychiatrische Einrichtung auf unbestimmte Zeit, verbunden mit der Auflage, sich einer chemischen Kastration zu unterziehen, sollte er sich den Therapieangeboten verweigern. Wegen der besonderen seelischen Gefährdung des Jungen im Falle einer eventuellen neuerlichen Kontaktaufnahme mit dem Beschuldigten, und wegen der bestehenden Allgemeingefährdung sollte eine Haftstrafe unter allen Umständen ohne Bewährung verhängt werden.

PLÄDOYER DER VERTEIDIGUNG

Becker: Zustimmen möchte ich der Meinung des Herrn Staatsanwalts, dass sexuelle Handlungen vorgefallen sind; widersprechen muss ich indessen seiner Ansicht, dass man hierüber nicht weiter zu reden brauche. Die Gesetze unseres Landes sehen zwar vor, meinen Mandanten zu verurteilen, sowie ihm eine Handlung nachgewiesen werden kann, die im Rufe steht, eine sexuelle zu sein. Doch macht der Gesetzgeber dies aus gut begründeter Vorsicht davon abhängig, ob diese Handlungen sich unter der Ausnutzung einer materiellen Notlage des Heranwachsenden ereignet haben; oder ob ihr Zustandekommen durch Nötigung, Erpressung, oder Aufbietung materieller Vergünstigungen im Sinne einer Manipulation erklärt werden muss. Doch weder Ausnutzung materieller Not, noch Gewalt oder Nötigung, noch teure Geschenke kennzeichnen offensichtlich in irgendeiner Form den vorliegenden Fall. Nichts dergleichen findet sich, bei Licht betrachtet. Nicht einmal in den Aussagen des Jungen selbst.
Der Herr Staatsanwalt hat sich alle Mühe gegeben, uns das Bild eines Mannes zu entwerfen, das so abstoßend, ekelerregend und grauenerweckend ist, dass es die Überprüfung solcher Fragen gar nicht erst braucht, um meinen Mandanten ins Gefängnis zu bringen. Ich erblicke dahinter eine Geisteshaltung, die dem Eros an sich wohl nur schlimmes zu traut – dass man nur sein Walten nachweisen muss, um seine teuflischen Wirkungen voraussetzen zu können. Der Herr Staatsanwalt entwirft zu diesem Zweck das Bild eines gewissenlosen Mannes, der sich sein Opfer mit den subtilsten Mitteln seelischer Manipulation gefügig gemacht, ihn schwerstens geschädigt und ohne Anteilnahme benutzt habe.

Keineswegs werden seine Darlegungen über Kindesmissbrauch im allgemeinen allerdings durch die genaue Würdigung der Fakten in diesem ganz speziellen Fall gedeckt. Zum Beispiel: Hätte mein Mandant die Minderwertigkeitsgefühle des Jungen für sich ausgenutzt – wie es der Staatsanwalt interpretiert – so wäre er wohl weitaus weniger engagiert gewesen, ihm just diese Minderwertigkeitsgefühle zu nehmen: Indem er ihm "tolle Sachen" sagte, um ihn aufzubauen. ihm Nachhilfe gab, die dem Arbeitslosen kaum etwas einbrachte. Stundenlang mit ihm büffelte, wie wir aus dem Munde der Mutter erfuhren; oder wochenlang mit ihm auf dem Sportplatz trainiert – bevor er mit ihm intim wurde. Hätte er sich dadurch nicht selbst das Fundament zerstört, auf dem nach Meinung der Staatsanwaltschaft die Freundschaft des Jungen einzig beruht habe? Sollte er so dumm gewesen sein – als gelernter P ä d a g o g e , Herr Staatsanwalt?
Nachdem es bereits zu sexuellen Handlungen gekommen w a r : Hätten sich Marcs Noten dann derart verbessern können, wie uns vom Lehrer und von der Mutter berichtet wurde – wären denn diese Handlungen unter einem solchen Zwang zustande gekommen? Oder hätte der Junge die Beziehung zu meinem Mandanten i r g e n d traumatisch erlebt?
Ferner: Für nicht e i n e einzige der Verhaltensauffälligkeiten Marcs, die uns von der Psychologin als Missbrauchssymptome dargestellt wurden, wären denn auch andere Erklärungen in Abrede zu stellen: Die nicht allesamt ebenso gut mit der schockierenden Verhaftung eines geschätzten Menschen in Verbindung zu bringen wären als mit dem G r u n d der Verhaftung. Ob die Sachverständige nun "Abspaltung", "Verdrängung", "Beschönigung" in den Knaben hineinsah, wo just einschlägige Äusserungen fehlten – sprichwörtlich a l l e s, was sie dazu anführt, wäre auch das natürliche Verhalten eines Jungen in diesem menschlichsten Konflikt; ja, verdankt seine Herkunft sogar dem Umstand: Dass der Junge selbst nichts einschlägiges berichtet. Die Sachverständige hat vielmehr hier mit Künsten aufgewartet, wo gerade die Nichtbeobachtbarkeit jeder Schädigung

sie umso nachdrücklicher beweist! Und wo er mit dem Mund sie schuldig blieb, da machte sie sein Schweigen zum Beweis. Weiters: Die Darstellung, die wir hörten, wonach mein Mandant dem Jungen gedroht haben soll, er werde ihn als Lügner hinstellen, falls er im Fall einer Anzeige gegen ihn aussagen sollte: Das nun ist allerdings eine Zurechtstutzung, wie man sie braucht, um Monstren zu malen. Wahr ist – erinnern wir uns –, dass die Rede anders war: "Hör zu", sagt Jannings zu dem Jungen: "Das, was wir machen, ist verboten, ich kann dafür eingesperrt werden". Macht es denn Sinn, Herr Staatsanwalt, dem Mann die moralische Verantwortung für eine Wahrheit in die Schuhe zu schieben, die nicht eigentlich *er* zu verantworten hat? Hat er den Jungen etwa damit belogen? Und: Wäre es nicht viel eher die zuverlässigste Methode gewesen, Marc als unbefangenen sexuellen Gespielen zu verlieren, wenn er ihm einen solchen Schrecken einjagt – als ihn damit weiter an sich zu ketten, wie uns das der Herr Staatsanwalt plausibel machen will?

Wenn mal irgendwas passiert, und dein Vater kriegt's raus, dann halten wir's so, dass du nichts sagst, auch wenn dich einer dazu zwingen will. Aber für den Fall, dass du umfällst, werde ich es verstehen. Es geht dann jedoch um meinen Kopf, und ich muss alles tun, um deine Aussagen zu entkräften. Will heißen: Aber das ist nur Komödie, damit uns nichts passiert. So spricht kein gewissenloser Sexgangster der bunten Illustrierten; so redet und handelt ein Mann mit einer schicksalhaften sexuellen Orientierung, für die die Wissenschaften bis heute keine schlüssige Erklärung und kaum eine Therapie von nachgewiesener Wirksamkeit hervorgebracht haben. So redet und verhält sich ein Mann, der mit dem Damoklesschwert über seinen Kopf leben, aus seiner Not eine Tugend zu machen muss. Und der dennoch keine Gelegenheit ausließ, Marc im Guten an sich teilhaben zu lassen. Tja, und was war das nun für eine Komödie, von der bei jenem Gespräch zwischen beiden geredet worden war? Hat Jannings jene Kömödie gespielt? H a t er denn nun alles getan, um die Aussagen des Jungen zu entkräften, wie er ihm gedroht hat?

Nein. Er hat gar nichts dergleichen getan. Er saß dort und hat zu allem geschwiegen, um ihm dies nicht antun zu müssen. Und Marc: Blieb e r seiner Rolle treu? Haben wir ihm nicht j e d e s Wort, das etwas belastendes gegen Sascha Jannings hätte beinhalten können, mühsamst aus der Nase ziehen müssen? Er hat seinetwillen sogar gelogen, weil er ihn schützen wollte. Und so trägt mehr oder weniger alles, was wir zwischen den beiden heute gesehen und gehört haben, die Züge menschlicher Gewogenheit – und nicht die von Schmutz und Gewalt, als die wir uns dergleichen Dinge sonst so oft vorzustellen haben. Vieles hier trägt sogar Züge einer ganz respektablen Freundschaft. Einer vielleicht gar nicht mal so verurteilungswürdigen Freundschaft, die erst hier zu Gegnerschaft werden musste, nachdem mächtigere Dritte den einen auf die Anklagebank und den anderen in den Zeugenstand gedrückt haben.

Die Justiz hat auf solche Grenzfälle keine Antwort. Unsere Gesetze und die sie anwenden, haben umso mehr bestehende menschliche Bindungen zu respektieren, wollen wir unsere Gesetze zum Schutze der sexuellen Selbstbestimmung – wie wir sie genannt haben – nicht zu etwas gänzlich anderem missraten lassen. Und wenn wir unsere klassische Bildung bemühen – Byron, Platon, Goethe lesen; an Alexander und Hephaistion, Da Vinci und Salai denken; uns Tschaikowskies Unglück oder Thomas Mann's Tod in Venedig vergegenwärtigen – dann wissen wir, dass es solche Dinge immer gab: Seit urdenklichen Zeiten gehören sie zum Erfahrungsschatz dessen, was zwischen Menschen denkbar ist. Es sind Archetypen der Menschheitsgeschichte, die den menschlichen Daseinshorizont erweitern, sofern man sie nicht dem neuzeitlichen Schmutz einer allzu sexualisierten Betrachtung unterzieht.

Abschliessend, Herr Staatsanwalt, zu einem Reizwort, das sich um solche Dinge nicht zu scheren braucht, solang man es im dümmsten Sinne übersetzt. Ein Wort der Fachsprache letztlich, das unter die Zeitungsfritzen und auf die Gasse gefallen – wo noch vor fünf Jahren keiner wusste, wie man das überhaupt schreibt. Meinem Mandanten verdanke ich den Hinweis, dass man uns als bibliophile Akademiker wohl nicht mehr in Bibliotheken ließe und Bücher uns angegraut nur noch in Schutzumschlägen aushändigte – machten wir uns die Übersetzung unsres Mobs zu eigen, wie wir das bei Jannings seit wenigen Jahren tun: "P ä d o - P h i l i e". Wohl kaum hätte man einen solchen Menschen in der Antike am Leben gelassen; kaum hätte man dergleichen in der romantischen Epoche überkitscht und stilisiert – wäre die Pädophilie meines Mandanten jemals als bloße Sexualsatanei an Kindern wahrnehmbar gewesen, wie wir das heute pauschalisierend tun.

Herr Vorsitzender, werte Schöffen. Es wäre verhängnisvoll, wenn wir unsere Gewaltbegriffe soweit verwässern, dass sie auf alles mögliche anwendbar sind, was ober- und unterhalb der Schutzaltersgrenzen stattfindet oder einfach nur ungewöhnlich oder gesellschaftlich anstößig ist. Es wäre die Verharmlosung von sexueller Gewalt, wo sie wirklich geschieht. Dies ist kein Fall, auf den das Gesetz anwendbar wäre. Ich beantrage für meinen Mandanten den Freispruch.

Armadeck: Das Gericht zieht sich zur Beratung zurück. Finden Sie sich bitte um dreizehn Uhr pünktlich wieder ein.

URTEILSVERKÜNDUNG

Man hat sich wieder eingefunden. Ein tritt der Richter mit den Schöffen.

Armadeck: Zur Urteilsverkündung bitte ich, aufzustehen.

Die Versammelten erheben sich von ihren Plätzen.

Armadeck: Im Namen des Volkes ergeht heute folgendes Urteil: Der Beschuldigte wird zu vier Jahren Freiheitsstrafe verurteilt. Das Urteil wird nicht zur Bewährung ausgesetzt. Bis zum Antritt der Haft hat der Verurteilte seinen Wohnsitz nicht ohne vorhergehende Meldung bei den Behörden zu verlassen. Das Gericht sieht es als erwiesen an, dass der Beschuldigte sexuelle

Handlungen von einem Kind unter Ausnutzung von dessen psychischer Unreife an sich vornehmen ließ, selber an ihm vorgenommen hat und schließlich beischlafähnliche sexuelle Handlungen versucht hat. Zu diesem Zweck hat er mit Reden, und mit über die Zeit erheblichen materiellen Vergünstigungen auf das Kind eingewirkt. Gezielt und planmäßig band er den Jungen auch unter Ausnutzung familiärer und schulischer Probleme an sich, um zur Befriedigung seiner abnormen sexuellen Neigungen zu gelangen, und machte ihn seelisch zu diesem Zweck von sich abhängig. Er hat sich somit des sexuellen Missbrauchs an einem Minderjährigen im Sinne des Gesetzes in einem besonders schweren Fall schuldig gemacht.

Alle setzen sich.

Armadeck: Zur Urteilsbegründung im Einzelnen. Der Aussage der einzigen Entlastungszeugin, Frau Elaine Roland, vermochte das Gericht keinen Glauben zu schenken. Dem stehen die Aussagen des Kindes, und – leider allzu spät und erst, nachdem ihm deutlich wurde, dass er nichts mehr zu verlieren hat – das Geständnis des Beschuldigten gegenüber. Und was das Hamburger Treffen betrifft, wobei Frau Roland gar keine Ahnung gehabt haben will, was "pädophil" heißt – da hat sie nach Auffassung des Gerichtes klar gelogen. Sie muss, wie die Zeugin Bachschütz sagt, gehört haben, wie der Herr Jannings dort über seine sexuellen Neigungen sprach, und sie hat sogar versucht, den Polizeibeamten Schlamperei bei der Protokollierung in die Schuhe zu schieben. Und, Herr Staatsanwalt, ich sage ausdrücklich: Das Gericht sähe es gerne, wenn Sie da entsprechende Schritte gegen die Zeugin einleiteten.

Bendt *(notiert)*: Geht in Ordnung.

Armadeck: Ich möchte nicht den Stab über den Angeklagten brechen. Das wäre sicherlich falsch, dass das einfach wäre, mit seiner Pädophilie ... diese ... Veranlagung ragt ja ganz tief in die Persönlichkeit. Zu mildernden Umständen jedoch sieht das

Gericht aus mehreren Gründen keinen Anlass: Gestanden hat der Beschuldigte erst, als er sah, dass es ohnehin keinen Zweck mehr hatte und der Zusammenbruch des Opferzeugen unmittelbar bevorstand. Wie ferner im Zuge der Verhandlung anklang, hat er bereits zu verschiedenen Zeiten mehrfach Kontakt mit Minderjährigen gesucht, so dass die Öffentlichkeit zu schützen ist. Schließlich verweigerte er es, eine Einsicht in das Unrecht seiner Tat wenigstens dadurch unter Beweis zu stellen, dass er zu einer operativen Kast ... , ich meine, Triebdämpfung einwilligt. Wie wir erfuhren, hat er ein entsprechendes Entgegenkommen wieder ausgeschlagen. Er rechtfertigt sich stattdessen. Übrigens missbilligt das Gericht nachdrücklich die Methoden der Verteidigung, den Jungen hier als Homosexuellen hinzustellen ...

In diesem Moment geht ein Aufschrei des Entsetzens durch den Saal.

INTERMEZZO

Jannings: Vier Jahre! Oh Gott ... vier Jahre ... Sie wissen doch genau, dass das nicht behandelbar ist ... dass man sich's nicht rausreißen kann ... vier Jahre ... *(Sein Blick irrt jetzt wie wahnsinnig durch die Runde, und bleibt dann hilflos auf Becker gerichtet, ungläubig)* Der ... der weiß das alles ... der will mich fertig machen ... ich soll mich kastrieren lassen ... bringt mich doch lieber um. Bringt mich doch lieber gleich um! Kurz und schmerzlos. Ich halt' das nicht mehr aus. Ich halt' das nicht vier Jahre lang aus!

Becker: Herr Vorsitzender. Ich glaube, dass das Urteil, das hier nach dem Gesetz erging, aufgrund der Vorgehensweise und der Missgunst des Vorsitzenden in Wirklichkeit den Missbrauch dieses Gesetzes darstellt. Wenn es nicht gar die Gestalt einer ernstlichen Verletzung rechtstaatlicher Spielregeln angenommen hat.

Armadeck: Darf ich den Herrn Verteidiger darauf hinweisen, dass dies hier nicht das Bundesverfassungsgericht ist? Wenn Sie Zweifel hinsichtlich des Verfahrens haben, dann steht es Ihnen frei, in Berufung zu gehen.

Becker: Oh, nicht einmal das Bundesverfassungsgericht wäre in diesem Fall zuständig! Unsere Jugendschutzgesetze folgen verfassungsrechtlich bereits dem allgemeinen Sittlichkeitsbegriff – und dessen Axiome braucht es nicht zu überpüfen.

Armadeck: Bitte stellen Sie hier nicht das Strafrecht zur Diskussion. Bedenken Sie bitte, dass es sich um sexuellen Kindesmissbrauch handelt, und der ist klar definiert.

Becker: Ja, eben. Der Gesetzgeber hat in den geltenden Gesetzen zum Schutze der sexuellen Selbstbestimmung ganz klar die Bedingungen definiert, ab wann es sich um nicht-strafbare sexuelle Beziehungen handelt, und ab wann wir hingegen von sexuellem Missbrauch sprechen. Die Gegebenheiten dieses Falles hätten dazu nicht unbedingt ausgereicht.

Armadeck: Und der Junge?

Becker: Fühlt er sich denn m i s s b r a u c h t ? Haben wir ihn gefragt?

Armadeck: Es handelt sich um ein abstraktes Gefährdungsdelikt! Insofern, als wir von Schädigungen im allgemeinen ausgehen können, bedarf es wohl nicht erst der Einschätzung des betroffenen Kindes, den Schädigungscharakter dieser Dinge vorauszusetzen!

Becker: Nun. Vielleicht fühlt sich Marc ja von uns missbraucht. Indem wir ihn dazu zwangen, uns sein Intimleben bloßzulegen – nur damit unserem Gesetz Genüge getan wird?

Armadeck: Ist ja eigentlich ein Witz, mich auf solche Spiegelfechtereien mit Ihnen einzulassen. Der Angeklagte hat den Jungen manipuliert, Sie wissen, wie manipulierbar Kinder sind! Es gibt da ganz subtile Manipulationen ...

Becker: Herr Vorsitzender, ich glaube, dass wir heute einen jungen Menschen gezwungen haben, gegen jemanden auszusagen, gegen den er nicht hat aussagen wollen. Dingen wegen, die er ihm selber gar nicht vorwirft. Einer Anzeige wegen, die der Junge – als ein von Dritten lediglich d e k l a r i e r t e s Opfer – nicht einmal selber erstattet hat. Halten Sie das für eine rechtliche Banalität?

Armadeck: Hier ist gegen die sexuelle Selbstbestimmung eines Kindes verstoßen worden!

Becker: Mir scheint, Herr Vorsitzender: Um in diesem Fall recht abstrakte Verstöße gegen die sexuelle Selbstbestimmung zu ahnden, haben wir heute gegen eine sehr viel greifbarere Form der Selbstbestimmung verstoßen. Ich möchte von Ihnen wissen, ob das Ziel einer Verurteilung meines Mandanten für so etwas eine ausreichende Rechtfertigung darstellt.

Armadeck: Sagen Sie mal, was erdreisten Sie sich hier eigentlich? Wollen hoffen, ich hab' da eben was falsch verstanden! Dieser Mann ist im Sinne des Gesetzes für schuldig befunden worden. So verlangt das unsere Sittlichkeitsgesetzgebung, und so verlangt es das Allgemeine Kulturbewusstsein. Herrgott, lesen Sie doch im Grundgesetz nach!

Becker: Und wenn sich dieses "Allgemeine Kulturbewusstsein" nun irrt – fände es dann wohl auf dem Armesünderbänklein Platz, auf dem mein Mandant jetzt sitzt?

Eisiges Schweigen herrscht plötzlich.

Becker: Herr Vorsitzender, ich bemühte mich Ihnen deutlich zu machen: Einen erzkonservativen Staatsanwalt, der eines gemeingefährlichen Sittenstrolchs habhaft werden wollte. Eine feministische Sachverständige, die ein öffentliches Exempel gegen sexuelle Männergewalt zu statuieren bezweckte; einen unparteiischen Richter, der sich als Familienvater mit dem phobischen Nebenkläger identifiziert. Und mittendrin mein Mandant. Dem man es ab einem bestimmten Punkte dann vielleicht nicht mehr so ganz verübeln kann, sollte er zwischenzeitlich die Überzeugung gewonnen haben: Dass es jeder Einzelne hier – welche Funktion er auch immer in seiner Robe bekleidet – darauf angelegt haben könnte, ihn ohne Zurücklassung seines Geschlechtsteils hier nicht mehr rauszulassen.

Armadeck: Sind Sie noch ganz bei Trost, so mit mir zu reden?

Becker: Sagen Sie bitte, Herr Vorsitzender: Wäre es I h r e Aufgabe gewesen oder meine – festzustellen, dass da etwas nicht stimmt? Welch ein Irrwitz unterschiedlichster Motive hier allesamt gegen einen einzigen Menschen gerichtet waren? Sehen S i e unter solchen Umständen die rechtstaatliche Prüfung einer individuellen Schuld noch gewährleistet?

Armadeck: Ja, sagen Sie mal ... sind Sie denn w a h n s i n n i g geworden?

Becker: Nun, das ist noch längst nicht alles: Denn da gibt es noch die Verteidigung – die bei jedem Versuch, ihre Aufgaben zu erledigen, selbst noch in die Ecke päderastischer Motive gerückt wurde, bis jeder Versuch einer Verteidigung nur noch auf meinen Mandanten zurückfiel. Und – glaubt man das! – bei all dem haben wir noch einen Kronzeugen, der keiner sein wollte, einen Kläger, der nichts beklagte, und ein Opfer, das seinen vorgeblichen Peiniger sogar noch in Schutz nahm – und zwar ohne, dass dies irgendjemandem aufgefallen wäre. Wie ist denn sowas möglich? Hätten wir uns da nicht nach Motiven zu fragen, die es ermöglicht haben, all das für etwas anderes zu halten? Oder haben wir in dieser kollektiven Blindheit vielleicht gar nach einem kollektiven I r r t u m Ausschau zu halten – betreffs der beiden Menschen, um die es da heute in concreto ging?

Armadeck: Aber was unterstellen Sie mir denn da, Sie ... Sie unverschämter Mensch! Gerichtsdiener ...

Man hört plötzlich überall das Fiepsen von Sprechfunkgeräten.

Becker: Wir ahnen, dass Menschen wie Jannings zu den Verachtetsten unseres Volkes gehören, und kein Zweifel regt sich. Wir wissen, dass wir selbst Homosexuellen oder Transsexuellen noch nicht anders als mit distanzierter Toleranz gegenüberstehen können, und dennoch maßen wir uns an, heute über Jannings unvoreingenommen vor Gericht zu sitzen – ohne die von ihnen ausgehenden Gefährdung und den Handlungsbedarf eingehender zu prüfen, als Sie es hier offenbar für nötig hielten.

Armadeck: Gerichtsdiener!

Hektisches Sprechfunkgewitter.

Armadeck: Was erlauben Sie sich! Das ist ja unglaublich, wie Sie sich hier auslassen!

Fuchs: Soundcheck ...

Becker: Ist uns denn völlig in Vergessenheit geraten, dass er und ihresgleichen bereits in den KZs ihren Blutzoll für diese Gesellschaft entrichtet haben? Hätten wir uns da nicht einer gewissen Vorsicht zu bequemen, wenn wir heute wieder undifferenziert behaupten, irgendjemand gefährdete die Jugend?

Armadeck: Ich entziehe Ihnen das Wort! Ihre Anspielungen beleidigen das Gericht ...

Elmer: Soundcheck okay. Einsatz?

Sam: As discussed.

Armadeck: Das ist ja ungeheuerlich, diese Art von Grundsatzdiskussion hier aufzuführen! Wollen Sie mir unterstellen, dass mein Urteilsspruch einen Akt von ... von Diskriminierung darstellt? *(ungläubig)* Dass ich Ihren Mandanten deswegen verurteilt habe, weil ich ... *(Hier droht ihm die Stimme zu versagen)* weil ich ihm v o r s ä t z l i c h habe schaden wollen?

Der Mann mit Hut ist von seinem Platz aufgestanden und ragt jetzt baumhoch über die Köpfe.

Becker: Ein Zernichtungswille, Doktor, wird doch dadurch nicht entschärft, dass wir nicht vorsätzlich danach handeln! Vielleicht gibt es ja einen unbewussten Zernichtungswillen, der sich nach Argumenten umschaut und unsere Handlungen lenkt. Sich rationalisiert, damit er sich vor sich selber nicht zu erkennen braucht. Damit der Wirtskörper, in dem er hockt, ihn nicht entlarven kann. Damit wir nicht vor seiner Bosheit zu erschrecken brauchen wenn wir Recht sprechen nach seinem Diktat.

Der Anwalt steht inzwischen keine zwei Meter vor dem Richter.

Armadeck: Schluss jetzt! Aus! Ich entziehe Ihnen das Wort! Sie stehen hier nicht als Vertreter der Anklage, und schon gar nicht gegen das Gericht, sondern um schlicht und ergreifend Ihren Mandanten zu verteidigen! Die Sitzung ist geschlossen, Becker!

Ein Klicken, ein Zischen – ein Flackern, ein Glimmen. Armadeck erspäht noch eben das Feuerzeug, in einer Jackentasche verschwindend. Der Richter stellt frappiert fest, dass offenbar niemand im Publikum die Aufhebung der Sitzung zur Kenntnis genommen zu haben scheint. Kleine Rauchwolken ranken sich bald beidseits des Talars an Beckers Schultern empor. Es erinnert an den Satan in Menschengestalt, dampfend emporgestiegen aus der Glut; und Satan gegenüber hockt sein erwähltes Opfer, welchem von wissenden Geistern prophezeit ward, es werde zum Teufel beten noch ehe der Tag verstrich. Der Mann vor Armadeck wechselt seltsame Blicke mit dem Staatsanwalt und der Protokollantin. Letzterer nickt er knapp zu. Wie eine Elfe wird sie gleich aufstehen und Herrn Satan seinen Aschenbecher bringen. Zu Worten ist das Opfer noch nicht fähig – doch bohren sich des Richters Augen noch immer verblüfft in das reglos verharrende Publikum. Ungläubig starrt er dann wieder auf sein Gegenüber. Eine Verwandlung hat sich dort vollzogen wie beim Wolf, der aus dem Schafspelz tritt: Tarnkapp' und ein offizielles Ich abstreifend, denn er ist der Mann mit zwei Pässen, der smarte Mensch ist einer drohend aufgerichteten Gestalt gewichen. Der inneren Wandlung wird die äußre folgen: Ein zurrendes Geräusch verrät den schwarzen Falter durch Seelennächte, der sich aus seiner Larve schält – und schon liegt ein Talar über einem Stuhl, sein Träger steht im Anzug da; vor den sich weitenden Augen des Mannes auf dem Richterstuhl, der ihn mit bodenlosem Entsetzen anstarrt. "Becker" betrachtet ihn sich stumm. Zieht dann ein Sprechfunkgerät aus dem Innenfutter.

Stecher: Mein Name ist nicht Becker, und ich stehe hier nicht als Anwalt.

*

Stecher *(ins Gerät)*: Okay. *(zu Harry hinunter ins Publikum)* Wir können anfangen. Ringlein, lösen Sie den Kollegen unten im Funkmobil ab. Bendt und die andern, Danke für's Mitspielen.

Ringlein und Bendt gehen ab. Die Schöffen stehen auf und setzen sich auf vorbereitete Plätze. Der Mann mit dem Hut stellt sich pflichtschuldigst neben die Anklagebank, dieweil Stecher Armadeck ein Papier hinüberreicht, das dieser schreckensstarr studiert.

Stecher: Ich bin autorisiert vom Justizministerium, hier eine Untersuchung durchzuführen. Wir prüfen Unabhängigkeit und Urteilsfähigkeit unserer Beamten. Dies ist eine Ernstfalluntersuchung. Wir sind autorisiert, einzuschreiten, wenn sich aus dem Vorfeld eines Verfahrens oder der Verhandlungsführung begründete Zweifel für uns ergeben. Ich muss Sie darauf hinweisen, dass Sie zur Zusammenarbeit verpflichtet sind. Sie sind gehalten, unsere Fragen zu beantworten. Harry, erklären Sie's ihm.

Die Türen öffnen sich, und zwei Sekunden später scheint es im Saal von Männern in blauen Monteursanzügen nur so zu wimmeln. Die Techniker bringen eine zerlegbare Videokamera herein und installieren sie. Tonbänder werden hereingebracht und angeschlossen. Unmittelbar darauf kommen die Magnetspulen. Sam fährt einen offenen Szenokasten auf einem Rolltischchen herein und postiert diesen neben der Anklagebank. Elmer bringt einen mit einem schwarzen Tuch abgedeckten Kasten und stellt ihn dazu. Fuchs stellt einen Tisch vor das Richterpult. Der Mann mit dem Hut ergreift das Wort.

Harry: Die Kommission handelt im parlamentarischen Auftrag. Man hat ihr einen internen Bericht vorgelegt, von dem wir augenblicklich nicht so recht wissen, ob und wie wir ihn in der Öffentlichkeit schmackhaft machen sollen. Die Kommission kommt zu dem Schluss, dass die gesetzlichen Änderungen im Sexualstrafrecht durch die Bundesregierung seinerzeit nicht unter den ... besten Voraussetzungen entstanden sind.

Armadeck: Davon habe ich gehört, ja. Aber was, um Himmels Willen, hat das alles eigentlich mit mir zu tun? Sagen Sie mir das doch endlich!

Harry: Nachdem diese Gesetze nun einmal stehen, Doktor Armadeck, sehen wir uns genötigt, wenigstens ihre Umsetzung zu überprüfen, eine Bestandsaufnahme vorzulegen, und, wo nötig, auch die Entfernung ungeeigneter Personen vom Amt zu veranlassen.

Armadeck: Ah. Würden Sie mir freundlicherweise noch erklären, wieso ausgerechnet i c h in den Genuss Ihrer engeren Wahl gekommen bin?

Harry: Wir wissen, dass unsere Gesetze zum Schutze der sexuellen Selbstbestimmung in bestimmten Händen eine gewisse Gefahr darstellen können – nachgerade vor dem Hintergrund einer gewissen ... Psychologie bei denen, die sie anwenden. Außerdem gibt es ... gewisse Merkwürdigkeiten in Ihrer Biographie. Nicht Ihre Schuld, Doktor Armadeck. Der Fall hat seine Besonderheiten.

Der wissenschaftliche Berater nimmt jetzt von einem der Techniker ein Metallkästchen in Empfang. Er öffnet es vorsichtig und befördert ein kleines, ovales Metallgerät an einem schwarzen Gummiband heraus.

Harry: Dürften wir Sie bitten, Doktor, diese kleine Sonde an Ihre Armbeuge anzulegen, bevor wir starten? Es ist ein Gerät zur Messung Ihrer Galvanischen Hautreflexe.

Armadeck: Sie wollen sagen, das ist ein Lügendetektor. Ich bin nicht von gestern.

Harry, in seiner behutsamen Art, lächelt etwas säuerlich, korrigiert ihn jedoch nicht.

Harry: Darf ich's Ihnen anlegen? Sie können sich jederzeit frei damit bewegen, und Sie werden von seiner Mess- und Übertragungstätigkeit nichts merken. D a z u können wir Sie allerdings nicht zwingen. Es ist Ihre Entscheidung.

Edmund Armadeck fährt sich durchs aschblonde Haar über dem hageren Gesicht, rückt seine Brille zurecht und blickt gequält auf das kleine flache Metalldöschen an dem Gummiband auf Harry's Handteller. Keuchend knöpft er den Hemdsärmel auf und macht den Unterarm frei.

Armadeck: Aber nur keine Hemmungen, meine Herren! Es soll mir hier doch niemand nachsagen können, der gute, alte Edmund hätte irgendetwas zu verbergen, nicht wahr?

Er lacht bitter. Es fällt auf, dass im Zustand starker innerer Erregung sein fränkisches Idiom die Oberhand über sein Hochdeutsch gewinnt. Elmer tritt an Stecher heran.

Elmer: Was ist mit dem Jungen?

Karl Laim: Ja, was ist mit uns?

Stecher *(unwirsch)***:** Ich will, dass jetzt nichts mehr ohne den Jungen geschieht.

Marc: Ich möcht' lieber hier bleiben. Hier oben bei euch. Da seh' ich mehr.

Stecher: Sam, Sie sind mir persönlich dafür verantwortlich, dass der Junge raus kommt, wenn's ihm zuviel wird.

Sam bezieht gehorsam Posten, Elmer verschwindet hinten links in der Tür. Die übrigen Techniker verteilen sich jetzt im Auditorium. Walter hat Stecher derweil ein kleines Empfangsgerät gereicht, das er sich jetzt ans Ohr steckt. Er macht sich bei Walter kundig, wer drüben am Display sitzt. Dann wendet er sich über den Sprechfunk an den benannten Dr. Hoffert und fordert: "Standardreport alle fünf Minuten" und "bei jeder überkritischen galvanischen Hautreaktion". Er reißt sich jetzt los und steht auf.

Stecher: Kraft mir erteilter Vollmacht, mit Verfügung vom vierzehnten März Zweitausend ..., erkläre ich die Rechtswirksamkeit des Verfahrenstermins, Strafsache Land Thüringen gegen Jannings vom elften November zweitausend ..., für aufgehoben. Das Prüfungsverfahren gegen Zielperson V zweihundertdreiundsiebzig laut Aktenkennung ist eröffnet.

Und dann, mit der barschen Rigorosität seines abgründigen Gewerbes, verliest er eine Schrift, welche dem Richter für einige Sekunden jegliche Farbe aus dem Gesicht schwinden lässt.

Stecher: Es wird unterstellt: Dass ein absichtsgeleiteter Vernichtungswille das deklarierte Opfer in oben genannter Strafsache dazu missbraucht hat, gegen den Verdächtigen des Verfahrens außerrechtlich vorzugehen. Dass unter Missbrauch der Strafprozessordnung außerrechtliche Argumente beschafft werden sollten, um diesem Vernichtungswillen sachliche Rechtfertigung zu verleihen. Dass die Strafprozessordnung zu diesem Zweck mit klarem Vorsatz gebeugt, und dass amtsmissbräuchlich beweisgeführt wurde. Ziel der Schädigung war die Inhaftierung und die Kastration dieser Person..

Stecher tritt jetzt für einen Augenblick von seinem Pult hervor, und wendet sich ans Auditorium.

Stecher: Wie aber könnten wir einen derartigen Impuls enttarnen – gesetzt den Fall, er existiert? Wie könnten wir auf einen solchen Dämon stoßen? Wie können wir ihn freilegen, ihm gewissermaßen seine Maske vom wüsten Gesicht reißen, damit er sich uns allen unverhohlen zeigt?
Das beste wäre natürlich, in uns hineinzuhorchen, ob wir ihn flüstern hören. Ob er tief da drinnen vielleicht gar brüllt. Aber das hieße, seine Intelligenz zu unterschätzen, mit der er sich uns entziehen würde. Mag er auch da drinnen giften und toben, so ist ihm doch Sprache gegeben, mit der er sich äußern wird, und wir wissen, dass die Kunst der Sprache auch die Kunst der vorgefassten Absicht ist, die etwas erreichen will. Sei sie nun voller Heimtücke oder von kindlicher Reinheit – wir könnten's kaum entscheiden.
Wir können den Dämon auch verschrecken, ihn erschüttern – ihn mit extremen Phrasen aufreizen und in die Ecke treiben, bis er sich als das Monster zeigt, das er ist. Aber wie können wir ihn ausmachen?
Sie kennen das vielleicht: Man verspricht sich, wählt hier und da vielleicht das falsche Wort aus, aus dem wir ihn herausgurren hören können. Da heißt es die Ohren spitzen, was seine unschuldigen Worte uns Unausgesprochnes offenbaren. Oder unachtsam oft, wie's scheint, übersieht man etwas, das man in der

zittrigen Luft hätte wittern können, wenn es Ihm in den Kram passen würde.
Vielleicht glauben wir auch manchmal aus Gründen, die wir nicht enträtseln können, allzu vorschnell an nur eine von zwei Möglichkeiten – obwohl die andere doch nicht weniger wahrscheinlich ist, und wundern uns dann nicht, warum wir das tun. Vielleicht bauen wir auch – wo die unliebsamere Erklärung einfach ist – komplizierte Konstruktionen, um was der Dämon glauben machen will zu stützen.

Armadeck hockt blass an dem kleinen Tischen, das eigens für die Befragung aufgestellt ward. Stecher steht gedankenversunken vor dem kleinen Fenster zum Innenhof. Allen den Rücken zukehrend, starrt er hinaus.

Stecher: Sehen Sie Ihren Dämon, Armadeck?

Er löst sich aus seiner Erstarrung und dreht sich um.

Stecher: Sehen Sie Ihren Dämon?

Teil II

INQUISITION

BASELINE

Stecher: Sie sind Edmund Cornelius Armadeck?

Armadeck: Ja.

Stecher: Geboren neunzehnhunderteinundvierzig in Unterwiesenau?

Armadeck: Ja.

Stecher: Wo studiert?

Armadeck: In München.

Stecher: Kräftig Salamander gerieben?

Armadeck: Ja. *(lacht etwas gezwungen)* Und sicherlich auch so manchen Schmiss.

Stecher: Kinder?

Armadeck: Aus zweiter Ehe, ja. Zwei.

Stecher: Söhne, Töchter, und wie alt sind diese?

Armadeck: Einen Sohn. Vierzehn. Und eine Tochter, elf.

Stecher: Sie leben mit Ihrer Familie zusammen?

Armadeck: Ja.

Stecher *(freundlich)*: Alle wohlauf?

Armadeck: Ja, danke.

*

Stecher: Sind Sie – oder waren Sie jemals – Mitglied einer politischen Partei?

Armadeck: Abgesehen von meinen ersten Jahren war ich stets Nonkonformist.

Stecher: Was meinen Sie mit "den ersten Jahren"?

Armadeck: Nun, meine Erziehung war streng religiös. Daher stand ich dem konservativen Spektrum sicherlich näher als der politischen Konkurrenz.

Stecher: Ich darf Sie nicht fragen, in welcher Partei Sie gegenwärtig sind, Doktor Armadeck, aber sagen Sie ... zieht es Sie da nicht ein klein wenig in Ihre alte geistige Heimat zurück – jetzt, wo man Sie in Bayern will?

Der Richter erstarrt.

Armadeck: So, dass ... so, dass ich den Mann vorhin gar nicht hätte laufen lassen können, um mich dort zu empfehlen. Meinen Sie d a s ?

Stecher: V o r s i c h t , Doktor.

Armadeck zuckt leicht zusammen.

Stecher *(ohne aufzusehen)***:** Ich bin nicht die Katze, die sich Schellen umhängt, wenn sie eine Maus fangen will. Und g a n z s i c h e r werde ich mich nicht ausgerechnet mit der Gans über die Gestaltung des Weihnachtsfests unterhalten.

Armadeck glüht für eine Sekunde unter einem beängstigend brennenden Blick.

Stecher: Wir haben hier eine ganze Reihe möglicher außerrechtlicher Motive abzuklären. Inclusive der Angst, morgen in der BILD-Zeitung zu stehen als der Mann, der milde Skandalurteile verhängt. *(wieder freundlich)* Und empfohlen, Doktor, wenn Sie so wollen; e m p f o h l e n werden Sie dort doch durch ganz andere Dinge. Nicht wahr?

Er nickt ihm aufmunternd zu, und den Richter überläuft es eiskalt.

*

Stecher: Sind Sie – oder waren Sie jemals – Mitglied der Kirche?

Armadeck: Mein Vater war protestantischer Pastor. Als junger Mann und in den ersten Jahren nach meinem Studium war ich eine Zeitlang im Christlichen Verein Junger Männer.

Stecher: Wann schlossen Sie Ihr Studium ab?

Armadeck: neunzehnhundertfünfundsechzig.

Stecher: Standen Sie auch nach neunzehnhundertachtundsechzig noch dem konservativen Spektrum nahe?

Armadeck: Ja, ich ... ich glaube.

Stecher: Als die später inkraftgetretene liberale Strafechtsreform im Parlament diskutiert wurde?

Armadeck: Ich denke, ja.

Stecher: Also auch zu dem Zeitpunkt, als Menschenrechtler und Wohlfahrtsverbände zum Beispiel die Freilassung Homosexueller aus unseren Gefängnissen forderten, und als die Einrichtung des etwas humaneren Paragraphen einhundertfünfundsiebzig parlamentarisch diskutiert wurde?

Armadeck: Das besagt doch nichts.

Stecher: Nein. Sicherlich. Das besagt noch nichts.

*

Stecher: Doktor Armadeck, uns liegt ein Schreiben von Anfang der Neunziger Jahre vor – jener Zeit also, als in Bonn über die Streichung des alten Paragraphen einhundertfünfundsiebzig und die Schaffung einer neuen Jugendschutzvorschrift zum Schutze der sexuellen Selbstbestimmung verhandelt wurde. Zwei Ihrer Kollegen hatten eine Petition an den damaligen SPD-Bundestagsabegeordneten Gerhard formuliert.

Armadeck: Doktor Hoyer und Doktor Lloyd, ich erinnere mich.

Stecher: Erinnern Sie sich noch, worum es in dem Schreiben ging?

Armadeck: Nun ... es gab damals verschiedene Gerüchte ... soweit ich mich erinnere, hatten sie eine bestimmte Auffassung davon, nach welchem Prinzip in den entsprechenden Koalitionsrunden über die Beibehaltung der Strafverfolgung im Offizialverfahren verhandelt worden sein soll. Außerdem ... der Homosexuellenparagraph einhundertfünfundsiebzig stand seit der Wiedervereinigung ja zur Disposition, die DDR hatte sowas nicht. Es wäre sensu Ostgesetzbuch darauf hinausgelaufen, für Jungs ebenso wie zuvor schon für Mädchen einfach die Vierzehnjahresgrenze gelten zu lassen, statt bisher achtzehn Jahre. *(lacht)* Die war ja bei den Jungs nicht als Schutz vor Verführung durch Ferienmütter so hoch, bekanntlich.

Stecher: Erinnern Sie sich noch an den Inhalt des Schreibens?

Armadeck: Die beiden beschwerten sich darüber, dass die Verhandlungen nicht einer juristischen oder fachlichen Diskussion folgten, sondern dass darüber nach rein parteipolitischen Gesichtspunkten verhandelt worden sei.

Stecher: In welchem Zusammenhang?

Armadeck: Nun, wie gesagt, neben der Gleichstellung der männlichen Schutzaltersgrenze ging es darum, ob es künftig aufgrund gewisser Vorkommnisse in der Rechtspraxis möglich gemacht werden solle, dass eine überstürzte Anzeige notfalls von den erstattenden Sorgerechtspersonen wieder zurückgenommen werden kann. Wenn Eltern zum Beispiel durch die in Gang gekommene Strafverfolgungsmaschinerie ernstlichen Schaden für ihr Kind befürchten. Und dass der behördliche Gang der Dinge dann also in solchen Fällen zugunsten von außergerichtlichen Lösungen gestoppt werden kann. Die CSU hingegen pochte auf die unnachgiebige Verfolgung im Offizialverfahren. Hoyer und Lloyd monierten, dass Entschlüsse von derartiger Tragweite von der CDU "nicht als interfraktionelle Entschädigung dafür gehandelt werden sollen, dass die CSU bei der Abtreibungsfrage zu kurz kam". Sie nannten das Kuhhandel. Weiß immer noch nicht, ob's stimmt. *(mit gesenktem Blick)* Stimmt's denn?

Stechers Gesicht ist hierüber ungefähr so aufschlussreich wie das der Sphynx.

Stecher: Soweit wir unterrichtet sind, wandten sich die beiden auch an Sie.

Armadeck: Sicher, sie sind ja damit durch's ganze Haus gelaufen.

Stecher: Haben Sie es unterschrieben?

Armadeck: Habe ich nicht.

Stecher: Warum nicht?

Armadeck: Ach ... mir hing diese dreißig Jahre alte Debatte irgendwann zum Halse raus. Ich glaube schon, dass wir vor Gericht beurteilen können, ob einer das Mädel gern hatte, wegen dem er angezeigt worden ist.

Stecher: Auf dem Papier fand sich nur der Name Doktor Hoyers.

Armadeck: Lloyd hat den Rückzieher gemacht.

In des Richters Gesicht arbeitet es plötzlich unruhig.

Armadeck: Lloyd ... dieser Phantast! ... Er glaubte am Schluss sogar beweisen zu können, dass es kein Zufall war, wenn das Missbrauchsthema ab dem selben Zeitpunkt öffentlich überall in den Medien aufgekocht worden ist'als auch der erste konservative Referentenentwurf zur Rechtsangleichung des Homosexuellenparagraphen in die Beratungen kam. Nur um den ging es ja auch juristisch seit der Wiedervereinigung, in dem Punkt hatte er allerdings schon recht ...

Er lacht nervös.

Armadeck: Er warf den Konservativen vor, diese Rechtsangleichung im Homosexuellenstrafrecht für's Wahljahr medienwirksam in eine Antimissbrauchsinitiative umzutaufen, nur um sein Schutzaltersfragment Vierzehn-bis-sechzehn zu retten, und um diese höhere Schutzaltersgrenze für Jungs jetzt auch für Mädchen ausgangs der Pubertät einführen zu können. Jungen Frauen, wenn man so will, und merkwürdigerweise ohne dass man andernorts schon bestehende Paragraphen für Nötigung, Erpressung, Körperverletzung, Vergewaltigung und dergleichen dafür herangezogen hätte, um wirklich sexuelle Gewalt zu ahnden – und nicht etwa Romanzen zwischen Schülerinnen und Lehrern mit Freiheitsstrafen zu belegen. Soweit hatte er meine Sympathie, aber Lloyd ... er hätte sich doch weißgott vorsichtiger ausdrücken können! Die "Partei der alten Leute" bedient "die überalterte Gesellschaft" mit "Moralpositionen aus der Nierentisch-Ära" und "nicht mal der Spiegel merkt's vor lauter Missbrauchsvoyeurismus". Er war nicht zu bremsen. Er hat immer nur gehetzt. "Die CDU inszeniert den epochalen Tabubruch", "Achtzig Millionen alles plötzlich aufgeklärte Tabubrecher", die "kinderfeindliche Gesellschaft wird über Nacht zur IRA für Kinderrechte – durch einen emotionalistischen Trick der Presseabteilung der Herren Kohl und Kinkel".

Stecher: War das der einzige Kritikpunkt?

Armadeck: Mitnichten. Der ganze Lloyd war Kritik. Fragte zum Beispiel, was das "für ein komisches Tabu ist und was für 'ne allgemeine Verdrängungshaltung", die "in den Hauptsendezeiten und auf Titelseiten Woche für Woche die Einschaltquoten und Verkaufszahlen hochjagt". "Kein Kaufmann", so Lloyd, "würde doch eine Ware ausgerechnet noch ins Schaufenster stellen, wenn sie so wenig gefällt". Oder: Dass die CDU den Wegfall des Fragments Sechzehn-bis-achtzehn im Hundertfünfundsiebziger später als historische prohomosexuelle Befreiungstat feiern ließ. Lloyd hat das nur als grandiose Über-den-Tisch-Ziehung der Öffentlichkeit bezeichnet. De facto war seit Jahren kein Homosexueller mehr damit verurteilt worden, das wusste man aber nur als Jurist, kritisch war ja eben gerade Vierzehn-bis-sechzehn.

Stecher: Welche Risiken?

Der Angesprochne starrt plötzlich wieder beunruhigt vor sich hin und sinniert.

Armadeck: Funktionalisierung von Opferzeugen, Einbruch der Justiz in Pubertätsentwicklungen, Außerachtlassung von Eigenantrieben Jugendlicher, gerade in dieser Altersgruppe, andre tragische Verwicklungen ... merkwürdig konnt's schon aussehen, freilich ... seit neunundachtzig stand die Rechtsangleichung an, wieso brachte man die zum Hundertfünfundsiebziger erst zweiundneunzig, kurz vor der Wahl, auf's Tapet ... und, zugegeben ... man hätte dem Stammwähler damals kaum erklären können, wieso ausgerechnet eine CDU-Regierung pubertierende Buben zum Freiwild für Homosexuelle erklärt. Lloyd aber lachte bloß drüber. Dann will er festgestellt haben, dass die entsprechenden Horrorstatistiken über Kindesmissbrauch aus dieser Zeit größtenteils sogar Auftragsforschungen des CDU-Familienministeriums waren, um den Kollegen im FDP-Justizministerium bei diesem Ettikettenschwindel, wie er's nannte, propagandistische Schützenhilfe zu leisten, damit in der Öffentlichkeit keine Fragen gestellt werden. Es hatte dort ja um Kindesmissbrauch zu gehen. Für diese "Öffentlichkeitskosmetik", so Lloyd, habe man plötzlich auch gezielt bestimmte Frauenforschungseinrichtungen finanziell gefördert, sämtliche regierungsnahen Sender des Kirch-Konzerns eingeschworen, und medienwirksam auf feministische Aktivistengruppen gesetzt. "Kinderpluspunkt mal Perversenbonus gleich Potenzierung von Stimmvieh im Wahljahr", "als emotionalstes aller Rechtsangleichungsprojekte dazu von Anfang an auch entsprechend terminiert". So hat er das ausgedrückt.

Stecher: Das ging Ihnen dann zu weit.

Armadeck: Ach ... für mich war das verschwörungstheoretischer Unsinn! ... Außerdem ... denken Sie doch mal ... eine.. mickrige Gruppe von Juristen, die sich öffentlich um die Aufweichung von Gesetzesvorschlägen bemüht, die dem Schutz vor sexuellem Kindesmissbrauch dienen sollten ... *(schnauft schwer; plötzlich wütend)* Ja, was glauben Sie denn, als was die uns hingestellt hätten? Als ... als ... Kinderschänderlobby?!

Armadeck starrt ihn für einen Augenblick ebenso überrascht wie furchtsam an.

Stecher: Was geschah mit Doktor Lloyd? Warum unterschrieb er am Ende sein eigenes Papier nicht?

Der Angesprochene mustert melancholisch seine Fingernägel.

Armadeck: Lloyd war schwul. Und er hatte das Gefühl, dass das plötzlich zuviele wussten.

*

Erzähler: Es mochte irgendetwas an der Betonung gewesen sein – vielleicht kaum mehr als ein Anflug von Befremden, wie er hier über die Tragödie eines Kollegen sprach, mit dem er ja doch immerhin seit Jahren engstens zusammengearbeitet hatte. Jedenfalls war es etwas, wofür wir mittlerweile eine gewisse Intuition entwickelt hatten, so dass es auch uns nicht ganz entging. Und was Stecher – zunächst unschlüssig abwägend, wie weiter zu verfahren sei – veranlasste, jetzt eine andere Saite aufzuziehen.

Stecher: Doktor Armadeck, es ist mir ziemlich egal, welche Schlüpfrigkeiten Ihnen zuhause vor den Kindern am Frühstückstisch entrutschen. Solange Sie mit m i r über solche Dinge sprechen, benutzen Sie gefälligst ein anderes Wort.

Armadeck *(zu Tode erschrocken)*: Aber ... ich dachte, der Ausdruck sei inzwischen gemeinhin akzeptiert? Er ist doch schon fast amtlich geworden ...

Stecher: Wir können uns hier bestens über Ratten und Läuse unterhalten, Doktor Armadeck, und uns prächtig über diese Wunderwerke der Natur verstehen – mit dem trotzdem nicht erweislichen Unterschied allerdings, dass Sie sie ziemlich widerlich finden könnten und ich sie ganz possierlich. Jedenfalls werden Sie sich im Rahmen dieser Befangenheitsprüfung mit mir nicht auf einen Begriff einigen, den Nazis und Libertins auf die selben Menschen anwenden – so dass keiner der Betroffenen weiß, ob er gerade hundsgemein beleidigt oder liebevoll damit bedacht worden ist. Wertneutral zwischen der schwülen Feuchtwetterlage und dem warmen Bruder. Ich dulde hier keinen "akzeptierten" Allerweltszynismus.

Er betrachtet ihn sich stumm und wartet offensichtlich auf eine Reaktion.

Stecher *(wieder versöhnlich)*: Schauen Sie, ich kannte einen, der hat fast seinen Verstand verloren über dem Gedanken, dass dieses amtlich gewordene Bahnhofsklowort e r sein sollte. War übrigens der einzige, der jemals den Kopf für mich hingehalten hat. Hab' erst später begriffen, warum. *(ohne ihn aus den Augen zu lassen)* Er ist tot.

Armadeck: Das ... tut mir Leid.

Stecher: Nehmen Sie ... nehmen Sie "homosexuell". Reduziert ein Gefühlsleben wenigstens eindeutig auf den niedrigen Instinkt.

Armadeck *(irritiert)*: Ganz, wie Sie wollen ...

Stecher *(grinst)*: Hilft beim Nachdenken. *(schaltet das Sprechfunkgerät wieder an)*. Baseline Stop.

VON DER KUNST, EIN SPARSCHWEIN ZU SCHÜTTELN

Erzähler: Die ersten skeptischen Blicke. Was hatten wir schließlich schon? Gut, eine Vorgeschichte, zum Teil Jahrzehnte zurückliegend. Ein Muster, was seine Urteilsbildung beflügelte, und was sie hingegen links liegen ließ. Unscheinbare Reaktionen aus dem Prozess, oder vielmehr: Nichtreaktionen – kleine Unterlassungssünden, die einem geklärteren Charakter nicht unterlaufen wären. Einen Moment pathetischer Ereiferung, zu dem er sich durch Ringlein hatte provozieren lassen; der wie ein verbissenes Erinnern, wie eine Selbstbeteuerung anmutete – und strenggenommen auf einen unbewältigten inneren Konflikt hinwies. Aber bis dato hatten wir nichts wirklich Handfestes, was Stechers sonst so untrüglicher Intuition recht gegeben hätte. Stecher wäre allerdings nicht er selber gewesen, hätte er nicht gewusst, auf welchem Acker er zu graben hätte. Und so beschloss er jetzt ein abermaliges Andrehen der Schraube.

Stecher: Seien Sie versichert, Doktor Armadeck: Ich persönlich habe nichts gegen Sie. In der Tat habe ich noch kaum eine Biographie erstellt, in der so klar zutagetrat, wie sich einer immer gewissenhaft um das Beste bemüht hat.

Armadeck: Danke.

Stecher: Was einem an dieser Biographie besonders imponiert, ist, wie unerschrocken Sie sich in den zurückliegenden Jahrzehnten immer darum bemüht haben, das Sexualstrafrecht mit sittlichem Geist und juristischem Leben zu füllen, in des Wortes schönster Bedeutung.

Armadeck: Man bemüht sich immer redlich.

Stecher: Sie können sich sicher vorstellen, wie unangenehm es einen berührt, dies redliche Bemühen gerade in einer solchen Biographie an ein oder zwei Stellen ... nun ja ... beschmutzt zu finden ...

Armadeck: Ja, aber ... in was für Punkten denn ... !

Stecher: Doktor Armadeck, haben Sie jemals Gewaltfantasien gegen jemanden entwickelt, über den Sie persönlich zu richten hatten?

Armadeck: Nicht, dass ich wüsste.

Stecher: Nun, vielleicht ist Ihnen da etwas entfallen ... na ja, ist ja auch schon einige Zeit her ...

Er schlägt eine Akte auf.

Stecher: Im Mai neunzehnhundertsiebenundneunzig sollen Sie in einer Beratungspause gegenüber Schöffen folgende Äußerung getan haben: "Ich verstehe nicht, warum der Junge den Mund nicht aufmacht. Wenn mich als Junge so ein Homo angesprochen hätte, dann hätte ich ihm doch in die Eier getreten."

Armadeck *(verdutzt)*: Wie bitte?

Stecher: Haben Sie das gesagt?

Armadeck: Nein, nein, mit Sicherheit, nein!

Stecher: Denken Sie nicht doch lieber noch einen Augenblick drüber nach?

Armadeck: Ich habe so etwas nie gesagt. Ich habe so etwas niemals gesagt!

Stecher: Und wenn wir Ihnen gleich den Herrn vorstellen, der es damals mitangehört hat?

Armadeck: Aber ... das kann doch nicht sein! Gut, hin und wieder macht man seinem Unmut Luft ... höchstens es handelt es sich um etwas ähnlich Flapsiges aus meiner Anfangszeit. Damals hab' ich vielleicht schon ein wenig extrem gedacht. Aber so eine Bemerkung ... nein. Nochmals: Nein.

Stecher macht ein Handzeichen. Einer der Techniker verlässt den Raum, und kehrt kurz darauf mit einem graumelierten Herrn zurück, den Armadeck augenscheinlich nicht erkennt.

Stecher: Soll er's Ihnen sagen, oder wollen Sie ...

Armadeck: Ich kenne diesen Menschen nicht! Obwohl ... wenn ich mir den Bart wegdenke ... kann schon sein, dass wir mal zusammengearbeitet haben.

Stecher: Herr Thooms. Der Herr Doktor erkennt Sie nicht. Würden Sie ihm bitte sagen, wer Sie sind.

Thooms: Wilfried Thooms. Steuerberater. Ich war Schöffe am Landgericht Frankfurt am Main, als Doktor Armadeck dort noch wirkte. *(knetet verlegen seinen Hut in der Hand)* Tach, Herr Dokter.

Er nickt dem Richter schüchtern zu.

Stecher: Könnten Sie uns bitte mal die Äußerung wiedergeben, deretwegen wir Sie eingeladen haben, Herr Thooms?

Thooms: Der Doktor sagte einmal anlässlich eines Strafverfahrens im Beisein von mir und einer Dame, er verstehe nicht, "warum der Junge nichts sagt"; wenn ihn so ein "Homo" angemacht hätte, dann hätte er ihm wohingetreten.

Stecher: Und Sie haben das nicht gesagt?

Armadeck: Nein, nein, nein, da muss eine Verwechslung vorliegen, das ist doch nicht wahr!

Stecher: Hat er es gesagt, Herr Thooms?

Thooms: Er hat es gesagt.

Stecher: Er sagt, Sie hätten es gesagt.

Armadeck: Ach Gott ... sagen Sie, Herr Thooms, wann soll das denn genau gewesen sein, bei welcher Strafsache?

Thooms: Es ging damals um einen amerikanischen Armeeoffizier, der sich in Deutschland niedergelassen hatte. Sein Name war Ames.

Stecher fixiert den Richter jetzt ausgesprochen missmutig. Wartet noch ab. Armadeck rührt sich nicht; weicht dem unangenehmen Blick aus. Er wirkt, als sei ihm das Blut gefroren.

Armadeck: Ich habe das nicht gesagt.

Stecher: Sie haben es n i c h t gesagt?

Armadeck: Ich habe das nicht gesagt!

Stecher: Sie haben es nicht gesagt!

Armadeck: Ich hab's nicht gesagt, um Himmels Willen, ich bin sicher, hier liegt eine Verwechslung vor, wenn Sie's doch bitte, bitte noch mal nachprüfen, oh Gott, oh Gott, oh Gott, ich habe das nicht gesagt, wenn ich sowas jemals von mir gegeben hätte, dann hätte ich doch nie ...

Stecher: Doktor!

Der Richter besinnt sich.

Stecher: Sie haben es n i c h t gesagt.

Armadeck starrt ihm völlig frappiert ins Gesicht.

Stecher: Es ist alles in Ordnung, Sie haben es nicht gesagt. – Danke, Herr Thooms.

Der Mann wird wieder hinausgeführt.

Stecher: Gesagt hat es aber ein Kollege von Ihnen. Aus Frankfurt.

Für einen Augenblick treten dem Inquirierten fast die Augen aus den Höhlen.

Stecher: Sie nahmen Ihren Kollegen in Schutz. Es sei völlig abwegig, irgendeine Form von Befangenheit anzunehmen – nur, weil jemand seinem Unmut Luft gemacht habe.

Dr. Armadeck scheint sich erst mühsam wieder darauf zu besinnen, wo er sich befindet. Angeschlagen beschattet er die Augen mit der rechten Hand. Sein surrealistischer Albtraum hat begonnen.

Stecher: Schauen Sie, Doktor, wir stehen vor einer schwierigen Aufgabe. Wir haben zu untersuchen, ob Sie etwas derartiges auch nur ansatzweise gedacht haben könnten, als Sie vorhin während der Beratung Ihr Urteil beschlossen. Sie wissen sicherlich aus eigener Erfahrung, wie schwer es ist, das, was jemand gesagt hat, auch zu beweisen – ganz besonders dann, wenn er es nicht gesagt, sondern es nur g e d a c h t hat.

*

Stecher: Haben Sie jemals entmenschlichende – oder menschenverachtende – Sprache benutzt für Menschen, über die Sie von Amts wegen zu richten hatten?

Armadeck: Dessen ... wäre ich mir ... zumindest nicht bewusst ... (*Stecher winkt knapp der Protokollantin zu, woraufhin diese ein Schriftstück verliest*) "Wir, die G-Zwölf, ein Zusammenschluss rechtskonservativer bayrischer Juristen, unterstützen hiermit nachdrücklich den Vorstoß unseres Ministerpräsidenten im Bundesrat, künftig die pharmakologische Zwangskastration von Pädophilen rechtlich praktikabel zu machen. Wir erinnern die Fraktion an das Abschlusskomuniquee der Stockholmer Kinderkonferenz 1996 und die mitfederführenden Regierungsmitglieder Klaus Kinkel und Claudia Nolte. In voller Übereinstimmung mit dem verabschiedeten Text sind wir der Ansicht, dass es sich bei diesen pädophilen Elementen um ein wucherndes Krebsgeschwür der westlichen Industriegesellschaften handelt, das es mit a l l e n   M i t t e l n zu bekämpfen gilt."

Stecher betrachtet sein Gegenüber mit ungeteilter Aufmerksamkeit. Nicht die leiseste Reaktion ist auf des Richters Antlitz zu erhaschen. Ein knappes Nicken, und die Protokollantin fährt mit der Verlesung fort.

"Nachdrücklich sprechen wir uns daher auch gegen gefährliche linkslibertinäre Gesinnungen von Gegnern der gestarteten Regierungskampagne der CDU/FDP gegen sexuellen Kindesmissbrauch aus. Die massenhafte Zunahme von Kindesmissbrauch ist direktes Ergebnis der seit den Siebziger Jahren in Mode gekommen, permissiven Ethik einer Duldung sexueller Degeneriertheit. Diese sogenannte "sexuelle Aufklärung" vergangener Jahrzehnte ist ursächlich für das Erscheinen dieser Perversen verantwortlich, und hat die stetig wachsende Zahl von Kinderschändungen erst möglich gemacht. Im Namen des Deutschen Volkes bitten wir mit unserer Petition, sich bei der Entscheidung über den Vorstoß des bayrischen Ministerpräsidenten nicht von solchem Gedankengut beeinflussen zu lassen. Moralische Lockerung ist Ursache der epidemiehaften Vermehrung pädophiler Kinderschänder. Das Wohl unserer Kinder und unserer Familien ist in Gefahr."

Stecher: Was halten Sie davon, Doktor Armadeck?

Armadeck: Nun ... abgesehen von der ziemlich markigen Sprache ... fände ich es ... nun ja, etwas kritisch, den Begriff "Pädophilie" so allgemein für das zu benutzen, worauf die Bundesratsinitiative urprünglich abhob ... gemeint waren ja ursprünglich die Psychopathen, Vergewaltiger und Sexualmörder unter ihnen. Ich denke ferner, das mit der ständigen Zunahme war wohl nicht ganz richtig. Jedenfalls verzeichnete – soweit ich weiß – das BKA im Erfassungszeitraum zwischen neunzehnhundertdreiundsiebzig und vierundachtzig statistisch ja eine Abnahme solcher Delikte ... ach ja, und unter den Vergewaltigern und Sexualmördern von Kindern sind Pädophile im engeren Sinn statistisch sogar eher unterrepräsentiert, liest man inzwischen, und ...

Stecher: Haben Sie d i e s e n Brief unterschrieben, Doktor Armadeck?

Der Richter erstarrt einen Augenblick. Ratlos. Hilflos.

Stecher: Haben Sie einen Brief unterschrieben mit dem Ausdruck "wucherndes Krebsgeschwür" für Menschen mit einer seelischen Störung?

Langsam blickt er unter sich. Stumm nickt er nur. Sein Gesicht ist aschfahl.

Armadeck: Es ... es hätte sich seinerzeit sehr ... unvorteilhaft und ... .wohl auch ... seltsam ausgenommen, hätte ausgerechnet ich ... mit meiner langjährigen Erfahrung zumal ... den unberührten Ignoranten abgegeben ... ich bitte Sie inständig, mich darin jetzt nicht vollends zu meinen Ungunsten – und das hiesse: völlig falsch – zu verstehen ...

Stecher: Wir verstehen Sie vortrefflich, Doktor. Was sagte denn Ihr Kollege Lloyd dazu?

Armadeck: Lloyd ... Lloyd war zu diesem Zeitpunkt nicht mehr am Leben.

Stecher: Ist er auf dem Aschenbecher ausgerutscht und aus dem Bürofenster gefallen?

Armadeck: Nein ... meine Güte, wieviel wissen Sie eigentlich ... *(nach Atem ringend)* er ... er erschoss sich ...

Stecher: Ach Gottchen! Wieso das denn?

Armadeck *(keuchend)*: Jemand, der sich durch seine Kritik am Offizialverfahren provoziert gefühlt hat, hatte ihn in einem Zeitschriftenartikel ... verharmloserischer Motive bezichtigt. Lloyd sah sich in eine gewisse Ecke gestellt, öffentlich ... am Ende hat ihn ein Fernsehsender auf der Suche nach dem unglaublichen Justizskandal als vorgeblichen Chefideologen der Kinderschändermafia hingestellt, weil er gegen undifferenzierte Strafrechtsverschärfungen gewettert hat ... als er an der Haustür keine montierbaren Interviews geben wollte, hat man eben die Rolläden gefilmt wie bei einem Verbrecher, der sich versteckt, und schriftliche Richtigstellungen waren jedem zu heiß, dass man sie überhaupt noch von ihm druckt ... dann lief ihm auch noch seine bessere Hälfte davon, die fünfzehn Jahre jünger war, weil sie die Häme satt hatte, und er hat aufgegeben ... mit seinem internationalen Ruf ... er war doch überall völlig erledigt ...

Stecher: Wer das damals war, wollen Sie uns hier aber nicht näher bezeichnen?

Armadeck wird grün um die Nase.

Armadeck: Nein. Ich weiß es nicht. Der Artikel war offenbar unter einem Pseudonym veröffentlicht worden – wie soll ich wissen, von wem. *(starrt plötzlich auf die Tischplatte, und ein Ruck geht durch seine hagere Gestalt)* Hören Sie ... wenn Sie irgend den Gedanken hegen, ich persönlich könnte etwas mit der Sache zu tun haben, dann ... dann werde ich mit Ihnen nur unter Hinzuziehung eines Anwalts ... als Jurist muss ich Sie dringend ersuchen, mich von der Beantwortung dieser Frage zu entheben.

Stecher: Ah bah – keine Sache, Doktor! Wer immer das war – bei so einer schönen Leich' hätt' noch kein Schandmaul hinterher für möglich gehalten, dass einer das mit dem Kaltstellen gleich so obszön wörtlich nehmen würde. *(lacht)* Wir entheben Sie!

Dieweil Armadeck mit heißen Ohren die Nase zzwischen zwei Finger steckt, trommelt Stecher missvergnügt auf der Tischplatte vor sich hin.

Stecher: Sehen Sie, Doktor, fünfundneunzig Prozent der Bevölkerung mögen es inzwischen vielleicht für normal halten, von menschlichen Wesen als von einer wuchernden Krebsgeschwulst zu sprechen. Im Wilden Westen, wo die Prüderie regiert, oder im tiefen Kongo, wo man diesen Mann da noch vor jedem Prozess kastriert hätte – da mag man dergleichen vielleicht durchgehen lassen. Aber nicht in m e i n e m Land.

*

Stecher: Doktor Armadeck, wenn es hier manchmal etwas ruppig zugehen sollte: Das gehört zur Methode, was immer hier auch passieren wird. Ich werd' mir einiges einfallen lassen müssen, damit Ihnen ordentlich der Kamm schwillt, bis wir wissen, was wir wissen. Sehen Sie einfach ... wie soll ich sagen ... ein Kind in mir, auf der Suche nach der letzten Mark im Sparschwein. Man sieht so einem Sparschwein natürlich nicht an, ob noch was drin ist. Um das herauszukriegen, muss man natürlich erstmal kräftig schütteln.

Armadeck: Ich fürchte nur allmählich, Ihr Handwerk könnte sich als die Kunst begreifen, ein Sparschwein solange zu schütteln, b i s was drin ist ...

Sein Gegenüber wechselt einen belustigten Blick mit dem Techniker Fuchs, dem anlässlich der letzten Bemerkung des Richters fast der Lötkolben aus der Hand gefallen wäre, mit dem er gerade ins Nachbarzimmer unterwegs ist. Stecher lehnt sich behaglich zurück.

Stecher: Nun. So wollen wir doch beide hoffen, dass diese Kunst in Ihrem Falle versagt. Nicht?

Sie lachen. Der eine über beide Backen. Der andere reichlich nervös.

Stecher: Halten Sie sich eigentlich für prüde, Doktor Armadeck?

Armadeck: Nun, also ... ich denke, es gibt nichts, worüber sich erwachsene Männer nicht unterhalten könnten, nicht wahr?

Stecher: Dann können wir uns also ungezwungen über alles miteinander unterhalten? Schön.

*

Stecher: Schlafen Sie öfter mit Ihrer Frau?

Durch des Richters Körper fährt ein Ruck.

Armadeck: Muss das ... was tut denn mein Privatleben zur Sache?

Stecher: Da es sich um eine Befangenheitsprüfung handelt, müssen wir uns ein Bild von Ihrer Persönlichkeit machen. Dazu ist es absolut notwendig, Ihr Privatleben zu beleuchten.

Armadeck: Schafft Ihnen das Befriedigung?

Stecher: Es geht um Sie, nicht um mich. Schlafen Sie öfter mit Ihrer Frau?

Armadeck: Ich weiß, worauf Sie hinauswollen. Aber es ist etwas völlig anderes, wenn ich den Jungen vorhin nach den genauen sexuellen Abläufen fragte!

Stecher: Bitte führen Sie uns das aus.

Armadeck: Wir müssen doch wissen, wie schwer ein Missbrauchstrauma war, um gerecht urteilen zu können. Wir müssen das tun, die Gesetze sollen schließlich dem Kindesmissbrauch vorbeugen.

Stecher: Braten Sie die Hühnchen b e v o r oder n a c h d e m Sie sie gegessen haben?

Armadeck: Wir müssen solche Fragen stellen, auch wenn wir erst einschreiten können, nachdem es passiert ist – es gibt gegen solche Dinge nie ausreichenden Schutz. Das Gesetz kann da nur Signale setzen, abschrecken. Man muss manchmal die Übel gegeneinander abwägen. Wir leben eben nicht im Paradies.

Stecher: Was fällt Ihnen zu "Paradies" ein? Ganz spontan, bitte.

Armadeck *(trotzig)*: Hölle.

Stecher: Wo würden Sie das irdische Dasein zuordnen?

Armadeck: Irgendwo dazwischen wohl.

Stecher: Zwischenreich ist gut. Zwischenreich?

Armadeck: Fegefeuer

Stecher: Fegefeuer?

Armadeck: Schuld

Stecher: Unschuld

Armadeck: Reinheit

Stecher: Reinheit

Armadeck: Kind

Stecher: Engel

Armadeck: Unschuld

Stecher: Schuld

Armadeck: Sünde ... Sündenfall, Vertreibung aus dem Paradies ... Sühne

Stecher: Verlust der Unschuld

Armadeck: Jugend

Stecher: Wann haben Sie Ihre Unschuld verloren?

Armadeck: Was soll das?

Stecher: Dass Sie sexuell eine weiße Weste haben, glaub' ich Ihnen.

Armadeck: Ich weiß nicht, was Sie meinen.

Stecher: Macht nichts. Also, wann verloren Sie Ihre sexuelle Unschuld.

Armadeck: Mein Gott, so mit neunzehn, bei meiner späteren Frau, da, wissen Sie's!

Stecher: Also schliefen Sie zumindest früher öfters mit Ihrer Frau?

Armadeck: Herrgott, ja, nein, immer noch. Was brauchen Sie denn mein Intimleben für Ihre Untersuchung? Ist das wirklich notwendig?

Stecher schweigt.

Armadeck: Ich weiß doch selbst, dass Missbrauchsprozesse für die Kinder ein Übel sind. Aber man muss doch die Übel gegeneinander abwägen, und im allgemeinen ist der Missbrauch das größere Übel.

Stecher: Hält das Kind, das hier vernommen wurde, den Missbrauch durch den Beschuldigten oder sein Verhör zum Zwecke der Wahrheitsfindung für das größere Übel?

Armadeck: Ein Mensch ist mehr als ein Individuum. Im Staat hat eben jeder seine Funktion, und auch wenn der Junge nicht gerne zur Verhandlung ging, so hat er es doch für das Gesetz getan, damit andere Kinder künftig vor ähnlichen Traumatisierungen geschützt werden.

Stecher: Gesetzt nun, es gäbe einmal einen Fall, wo die Einsperrung des Täters mit hundertprozentiger Wahrscheinlichkeit nur um den Preis einer weiteren Schädigung des Kindes erzielt werden kann – wo würden Sie die Priorität setzen?

Armadeck: So einen Fall hatte ich noch nie. Ich würd' mich auch nicht drum reißen.

Der Richter blickt unter sich.

Armadeck: Ich ... ich würde aber auch hier sagen, dass gewisse Dinge im Gerichtsaal notwendige Übel sind, um Recht und Ordnung für die Menschen draußen aufrechtzuerhalten.

Stecher: Was ist der Nutzen von Ordnung.

Armadeck: Sicherheit für alle.

Stecher: Hoffentlich auch Rechtssicherheit. Was fällt Ihnen zu Unordnung ein?

Armadeck: Chaos. Tohuwabohu.

Stecher: Übersetzen Sie das Letzte biblisch.

Armadeck: Die Erde wird wüst und leer.

Stecher: Wie kann das geschehen?

Armadeck: Wenn alle tun, wozu es sie gerade drängt.

Stecher: Wenn alle tun, was sie wollen, entsteht aquinisches Chaos.

Armadeck: Richtig.

Stecher: Und das würde Sie ängstigen?

Armadeck: Natürlich.

Stecher: Wenn ein Mann absonderlicherweise einen Jungen streichelt und küsst, oder sie sich wie im vorliegenden Fall vielleicht auch gegenseitig befriedigen, dann entsteht dadurch Chaos und es ängstigt Sie.

Armadeck: Es geht um das Kind. Darum ängstige ich mich.

Stecher: Jetzt geht es also wieder um "das Kind". Schön. Was würden Sie befürchten, wenn Sie Ihren Sohn bei sowas erwischen?

Armadeck *(elektrisiert)*: Dass er dazu gezwungen wird.

Stecher: Hat das der Angeklagte Jannings getan?

Armadeck: Er hat die Unwissenheit des Jungen ausgenutzt.

Stecher: Unwissenheit wovon?

Armadeck: Dass seine Absichten sexuell sind.

Stecher: Ist es das, was Sie als Ausnutzung der sexuellen Unreife bezeichnen würden?

Armadeck: Nun, mehr als die der sexuellen Unerfahrenheit.

Stecher: Also liegt Jannings' Schuld, den Jungen geschädigt zu haben, gar nicht darin, dass er einen minderjährigen Jungen sexuell manipuliert hat – sondern darin, dass dies ein sexuell unerfahrener Junge war?

Armadeck: Das genau beinhaltet die Schädigung, deretwegen er vorhin verurteilt wurde. Der unerfahrene Bub konnte doch gar nicht wissen, worauf er sich da einlässt.

Stecher: Wenn die sexuelle Unerfahrenheit vorhin Ihren Handlungsbedarf begründete – hätten Sie dann die Schädigungen dieses Jungen nicht etwas eingehender ausführen können, deretwegen Sie Jannings verurteilten?

Armadeck: Ich verstehe nicht, was Sie meinen.

Stecher: Herrgottnochmal, Armadeck. Sie sind ein verheirateter Mann! Wenn die bloße Unerfahrenheit ein so tödliches Risiko für uns darstellt, dass man uns vor Erfahrungen nicht stark genug schützen kann, dann wüssten Sie doch heute wahrscheinlich immer noch nicht, was das für komische Wonnewallungen sind, seit die Rosen für Sie Knospen haben! Wie alt waren S i e denn damals?

Armadeck: Vielleicht zwölf. Sie sehen, ich bemühe mich ja um Ehrlichkeit. Sie brauchen nicht so herum zu schreien.

Stecher: Wer war denn das schöne Kind?

Armadeck: Es war damals noch keine Freundin. Damals war ich ein wenig in meine Klavierlehrerin verliebt.

Stecher: Und als Sie Ihre erste Freundin kennengelernt haben, wie alt waren Sie da?

Armadeck: Dreizehn, oder vierzehn.

Stecher: Wohl kaum, weil Ihnen I h r e K l a v i e r l e h r e r i n die Augen geöffnet oder Ihre hohe Moralität Ihnen den Weg gewiesen hat, wie? – Reden wir von Ihrer Freundin. Wie alt, das Mädchen?

Armadeck: Ungefähr dreizehn, Schuljungenliebe halt.

Stecher: Fanden Sie das junge Fräulein so hübsch, dass Sie sie erotisch begehrten?

Armadeck: Ja, stellen Sie sich vor! Wir waren sogar richtig verliebt. Ist das zu fassen?

Stecher: Dass Sie sexuelle Sehnsüchte hatten, haben Sie ihr aber nicht gesagt?

Armadeck: Mein Gott, nein. Wir haben eigentlich nie darüber gesprochen.

Stecher: Aber gemerkt hat sie's doch? Man geht nach Hause und träumt voneinander verbotene Träume, nicht? Und irgendwann, als hätt's der Wind geflüstert, weiß jeder, dass es der andere weiß?

Armadeck: Ja, so ungefähr.

Stecher: Mit dreizehn Jahren? Alle Achtung! Ein unreifes, sexuell völlig unerfahrenes Kind erfährt, dass da einer den ganzen lieben langen Tag an nichts andres denkt als an sie und darüber, wie er ihr nahekommt. Und sie hat Ihnen so vertraut! Sie Verführer, Sie! Liegt einer die ganze Zeit auf der Lauer! Stiefelt doch tatsächlich so'n kleiner Lüstling mit dreizehn ahnungslosen kleinen Mädchen hinterher! Sehen 'Se, Doktor: Es ist mindestens so wahrscheinlich, dass Sie vorhin falsch geurteilt haben, wie dass Sie als Kind 'n kleiner Päderast waren!

Armadeck *(entrüstet)*: Ja, Herrschaftszeiten ... !

Stecher: Ihre Freundin hat irgendwann also gemerkt, dass Ihre Gefühle zu ihr körperlicher Natur waren. Hat ihr diese Erkenntnis sehr geschadet?

Armadeck: Die Dinge liegen doch hier ganz anders ...

Stecher: Nun, der Junge ist seit ein paar Monaten vierzehn. Er könnte also noch nichts derartiges gemerkt haben?

Armadeck: Worauf wollen Sie denn hinaus. Er kann doch kein Interesse gehabt haben für einen Erwachsenen.

Stecher: Was war denn damals mit Ihrer Klavierlehrerin?

Armadeck: Sie machen sich ja lustig über mich. Glauben Sie, die hat Gefallen an mir gehabt und mich missbraucht?

Stecher: Ich weiß nicht, welchen Schock Sie davon getragen hätten, wenn die Ihre Gefühle erkannt und erwidert hätte, Doktor.

Armadeck: Na, hören Sie mal ...

Stecher: Jaja! Sowas soll bei Klavierlehrerinnen öfters vorkommen! Sagten Sie nicht eben, 's ging da von ihr was für Sie aus?

Armadeck: Was hat das mit den Dingen zu tun, die diesen Jungen betreffen? Wenn Sie das spiegelbildlich auf die Beziehung dieses Burschen da mit jenem Mann übertragen ... dann würde das ja darauf hinauslaufen, dass der Junge ...

Er stockt.

Stecher: Wäre das ein Problem für Sie?

Armadeck: Unsinn. Jeder kann sich heute frei dazu bekennen, auch wenn's zehnmal nicht so ist. Sagen Sie mal, was wollen Sie mir da eigentlich über den Jungen da verkaufen? Ein Kerl, der auf ... kleine Jungs steht ...

Stecher: Kinder.

Armadeck: Schutzbedürftige Kinder. *(betont)* Ohne Ansehen des Geschlechts. Endlich verstehen Sie, was ich meine.

Stecher: Das Kind. Sächlich. Der Heranwachsende. Männlich. Hört auf den Namen "Marc". Vierzehn Jahre alt.

Armadeck: Schließlich waren meine Gefühle nicht nur körperlicher Natur damals.

Stecher: Glauben Sie, der Mann ist ein Psychopath, dass er nur einen hübschen Menschen sehen muss und dann über ihn herfällt? Oder halten Sie den Jungen für einen Dummkopf, dass er so etwas liebloses mit sich machen ließe – und den Mann dann trotzdem ständig weiterbesucht?

Armadeck: Ich bin kein Psychologe.

Stecher: Sie schlafen also öfter mit Ihrer Frau, sagen Sie?

Armadeck: Ja. Ja. Natürlich. Denken Sie nur: Ich schlafe sogar öfters. Mit meiner eigenen Frau!

Stecher *(hellhörig)***:** Außereheliche Affären?

Armadeck: Nein, Sie frivoles Subjekt!

Stecher: Stellen Sie sich jetzt bitte einmal vor, Ihre Frau wäre hier. Wenn ich Ihre Gemahlin jetzt fragen würde: "Wie tief dringt Ihr Mann beim Geschlechtsverkehr in Sie ein"? Was würde sie antworten?

Stecher hält plötzlich das Lineal in der Hand, das zuvor noch auf dem Richterpult herumlag. Er lässt es nachdenklich zwischen den Fingern spielen. Zum blanken Entsetzen Dr. Armadecks.

Stecher: So tief? – Oder mehr ... so tief?

Armadeck: Also, das geht mir jetzt absolut zu weit!

Stecher: Sind doch alles erwachsene Menschen hier, und der Junge hat sich ja auch vor Ihnen nicht geschämt. Also?

Armadeck: Ich denke ja gar nicht daran, diese Frage zu beantworten. Gehen Sie mit dem Ding da weg. Muss ich mir das bieten lassen?

Stecher: Das Kind musste es. Es half dabei mit, andere Kinder vor Missbrauch zu schützen. Sie müssen es. Es geht darum, inwieweit das Intimleben eines Kindes durch Sie missbraucht wurde.

Armadeck: Hören Sie auf, das sind rhetorische Tricks, die Sie da auffahren. Das geht alles zu weit – viel zu weit! Ich sage nichts mehr. Man kommt sich ja schon selber vor wie ein Verb ...

Seine Augen treffen auf die Marcs, der das Geschehen aus seiner Ecke verfolgt. Armadecks Mundwinkel verdichten sich augenblicklich zu einer scharfen Linie.

Stecher: Jaja. Soso.

Der Gesinnungsprüfer grinst wie ein Honigkuchenpferd.

Stecher *(knochentrocken)*: Schauen Sie, Doktor Armadeck: In gewissen Situationen unseres Lebens, da machen wir alle einen etwas lädierten ästhetischen Gesamteindruck. Wir können alle nur hoffen und beten, dass uns niemals ein Staatsanwalt dabei erwischt!

Stecher wirkt ob der vollständigen Erstarrung seines Gegenübers einen Augenblick lang ratlos.

Stecher: Ihre Frau hat Sie dazu verführt, nicht wahr? Ihr Hausarzt, bei dem wir uns über Ihren Gesundheitszustand zu vergewissern hatten ... er berichtete uns über fortwährende Klagen, Ihre Frau fordere mit emotionalen Pressungen permanent

Geschlechtsverkehr von ihnen, ohne Rücksicht auf ein seit Jahren bestehendes Rückenleiden zu nehmen, nicht wahr? S i e sind nicht schuld. Ich bin sicher, es wird Ihnen gleich viel besser gehen, wenn Sie's uns anschaulich gestanden haben. Glauben Sie's mir, das erleichtert, wenn die Schande erst mal öffentlich ist!

Mit verschlossenem Gesicht steht er schließlich auf, schreitet um den Tisch herum und tritt hinter den Richter, leise und in vertraulichem Tonfall an sein Ohr sprechend.

Stecher: Doktor Armadeck ... wenn wir auf diese Weise nicht weiter kommen, dann sind wir laut Programm gezwungen, auf ... Hinweise für Ihre latente Homosexualität zu sprechen zu kommen. Keiner von uns will diesen Schmutz. Vielleicht kommen wir ohne diesen Punkt aus ...

Der Richter fährt entsetzt in die Höhe.

Armadeck: Aber ... ich bin nicht homosexuell ...

Stecher *(leise)*: Sie können sich frei dazu bekennen. Oder abwarten, bis wir's auf unsere Weise herausgefunden haben. Sie haben die Wahl. Wie gesagt ...

Armadeck: Mein Gott. Wer traut mir denn sowas zu ...

Stecher *(sardonisch)*: Wie ist's? Wollen 'Se uns nicht doch lieber den definitiven Gegenbeweis antreten?

Stecher und Armadeck starren sich für einige Sekunden schweigend an. Der Richter setzt sich – langsam, wie betäubt.

Stecher: Wie tief?

Armadeck zögert, den Blick auf das Lineal gerichtet.

Stecher: Na, fassen Sie's ruhig an. Unter uns Männern! *(indem er lachend den Technikern im Auditorium einen Blick zuwirft)* Wir messen nicht nach!

Ein unterbewusstes, böses Lächeln huscht über das Gesicht des Jungen auf seinem Logenplatz, während alle lachen, als Armadeck das Lineal ergreift und zwischen zwei Fingern angewidert zurückgibt. Stecher gibt es dem Techniker Fuchs, jener reicht es Sam, die Protokollantin lässt es sich von diesem zeigen.

Stecher: Sehen 'Se. Geht doch. Warum haben Sie das denn nicht gleich so gemacht. Haben Sie denn schon den Analverkehr mit ihr versucht?

Armadeck: Nein!

Stecher: Weil es unsittlich ist?

Armadeck: Sagen Sie mal, welchen Schuh wollen Sie mir eigentlich anziehen? Entspreche ich Ihrer Vorstellung vom verklemmten Spießer? Damit Sie's wissen, ich bin kein Mitglied der Kirche, bin vor Jahren ausgetreten, und bigottisch war ich nie. Überhaupt sehen wir das heute anders als vor fünfzig Jahren ...

Stecher hüllt sich, jetzt wieder entspannt vor sich hinpaffend, in Schweigen.

Armadeck: Ich lehne es nicht ab, weil es unsittlich ist. Ich ... ich hab's ja sogar schon mal versucht ...

Stecher: Hatten Sie den Eindruck, dass sie Schmerzen dabei hatte?

Armadeck: Nein! Herrgott! *(Er duckt sich und starrt umher, entsetzt vor soviel Zeugen)*

Stecher: Warum haben Sie's danach dann nie wieder getan?

Armadeck: Weil ... weil ... weil sie es nicht wollte.

Stecher: Und da haben Sie sich geschämt?

Armadeck: Warum fragen Sie mich das?

Stecher: Da Sie nach Sittlichkeitsparagraphen verurteilen, muss ich doch wissen, was Ihr persönlicher Begriff von Sittlichkeit ist.

Armadeck: Hören Sie, ich ... ich liebe meine Frau. Wenn ich ihr damit weh täte, müsste ich mich schämen und aufhören.

Stecher: Und der Beschuldigte dieses Verfahrens, denken Sie, hätte sich aus den gleichen Gründen nicht geschämt, und nicht aus den selben Gründen aufgehört. Woher wissen Sie das alles? Haben Sie danach gefragt?

Armadeck: Das fehlt noch, dass ich Jannings eigens frage, ob ...

Stecher: Doktor Armadeck, wieso unterstellen Sie eigentlich permanent, dass sich alle meine Fragen auf den Beschuldigten dieses Falles beziehen?
Armadeck: Ich weigere mich, ernsthaft mit Ihnen darüber zu diskutieren, inwieweit m e i n Privatleben mit diesem ... diesem Schweinekram vergleichbar ist, denn dieser Kerl da mit einem kleinen Jungen veranstaltet hat!

Stecher: Verurteilten Sie diese Dinge vorhin wegen ihres skandalösen oder wegen ihres schädigenden Charakters?

Armadeck starrt unter sich.

Stecher: Solche Sauereien treiben Sie also nachts mit Ihrer Frau. Und dazu noch Analverkehr!

Er betrachtet den Richter mit satyrischer Belustigung – jede Änderung in dessen verschwimmenden Minenspiel erlauernd.

Stecher *(sardonisch)*: Also ... wenn Sie mich persönlich fragen, Armadeck ... ich mein', ich will Sie ja keineswegs zum Opfer meiner höchstpersönlichen Anschauungen von Körperästhetik machen ... aber ebenso wie bei der plastischen Vergegenwärtigung eines Analverkehrs packt mich bei der Vorstellung, wo Sie da allnächtlich Ihr'n Igittigitt so überall hineinstecken, persönlich das kalte Grausen. Ich selber mach' sowas bloß im Zustand hormoneller Umnachtung! *(plötzlich schuldbewusst)* Na ja ... und falls Sie die Widerlichkeit gewisser Vorgänge lediglich im Fall gewisser a n d e r e r gewahrt wissen wollen ... ich persönlich hatte schon immer meine Schwierigkeiten mit der Vorstellung, dass Gott mit der zwischenmenschlichen Erfüllung nichts gemeint haben sollte als die Füllung einer Vagina! Nachgerade als Pastorensöhnchen und treusorgender Familienmensch, da bewegen Sie sich in dem Punkt ja geradezu im Gottesgnadentum koitaler Selbstgerechtigkeit!

Der Richter ist inzwischen weiß wie die Wand in Anbetracht des Ungeheuers, das da vor ihm sitzt.

Armadeck: Mein Gott, was bezwecken Sie nur mit diesen dauernden Anspielungen ...

Stecher: Nun, ich persönlich vermag da rein optisch betrachtet sogar ganz frappierende Parallelen zu erkennen zwischen Ihrem holden Intimleben und dem, was da vorhin Ihr Urteil anscheinend inspiriert hat! Was sollte uns denn nach diesem Kriterium veranlassen, Ihre Würde höher zu achten als die, welche Sie vorhin verletzt haben könnten! Wollen Sie uns das wirklich d a m i t plausibel machen!?

Armadeck: Dem kam es doch einzig und allein auf's Sexuelle an, er mag sich eingebildet haben, dass es Liebe sei, er hat ihn rumgekriegt.

Stecher: Lässt sich diese Aussage – mit der Sie diesem Jungen da jetzt vielleicht wiederholt wehtun, wenn's für ihn was andres war – an i r g e n d e i n e r seiner Aussagen hier vor Gericht festmachen?

Den Richter hat inzwischen wieder eine Art gespannte Unruhe befallen, die er mühsam unter Kontrolle zu halten versucht.

Armadeck: In seinem Alter würde ich da in jedem Fall von einem Mangel an Entscheidungsfähigkeit ausgehen.

Stecher: Sie lenken ab. Nun gut. Darf ich Sie fragen, welche Risiken Sie aus einem Mangel an Entscheidungsfähigkeit für diesen Jungen ableiteten?

Armadeck: Die erste Erfahrung sollte möglichst schön sein. Das ist wichtig für eine gesunde seelische Entwicklung.

Stecher *(schreibend, ohne aufzuschauen)***:** Woher wollen Sie denn wissen, welche seelische Entwicklung der Junge eingeschlagen hat?

Armadeck *(lacht aufgekratzt)***:** Wollen Sie wieder behaupten, er sei homosexuell?

Stecher: Ist es d a s , was Sie für eine krankhafte seelische Entwicklung zu halten scheinen?

Armadecks Gesicht verfinstert sich schlagartig.

Stecher: Doktor?

Des Richters Gesicht hat sich zu einem schafsähnlichen Ausdruck verzogen, den es im Verlauf der Unterhaltung noch öfter annehmen sollte. Der Gesinnungsprüfer legt den Stift beiseite.

Stecher: Setzten Sie eben voraus, dass homosexuelle erste Erfahrungen ihrer Natur nach schreckliche erste Erfahrungen sein müssen?

DE PROFUNDIS

Armadeck's Mundwinkel zucken, als hätte man ihn bei etwas erwischt.

Stecher: Halten Sie Homosexualität für ansteckend, dass man junge Menschen davor schützen muss, weil sie die gesunde sexuelle Entwicklung gefährdet? Haben Sie uns vorhin vielleicht etwas verschwiegen und waren Sie seinerzeit sogar ein glühender Verfechter des Paragraphen 175?

Armadeck: Der Hundertfünfundsiebiziger war ein beklagenswerter Justizirrtum! Ich meine ... man schreibt doch erst heute, dass die Verführungstheorie zur Erklärung des Phänomens falsch sei. Man hielt Homosexualität für eine Art Triebleerlauf. Dass es sich um echte Liebesbeziehungen gehandelt hat, wurde selbst von Wissenschaftlern seinerzeit lebhaft bestritten. Wie hätte die Justiz da schlauer sein können?

Stecher: Aha.

Armadeck: Aber immerhin ... .weiß man doch, dass Kinder nach solchen Kontakten oft homosexuell sind?

Stecher: Guter Mann, selbst wenn uns dieser Junge in zehn Jahren selber erzählen würde, er sei homosexuell gewesen, n a c h d e m er diesen Mann getroffen hat: So wissen wir wissenschaftlich betrachtet noch immer nicht, ob er's nicht schon w a r , so dass es ihn verführbar m a c h t e. Und ob es da nicht etwas gab, dass dies obendrein eine derart p r ä g e n d e Erfahrung werden konnte. Denn zweifellos wären Sie zum Beispiel ja eher angewidert davongelaufen – geschweige denn, dass sich Ihr Innerstes für einen solchen Weg entschieden hätte. Zum zweiten: Es mag Marcs Herz für Männer schlagen seitdem – aber wie hätte es die Auswirkung, dass dadurch gleichzeitig j e g l i c h e s Interesse für Frauen erlischt? Wenn Sie Ihren Hund schlagen – schreit dann an seiner Statt die Katze? Müssten wir – drittens – sein gesteigertes Interesse für's andere Geschlecht nicht bei ihm wie bei andern voraussetzen; und es in der Vorgeschichte – wie bei jedem andern Jungen – auch a u s m a c h e n können, wenn dem so wäre?

Der Richter macht eine unwillige Bewegung mit dem Kopfe.

Stecher: Aber gesetzt der Fall nun, Sie hätten recht: Die Gefahr, durch Homosexuelle homosexuell zu werden, ist so entsetzlich, dass sich die erwachsenen Verführer hier vor Gericht auf die Anklagebank setzen müssen; so gefährlich, dass ein Mann wie Jannings zum Beispiel für Jahre eingesperrt werden muss – wegen Gefährdung der allgemeinen Sicherheit?

Armadeck: Ich habe den Mann verurteilt, weil er pädophil ist, nicht weil er homosexuell ist.

Stecher notiert etwas; greift sich dann zwei Akten aus dem vor ihm liegenden Aktenstapel.

Stecher: Im Jahr neunzehnhundertdreiundsiebzig, Doktor Armadeck, verurteilten Sie nach Paragraph einhundertfünfundsiebzig den damals sechsunddreißigjährigen Frank Hintergreitner zu einer mehrjährigen Haftstrafe, weil er sich an dem damals gerade noch siebzehnjährigen Thomas Schmidt – ich zitiere Sie wörtlich – "homosexuell vergangen" habe. Im Sommer vierundsiebzig erging ein ähnliches Urteil im Fall Keller. Der Beschuldigte des Verfahrens erhängte sich in seiner Zelle, unmittelbar vor seinem Berufungsverfahren. Drei Wochen später folgte ihm auch der junge Mann in den Tod. Zum Zeitpunkt der Urteilsverkündung war er neunzehn. Sind Sie ganz sicher, dass es vorhin um ein Kind und einen Pädophilen ging?

Armadeck: Wenn ich da an meinen eigenen Sohn denke ... man muss, im Interesse der Kinder, doch jedes Risiko ausschließen ...

Stecher: Risiko für wen? Sind Sie sicher, dass Sie nicht das Risiko meinen, das für Eltern darin besteht, sich mit der Homosexualität ihres Kindes irgendwann einmal abfinden zu müssen?

Armadeck *(betroffen)*: Das mag schon sein.

Stecher: Aber eben sagten Sie doch, die Einsperrung Homosexueller vor fünfundzwanzig Jahren sei ein beklagenswerter Justizirrtum gewesen? Und die damaligen Begründungen, sie seien gefährlich, krank, und die Verführung durch sie führe zu bleibender Homosexualität, seien unbegründet gewesen? Oder halten Sie das für eine seelische Infektionskrankheit, die sich über den bloßen Körperkontakt überträgt? – Also, Doktor Armadeck, so ganz überzeugt mich das nicht, was Sie uns da bis jetzt erzählt haben.

Er kramt eine weitere Akte hervor.

Stecher: Ich habe hier die Akte im Fall Herrmann. Diesen Mann verurteilten Sie neunzehnhundertneunundachtzig zu zwölf Monaten Haftsstrafe, weil er von Strichjungen Fotos gemacht hatte. Weil er diese Jungen damit sexuell verstört habe. Im Fall Sorgenreich, wo ein Vater seine Tochter solange durch die Wohnung schlug, bis sich an Gesicht und Rücken blaue Flecken zeigten, gaben Sie sich mit einem halben Jahr Bewährungsstrafe zufrieden. Weil ihm "in Anbetracht einer schwerwiegenden Entwicklungsstörung des Kindes die Nerven durchgegangen" seien. Er habe es aus falschverstandener Liebe zu seinem Kind getan. Sollte da mit unterschiedlichem Maß gerechtet worden sein?

Armadeck: Ich habe mich an das Gesetzbuch gehalten. Steht alles drin.

Stecher *(auffahrend)*: So. Sie gehören also zu jenen Juristen, die das natürliche Gefühl für Recht und Unrecht mit jedem geschrieben Text gleich setzen, ganz gleich welcher Auflage. Was meinen Sie: War es Unrecht, Homosexuelle auch nach ihrer Vergasung unter Hitler noch im Rechtstaat weiter einzusperren, nur weil sie sind, was sie sind, und weil sie angeblich unsere volksdeutsche Jugend in den Abgrund sexueller Verderbnis ziehen? Was, um alles in der Welt, hätte Ihnen denn dann neunzehnhundertfünfundsechzig sagen können, dass das, was damals im Gesetzbuch stand, Unrecht war? Oder neunzehnhundertfünfunddreißig?

Armadeck: Himmelherrgottnochmal, narren Sie mich nicht dauernd mit schrägen historischen Vergleichen, wir hatten's hier mit einem Pädophilen zu tun und einem unverdorbnen Jungen, den er missbraucht hat. Das ... das sagt einem doch einfach das natürliche Gefühl für Recht und Unrecht, dass hier ...

Stecher *(kopfschüttelnd)*: Nee, Dokter. Wüssten wir nicht, was wir von Ihnen wüssten, würd' ich's Ihnen abnehmen. Zwischen neunzehnhundertsiebenundsechzig und zweiundneunzig haben Sie gegen Homosexuelle durchwegs höhere Strafen verhängt als gegen Heterosexuelle – sogar in völlig vergleichbaren Fällen. War Ihnen damals etwa unsere heutige Rechtsauffassung seit dreiundneunzig bewusst, dass der Paragraph einhundertfünfundsiebzig ein Unrechtsparagraph war? Wie steht's denn nun mit Ihrem natürlichen Rechtsempfinden?

Er läuft fassungslos auf und ab.

Stecher: Wo hat angesichts des Widernatürlichen j e m a l s ein "natürliches Rechtsempfinden" seinen Platz! Hätten nicht gerade S i e   s e l b s t – vor der Großen Strafrechtsreform Ende der Sechziger – solche Leute noch nach der Hitler'scher Reichsgesetzgebung rechtsstaatlich verurteilt? W o h l w i s s e n d, dass man sie mit den selben Begründungen vor Jahr und Tag noch in die Gaskammern brachte? – Halten Sie's ruhig für 'ne Unterstellung. Aber wo ritt Sie außerhalb geschriebener Texte jemals ein "natürliches" Rechtsempfinden? Ich erkenne n i c h t s davon in Ihren Akten!

Der Richter klemmt jetzt verlegen die Nase zwischen Daumen und Zeigefinger.

Stecher: Ich frage mich sogar, Doktor, was in Dreiteufelsnamen einem natürlichen Rechtsempfinden wie dem Ihren den unorthodoxen Verdacht hätte erwecken können, es könne vielleicht Unrecht geschehen, als sie damals diese armen Kerle aus ihren Häusern zerrten, sie unter amtsrätlicher Aufsicht Prostituierte beschlafen ließen – bevor man sie nach dieser Beweisaufnahme mit dem Sechsuhrdreißigzug nach Auschwitz schickte! Als man sie mit dem Rosa Winkel demütigte, und sie in den Erschießensgruben die ersten waren – noch vor den Juden in der KZ-Hierarchie! Was versetzte Sie h e u t e jemals in die Lage, Unrecht zu begreifen, wenn's der Volkszorn billigt, und es dem Texte nach als Recht geschieht? Wo Sie – so weit wir Ihre Entwicklung verfolgen! – nicht nur treuste, sondern allzeit auch der schärfste Diener geschriebenen Rechts waren?

Stecher lacht schallend. Während Armadeck sich zittrig durch die Haare greift, fährt Stecher im Tonfall Freislers fort. Überhaupt wirkt er von diesem Zeitpunkt an etwas faschistoid.

Stecher: Der Herr Richter gehört also zu jenen Juristen, die sich für jedes Regime bequem benutzen lassen; als willfähriges Werkzeug für jede Denkart, jede Ideologie, jeden begrenzten Begriff von Sittlichkeit – sie müssen in seiner Zeit nur irgendwo "drin" stehen. Und wenn sich irgendwann Stimmen melden, die die Einsperrung von Kommunisten oder Homosexuellen wieder im Gesetzbuch haben wollen oder Päderasten in Konzentrationslagern oder andere, vor denen sich die Kultur bedroht sieht: Dann wäre er ganz sicher auch wieder dabei, nicht wahr, Herr Richter?

Armadeck *(aufgebracht)*: Wissen Sie, was Sie da machen? Inquisition, d a s machen Sie!

Stecher *(zuckt mit den Schultern)*: Vorannahmengebundene Wahrheitsfindung. Unter der Vorannahme, dass es den Teufel gibt, gilt: Die Hex' ist dran erweislich, dass sie nicht blutet, wenn man sie sticht. Was nicht bewiesen zu werden braucht – weil es so geschrieben steht. Unter der Vorannahme, dass der Sexus an sich teuflisch ist, gilt: Marc kann durch Jannings nur arglistig hintergangen und geschädigt worden sein. Was nicht bewiesen zu werden braucht – weil es so geschrieben steht. Unter m e i n e r Vorannahme, dass Sie gewisse Menschen tödlich hassen, gilt: Dass Sie heute jemanden vernichten wollten – weil es so geschrieben steht. *(deutet mit dem Finger energisch an seine Stirn)* Da drin.

Armadeck: Was aber nicht zu beweisen ist!

Stecher: S i e werden mein Beweis sein.

WIE EIN INQUISITOR DIE BEHERRSCHUNG VERLIERT

Stecher: Als Sie Ihre erste Gattin in die süßen Freuden der Erotik einweihten – so mit neunzehn sagen Sie – wie alt war sie da?

Armadeck *(grantig)*: Fünfzehn

Stecher: Ach! Waren Sie da schon mit ihr verheiratet?

Armadeck: Nein!

Stecher: Sagen Sie bloß! Ohne sich um die Folgen zu scheren, die das gesellschaftlich damals für das Mädchen hätte bedeuten können – da sind Sie einfach Ihren sexuellen Ausschweifungen nachgegangen und haben v o r e h e l i c h e n G e s c h l e c h t s v e r k e h r an ihm verübt? – *(fasziniert)* Sagen Sie mal, Doktorchen, ist das wirklich wahr?

Sein Gesicht wird jetzt arg von Zuckungen gebeutelt. Tränen der Erheiterung ergießen sich über beide Wangen, indes der Richter leidet wie ein Hund.

Stecher: S i e – der Robin Hood der gefallenen Jungfernschaft, der Rächer der Verdorbenen und Verderbten, der striefste Sittenwächter im Amt seit Salomo dem Weisen und Benedikt dem Frömmler; Amtsrichter, Ex-Donnerbalken Gottes in Sexualstrafsachen, der sich vorhin noch auf das Allgemeine Sittengesetz berief um nur ja nichts begründen zu müssen – Sie hätten es selber schon von zärtster Jugend an gebrochen ?

Armadeck: Aber das war halt damals so! Man kann das doch nicht mit heute vergleichen!

Stecher: Wollen's hoffen. Es war anno Sechzig keine gute Sitte, mit seiner Freundin händchenhaltend in der Trambahn zu schmusen. Gute Sitte war, Schauprozesse gegen Homosexuelle zu veranstalten. Woll'n doch hoffen, dass Sie sich wenigstens danach wie ein sittlicher Mensch benommen haben, gelt? Sagen Sie, wie hätten denn die Eltern reagiert, wenn sie's erfahren hätten. Hätten die Sie angezeigt?

Armadeck *(dumpf)*: Das versteht sich ziemlich.

Stecher: Glück gehabt, lassen wir das. Findet es Ihre Gattin eigentlich schön, wenn Sie sie streicheln und küssen?

Armadeck: Aber ja, warum muss man denn s o e i n e Frage stellen?

Stecher: Weil Sie es offenbar für verzichtbar hielten, dem Jungen diese Frage zu stellen. Hat Sie das gar nicht interessiert, bevor Sie urteilten, es sei ihm damit Gewalt angetan worden?

Armadeck: Das ... ging bei dem Jungen in diesem Fall erheblich weiter ... *(nervös)* offenbar soll hier schon wieder unterstellt werden, der Junge hätte diese Ferkeleien ganz gern über sich ergehen lassen?

Stecher entwickelt jetzt eine waschweibartige Geschwätzigkeit, einen Schwall dramatischer Banalitäten verströmend, als ergösse sich Frau Meier über die sündhaft teure Tischdecke ihrer Nachbarin.

Stecher: Wissen Sie, als ich zwölf Jahre alt war, da war ich mal in einem Zeltlager auf Ferien. Sie glauben ja gar nicht, was man da so alles erlebt! – Da schläft man zum Beispiel nachts und glaubt, die schönste Frau küsst einen, und wenn man die Augen aufmacht, dann ist's der Soundso mit seinen Haaren im Gesicht! *(tut überrascht)* Und wissen 'Se was? Wenn man da im Halbschlaf so vor sich hindämmert, dann gefällt's einem für'n Moment trotzdem gar nicht mal sooo furchtbar schlecht. Vorausgesetzt man will's gar nicht so genau wissen und lässt die Klunker zu.

Er kratzt sich am Ohr.

Stecher: Mensch, mir war gar nicht bewusst, dass ich da solchen Schaden an meiner Seele genommen haben soll! Armadeck, Sie geben mir ja echt zu denken! Aber wissen 'Se was? Wahrscheinlich hätten Sie mir empfindlich auf die Füße getreten, wenn Sie's mit mir so gemacht hätten wie vorhin mit dem Marc. Hab' den Mann gut leiden können! Er hat nämlich nie Elfmeter gepfiffen, wenn ich die Treter woanders hatte als am Ball, und das hatte ich meistens. Und niemand – ich schwöre Ihnen: n i e m a n d – hat jemals soviele Abseitstore und faule Fowl-Elfmeter geschossen wie ich! – Haben 'Se solche Erfahrungen nie gemacht, im "Christlichen Verein junger Männer"?

Armadeck *(dumpf)*: Nein. Nie.

Stecher: Oh! Dann verstehe ich allerdings, dass Sie sich nicht vorstellen können, dass so ein Junge aus Neugier "ja" sagen könnte, wenn man ihm noch nichts von schlimmen homosexuellen Triebgangstern erzählt hat, die sich an kleine Jungs ranschleichen und sie in ihr Schattenreich perverser Leidenschaften hinüberziehen wollen. Und mir hat das Zeltlager ganz bestimmt nicht geschadet!

Dr. Armadeck schlägt indigniert die Augen zur Decke.

Stecher: Ja, ja! Ich hab' sogar oft so getan, als schliefe ich, um mir das Ja-Sagen zu ersparen. Mir hat man nämlich von schlimmen Homosexuellen erzählt. Himmel! Was blieb mir als glühender Anhänger des weiblichen Geschlechts übrig, um mir gewisse pubertäre Sünden zu ersparen? Das nächste Mädchenzelt stand fünfhundert Meter weg, und die Typen von der FDJ, die haben das ja bewacht wie die Schießhunde! Und Idiotie und Schwindsucht hab' ich bis heute nicht bekommen. Aber richtig! Vielleicht sind die Folgen unbewusst, und Sie haben mich deswegen am Hals!

Armadeck: So ein Bub kann doch sexuell aus der Bahn geworfen werden, die sind doch noch mitten in der Entwicklung ...

Stecher: Reden Sie sich nicht mit Allgemeinplätzen um meine konkrete Frage herum. Ich will von Ihnen wissen, wie wir uns Schädigungen des Jungen in diesem ganz konkreten Fall vorzustellen haben. Was meinen Sie mit "sexuell aus der Bahn geworfen werden"? Wie könnte das geschehen?

Armadeck: Viele missbrauchte Jungen haben anschließend Angst, homosexuell zu sein.

Stecher: Sollten sie sich schämen, wenn sie's wären?

Armadeck: Bedenken Sie doch, wie man solche Leute noch immer scheel anguckt, auch das Leid der Eltern ... wenn ein Junge durch sowas homosexuell wird ...

Stecher: Und schuld ist dann der Homosexuelle, verstehe ich Sie richtig?

Armadeck: Nun ja, so ... wollte ich das jetzt nicht ausdrücken.

Stecher: Sie wissen, dass die Theorie, auf die Sie sich da beziehen, sehr fraglich geworden ist? Man ist doch auf vorgeburtliche Weichenstellungen gestoßen? Unsere Berater sagten mir, der Grad gleichgeschlechtlicher Erregbarkeit sei offenbar individuell angeboren. Sogar Freud veranschlagt die Weichen vor dem sechsten Lebensjahr. Haben Sie als alter Hase in solchen Angelegenheiten niemals von der neueren Forschungslage gehört?

Armadeck *(ungeduldig)*: Natürlich habe ich davon gehört.

Stecher: W a s ?

Er steht jetzt auf und geht gedankenverloren umher. Kratzt sich an der Stirn. Blickt hinüber zu Sam.

Stecher: Sie haben davon gehört?

Dr. Armadeck hebt in seiner Verlegenheit zu einer Entgegnung an, als Stecher unvermittelt herumfährt.

Stecher: Sie waren nicht einmal falsch informiert? Und S i e lehnen ein Gutachten ab, weil Sie meinen, Sie hätten selber genug Sachverstand?

Ungläubig schüttelt er immer wieder den Kopf.

Stecher: Sie w u s s t e n um die Möglichkeit, dass der Junge diese Neigung grundsätzlich in sich tragen könnte – etwas zu empfinden, was Sie in sich selber niemals nachempfinden könnten? Sie unterstellen quasi auf Verdacht, dass erst dieser Mann den Jungen da homosexualisiert haben könnte? Sie legen ihm deshalb auf Verdacht nahe, dass er sich am besten kastrieren lassen soll? Auf Verdacht sperren Sie ihn ein, weil dies für Sie die einzig konkrete Gefahr ist, die von ihm für die Bevölkerung ausginge, beließen Sie ihm die Freiheit?

Armadeck *(verschreckt)*: Aber daran hab' ich nicht gedacht!

Stecher: A u f   V e r d a c h t halten Sie es für notwendig, den Jungen gegen jemand aussagen zu lassen, den ein Spiel der Natur ihm vielleicht intensiver zu lieben eingab, als Sie oder ich es uns auch nur i r g e n d vorstellen könnten? Sie verstricken Marc – auf Verdacht! – in Schuldgefühle, an der Verurteilung eines Menschen Verantwortung zu haben, der ihn vielleicht nicht weniger geliebt hat? Wer sonst, frage ich Sie, hätte den Jungen denn verstehen oder annehmen können, wenn es so sein sollte? Sein Vater? Der ist verheiratet. Seine Schulfreunde? Sie würden ihn verachten. Seine Lehrer? Die bemühen sich, es zu übersehen!

Armadeck: Aber daran habe wirklich nicht gedacht ...

Stecher: An was haben Sie vorhin – oder all die Jahre – ü b e r h a u p t gedacht!

Der Richter streckt abwehrend die Hände aus.

Armadeck: Wir haben doch nicht einen einzigen Beweis dafür, dass der Junge wirklich ...

Stecher: Ist Ihnen jemals auch nur der G e d a n k e gekommen, dass dieser Junge Schuldgefühle entwickelt haben könnte, weil er in seiner Panik bei der Polizei Jannings etwas zuschrieb und es hier fortan vertreten musste, worum e r   s e l b s t ihn gebeten hatte? Oder dass seine Empfindungen dann durch den ständigen Rekurs auf Jannings' ach so perverse Neigungen dem Jungen selber irgendwann als durch und durch pervers erscheinen mussten?

Elmer *(kommt herangestürmt, zu Fuchs)*: Hol' Harry raus, mit dem stimmt wieder was nicht!

Stecher *(wie neben sich getreten)*: Komm, Kleiner, tu's für Paradies! Bei uns ist Freude und ist Wahrheit, w i r haben sie für D i c h gepachtet! Dort ist Lüge, hier Erlösung, vertrau uns, und du bist wieder unser! Verrat uns bloß mal einen Freund!

Armadeck: Sie ... Sie machen mir Angst, wenn Sie so rumrennen!

Stecher: Auf den bloßen Verdacht hin sperren Sie also ein? – Denn andere Gefährdungen lassen sich in diesem Fall für Sie kaum festmachen als: Marc k ö n n t e homosexuell werden, indem man ihn gegen seinen freien Willen verführt; und dass er sich verführen ließ, könnte wiederum nur durch Manipulation geschehen sein – weil er ja solche Empfindungen von sich aus niemals haben kann. Ist da der Wunsch der Vater des Gedankens, wie? Denn, so schließt man messerscharf, nicht sein kann, was nicht sein darf, was? Herrgottnochmal. Armadeck, so langsam machen Sie mir Angst! Mir graust's vor Ihnen! Während Sie sich Ihr Leben lang ängstlich umsehen, wo der Teufel steckt, lächelt er Sie jeden Morgen mild im Spiegel an. Leute wie Sie, mit Ihrer Unschuldsmoral, sind die Eier, die man nur lang bebrüten muss, und der Faschismus krabbelt raus ...

Stecher hat mit einem Mal die Bedrohlichkeit eines losgelassenen Psychopathen.

Armadeck: Hilfe, der springt ja auf mich los ... !

Stecher *(ausrastend, wild gestikulierend)*: Ja, haben Sie auch nur einen b l a s s e n Schimmer von moralischen oder ethischen Prinzipien? Von den Aufgaben Ihres Amtes? Einer eigenen, unabhängigen Moral, von dem Vertrag, den Sie mit uns geschlossen haben, und der Sie zur Unparteilichkeit v e r p f l i c h t e t ? – Haben Sie in Ihrem veschissenen kleinen Spießerleben auch nur mal z e h n verpisste Sekunden darüber nachgedacht, welchem Denkfehler Sie da seit dreißig Jahren aufsitzen!

Harry *(offnen Mundes in der Tür)*: Herr Kollege.

Stecher: Nicht jetzt.

Harry: Laut Dienstanweisung ...

Stecher: Ich scheiss' auf Ihre Dienstanweisung!

Er erstarrt. Besinnt sich mühsam.

Stecher: Oh, Mann, Harry! Ich geb' alles zu. Genehmigt und unterschrieben. Ich war bös. Wo ist die Asche für mein Haupt? Ich entschuldige mich! Es tut mir Leid! Es tut mir sogar ganz grandios, unendlich, irrsinnig, wahnsinnig ehrlich Leid ! Ich sterbe vor Zerknirschung. Nicht beleid'gen wollt' ich ihn, nein – preisen! Genug jetzt?

Er läuft zittrig hin und her, läuft unbeholfen um Harry herum, zunächst nicht wissend, wohin mit den Händen. Dann läuft er mit einer wahrhaft erschütternden Demutsgebärde auf ihn zu, nimmt ihm den Hut vom Kopf, tätschelt denselbigen wie eine Billardkugel und knutscht dem erschrocknen Mann flehentlich auf den Scheitel.

Stecher: Ach, Mann, kommen Sie, Harry ... nur fünf Minuten! Seien Sie doch, verdammt noch mal, nicht immer so verflucht kleinlich! Ich brauch' doch nur fünf Minuten. Geben Sie mir doch bloß noch fünf winzige, klitzekleine, allerfeine Minütchen ... !

Harry *(ultimativ)*: Artikel achtundzwanzig. Wenn ein Mitglied oder ein Bevollmächtigter der Kommission Anzeichen physischer oder psychischer Erschöpfung zeigt ...

Stecher starrt ihn entgeistert an. Er steht da wie angewurzelt, und für eine Sekunde sieht es so aus, als ob er Harry fressen wollte. Dann prasselt ein wahrer Schauerregen aus wehleidigen Gelöbnissen herab, gleich den weinerlichen Klagen einer Primaballerina, die man von der Besetzungsliste gestrichen hat.

Stecher: Ich hätt' ihn doch fast gehabt. Es hätt' doch nur soviel, nur s o   v i e l gefehlt! Er wär' doch fast soweit gewesen ...

Er stampft schimpfend auf und ab, Worte gebrauchend, die geeignet sind, selbst tot auf dem Papier noch den Ohren Gewalt anzutun, weswegen wir sie rücksichtsvoll verschwiegen wollen.

Stecher: Na! Dann macht doch euren Scheiss alleine! Macht-doch-euren-Scheiss-a l l e i n e !

Zutiefst in seinem Ego verletzt, lässt er sich in einer Ecke nieder. Dort verschränkt er verbittert die Arme vor der Brust. Harry wendet sich entsetzt ab und kehrt ihm demonstrativ den Rücken seines Stuhles zu.

Harry: Doktor, bitte verzeihen Sie den ... Ausbruch meines Kollegen ... *(vorwurfsvoll zur Seite an Stechers Adresse)* D a s ist nicht unsere Aufgabe. Das ist einfach nicht unsere Aufgabe!

Die Hände des wissenschaftlichen Beraters zittern vor Aufregung.

Harry: Es wurde Ihnen schon wirklich oft genug angedroht. Diesmal reicht's. Ich werd mich über Sie beschweren. Immer dieser Mist mit Ihnen, weil Sie überdrehen! – Also, Doktor, wir machen das jetzt anders.

DIE FÜNF-PROZENT-FRAGE

Harry: Doktor Armadeck ... wir wissen, dass Sie demnächst eine höhere Stelle übernehmen sollen ... ich meine, keiner von uns stellt diese besondere Situation nicht für Sie in Rechnung, wenn Sie verstehen ... es geht uns nur darum, inwieweit Ihr Verhältnis zur Homosexualität geklärt ist. Oder ob Sie vielleicht als homosexueller Jurist vorhin eine besondere Notlage hatten, sich mit Ihrem Urteil demonstrativ von einem Knabenschänder zu distanzieren ... mehr wollen wir doch gar nicht.

Armadeck: Das war eben sehr verletzend für mich, das mit der Moral. Ich habe immer gedacht, ich wär' in meiner Branche überkritisch. Er hat mich als Faschisten bezeichnet!

Harry: Verzeihen Sie den missverständlichen Begriff. Es war nicht so gemeint.

Armadeck ringt noch immer mit sich. Aus seiner Ecke stimmt ein gewisser Jemand gerade an zu einem kratzigen Kinderlied:
"Der Teufel trägt nicht rot, noch braun, und trägt auch keine Hööaaana!
Der Teufel ist ein biedrer Mann, und jeder mag ihn gööäääna!"

Harry erstarrt in seinem Stuhl. Dreht sich um. Starrt ihn einfach nur fassungslos an. Stecher grinst ihm zunächst mit kindlicher Unschuld ins Gesicht, schaut dann aber schuldbewusst unter sich und betrachtet sich eingeschnappt seine Fingerkuppen.

Harry: Ich bitte Sie, das zu vergessen. Wie alt ist Ihr Sohn, Doktor Armadeck?

Armadeck: Dreizehn.

Harry: Also ungefähr so alt wie Marc?

Armadeck: Ja.

Harry: Hat er schon 'ne Freundin?

Armadeck: Nun ja. Wie das in dem Alter so ist ... *(lächelt schwach)* Aber erzählen tut er's immer nur meiner Frau.

Harry: Wundern Sie sich da nicht, dass er in diesem Alter schon eine erotische Anziehung merkt? Ich meine, wenn ein Junge heterosexuell ist, dann ist jeder stolz, wie aus seinem Sohn so langsam ein Mann wird, da findet man's niedlich, nicht?

Armadeck: Kinder können doch in diesem Alter nicht homosexuell sein. Natürlich gibt es da ... auch solche Erfahrungen ...

Harry: Natürlich. Hat Ihr Sohn die auch schon mal gemacht?

Armadeck ist sichtlich bemüht, gleichgültig zu scheinen; zuckt mit den Achseln.

Harry: Wieso hat Ihnen bei der Beweisaufnahme nicht zu denken gegeben, dass Marc noch nie Interesse für Mädchen gehabt zu haben scheint? Dass er in seinem Alter noch am liebsten Winnetou und Old Shatterhand liest, weil die "so 'ne tolle Freundschaft haben"? Warum ihn, wie der Lehrer bemerkte, die üblichen Liebesgedichte kalt lassen, er stattdessen aber einen hingebungsvollen Aufsatz über David und Jonathan geschrieben hat? – Sie kennen doch das Klagelied König Davids, als sein Freund stirbt: "Weh' mir, Jonathan; deine Liebe war mir mehr als die der Frauen"? Was mochte sein Herz so berührt haben, als er einen so langen und bewegten Aufsatz schrieb?

Armadeck: Viele Jungs in dem Alter begeistern sich dafür.

Harry: Aber Sie werden mir recht geben, dass ein homoerotisch orientierter Junge dafür ganz besonders leicht zu begeistern sein wird?

Armadeck *(mit einem Male unsicher)*: Glauben Sie denn wirklich, dass das in seinem Alter schon eine Rolle spielt?

Harry: Nichts ist über uns als das kaltglitzernde Universum. Nichts was uns wärmt als der Mensch, den wir im Arme halten. Warum sollte er so etwas nicht empfunden haben, wenn es ihn so sehr beeindruckte? – Sind Sie heterosexuell, Doktor?

Armadeck: Aber ja!

Harry: Sagten Sie nicht vorhin, Sie hätten bereits als Knabe erste Bande zum andern Geschlecht geknüpft, ja, seien sogar ein wenig in Ihre Pianistin verliebt gewesen?

Armadeck: Man kann das nicht übertragen!

Harry: Doktor, hätten Sie sich mit dieser persönlichen Erfahrung – oder doch zumindest mit Ihrer langjährigen Praxis – nicht fragen müssen, wieso dieser Junge den Mann da vorhin eigentlich die ganze Zeit in Schutz genommen hat? Und welche Erklärung haben Sie dafür, dass der Junge bei der Polizei so lange nichts ausgesagt hat?

Armadeck: Natürlich hatte er Hemmungen. Ängste.

Harry: Ja, das glaube ich auch. Und zwar ziemlich beredte. Er sagte nämlich wortwörtlich: Ich möchte nicht, dass er ins Gefängnis kommt.

Der Richter schweigt hierauf.

Harry: Mir kommt es langsam so vor, Doktor Armadeck, als ob Sie homosexuelle Kinder – sollte es sie denn geben – für höchst unerwünscht hielten?

Armadeck: Weil ... das ist doch keinem zu wünschen ...; freilich, wenn es nicht mehr zu ändern ist ... aber man muss es doch nach Möglichkeit verhindern ... stellen Sie sich doch vor, was das für einen Jungen in diesem Alter heißt – die Scham vor den Eltern, das Gelächter, all das dumme Geschwätz ...

Harry: Und dem könnte er nur entgehen, wenn er nicht homosexuell ist – damit seine Eltern ruhig schlafen? Ist das Ihrer Meinung nach seine Sache, das zu beeinflussen? Wenn nicht – wenn also unsere Wissenschaft nicht irrt und er diese Gefühle im wesentlichen schon in sich trägt: Hätte e r seine Gefühle zu ändern – oder wir Großen unsere; dass er damit angenommen – und ich sage ganz bewusst nicht: toleriert – wird? Was andres. Wie stehen Sie zur Abtreibung?

Armadeck: Ja, also für mich ... ist das ein Frevel an der Schöpfung. Auch wenn's unmodern klingt. D a r a u s dürfen Sie mir einen Strick drehen, wenn Sie das vorhaben sollten.

Harry: Nicht etwa, weil Sie's für Mord halten?

Armadeck: Was heißt Mord ... als Gatte einer Frau halte ich das für ein oft missbrauchtes Argument. Es wird von manchen Leuten vorgeschoben. Demnach ist doch alles schändlich, was im Schlafzimmer geschieht, sofern's nicht Gott zum Wohlgefallen Frucht bringt. Aber es gibt eben die Geschlechterordnung. Nur sie bringt lebendiges hervor. Man darf da nicht eingreifen.

Harry: Sie wissen aber auch, dass kaum ein anderer Ordnungsentwurf der Menschheitsgeschichte so viele Menschen um Glück und Leben gebracht hat? Man hat Leute aus diesem Grund gesteinigt, auf Marktplätzen kastriert, verbrannt, vergast. Derselbe Ordnungsentwurf hat in der Reformationszeit Ehebrecher, gefallene Jungfrauen, Gleichgeschlechtliche, Frühreife auf die Richtstätten gebracht. Männer, Frauen und selbst Kinder. Man befürchtete den Untergang des Abendlandes, als seien Abweichungen des menschlichen Sexus eine Art Infektionskrankheit, die die göttliche Weltordnung bedrohe.

Armadeck: Ich habe mit dieser Irrsinnstheologie nichts am Hut. Aber es gibt die Ordnung der Geschlechter. Nur sie schafft doch Leben. Damit's weiter geht. Oder denken Sie anders darüber?

Harry *(lächelt)*: Nun, als Naturwissenschaftler bekleide ich persönlich natürlich einen naturphilosophischen Standpunkt. Ich glaube, dass nur Narren oder Menschenverächter dem Sexus ein diabolisches Zerstörungswerk zutrauen können. Ich denke, es gibt keine wirkliche, von Ehrlichkeit, Wissen und Respekt durchdrungene Liebe zur Natur, ohne die uneingeschränkte Achtung, und die absolute Ehrfurcht vor der Anziehung der Geschöpfe – und der ihr innewohnenden Kraft, für einen anderen da zu sein. Als Kulturwesen hätte uns das sicherlich mehr zu interessieren als eine Vulgärphilosophie des Mehret Euch, und das zumindest gilt wohl für uns alle. Ich denke manchmal, der alte Platon hatte recht: Dass uns im Anblick des Menschen, den wir lieben – dem Strahlen seiner Gestalt oder der Schönheit seiner Wesensbildung – die Augen für einen Moment entsiegelt werden für die wundersame Kraft, die alles Irdische durchwaltet.

Er lehnt sich zurück und fährt im Tonfall seiner sanften Gemütsart fort.

Harry: Im übrigen glaube ich nicht an einen Ordnungsentwurf aus Monokultur, Doktor. Die Schöpfung arbeitet mit der Vielfalt im Reiche der Erscheinungen. Was der Art gestern nützlich war, ist morgen schon das große Sterben. Monokultur bedeutet ihren Tod und ihr Verderben – weil die sie ihrer Entwicklungs- und Anpassungsmöglichkeiten beraubt. Wo gestern zum Beispiel eine leere Wüste war, ist heute schon die weltweite Bevölkerungsexplosion; und – wer weiß das schon? – vielleicht ist übermorgen nicht die Potenz – sondern die Homosexualitätspille der Ausweg, der unsrer Art eben noch rechtzeitig das Überleben sichert. *(lächelt)* Angesichts der unverbesserlichen Lüsternheit unserer Species könnte das jemand für weitaus chancenreicher halten als jede Art der Verhütung.

Armadeck: Großer Gott, mein Leben lang habe ich mich bemüht, mich von Verscheuklappungen frei zu machen – und jetzt kommt ihr und nagelt mir eure vor den Kopf!

Harry: Ich weiß, Doktor, dass Sie sich in den letzten Jahren aus einer Sinnkrise heraus immer besonders bemüht haben, alte Fehler nicht zu wiederholen. Ihre Kollegen halten Sie für einen resignierten Konservativen – maßlos verunsichert über dreißig Jahre Wandlungen des Rechts, gerade in Ihrem Bereich. Sie haben Schuldgefühle entwickelt und vertreten seither nur noch einen rein funktionalen Rechtsstandpunkt. Aus irgendeinem Grund, der uns noch immer Verständnisschwierigkeiten bereitet, haben Sie sich in einer bestimmten Art von Strafsache allerdings nie daran gehalten.

Armadeck starrt wieder melancholisch vor sich auf die Tischplatte.

Harry: Was andres. Was halten Sie eigentlich davon, die Intelligenz eines Kindes durch ganz bestimmte Hormonbehandlungen während der Schwangerschaft zu manipulieren?

Armadeck: Gar nichts. Man darf in diese Abläufe der Natur nicht eingreifen.

Harry: Das Geschlecht eines Kindes?

Armadeck: Dito. Ganz egal, wie's aussieht. So etwas gehört verboten. Für solche Eingriffe in die Natur gibt es keine Notwendigkeit.

Harry: Und wenn es nun irgendwann eine Hormonbehandlung gäbe, die im Mutterleib mit – sagen wir, fünfundneunzigprozentiger – Sicherheit jenen Prozess in der Schwangerschaft stoppt, der nach Ansicht vieler Wissenschaftler bei Kindern die Weichen für eine spätere homosexuelle Entwicklung stellt – würden Sie die auch verbieten?

In Armadecks Augen glitzert jetzt die nackte Angst.

Armadeck: Mein Gott, das stellt einen ja vor Tatsachen …

Harry: Sie können furchtlos sprechen.

Armadeck: Nun ... wenn ich es recht bedenke ... ich ... ich habe nichts gegen Homosexuelle. Wirklich nicht. Ich betrachte sie als ganz normale Menschen ... so wie du und ich ... solange sie nichts von mir wollen, habe ich keine Probleme mit ihnen.

Harry nickt bedächtig, ansonsten zeigt er keine Reaktion.

Armadeck: Aber sie ... bringen die natürliche Ordnung nicht weiter, sie ... gefährden sie, indem sie die natürliche Ordnung zwischen Mann und Frau für sich umformulieren wollen ... ich bin daher durchaus nicht inkonsequent in meiner Argumentation, wenn ich sage ... sie ... könnten ein glückliches Leben führen, wenn sie ... anders wären. Ich jedenfalls würde das meinem Jungen ersparen wollen ...

Harry: Würden Sie einen solchen Eingriff befürworten?

Der Richter, noch immer mit sich ringend, erstarrt.

Harry: Keine Sorge, Doktor. Eine ehrliche Antwort ist immer besser als eine falsche.

Armadeck *(gibt sich einen Ruck)*: Ja. Ja, ich würde ein solches Präparat begrüßen. Wenn es das Risiko wirklich eindämmt.

Harry, nach Sekunden gedankenverlorenen Nickens, blickt hinüber zu Stecher. Wie auf ein verabredetes Zeichen hin erhebt sich der Berater, und geht wieder durch die Seitentür zurück auf seinen Posten. Stecher steht auf und kommt langsam aus seiner Ecke heran.

Stecher: Und die andern fünf Prozent, Armadeck? Wo's nicht funktioniert? Als was gelten die dann endlich?
– Als "sexuell Behinderte"?
Sind das auch wieder Menschen, so wie "du und ich"
– solange die S i e nicht mit sich konfrontieren?

Nehmen wir da Beruhigungsmittel für die Väter
– oder triebdämpfende Präparate für die Söhne?
Und für die nächsten fünf Prozent? *(Er ist jetzt ganz nah am Richter)*
Vielleicht gar wieder ein ... Pestizid?

FOLG' ICH DER VÖGEL WUNDERVOLLEN FLÜGEN

Stecher: Um das Risiko zu begrenzen, das andere für ihn darstellen, nehmen Sie in Kauf, dass Marc bereits mit einer homosexuellen Orientierung geboren sein könnte. Dass sie zu ihm gehört, wie sein Herz. Dass seine Gefühle Teil sind seiner biologischen, menschlichen Existenz, deren Anerkennung unser Grundgesetz jedem von uns garantiert. Glauben Sie nicht, dass Ihre Auslegungen von Jugendschutz diesen Jungen mehr bedrohen als schützen?

Armadeck: Wenn das so sein sollte, dass er von vornherein so war, dann wäre es dennoch kurzgeschlossen, dem unkritisch seinen Lauf zu lassen.

Stecher: Wenn ich Sie illusionslos genug einschätze, Doktor, sind wir an einem Punkt angekommen, wo selbst ein Charakter wie Sie sein eigen Fleisch und Blut lieber über eine schöne Moral stolpern ließe, als gründlich umzudenken – bevor er ihm ein Glück verordnen würde, für das er nicht geschaffen ist.

Armadeck: Aber was, ich verordne doch nichts.

Stecher: Nein, Sie verordnen nichts. Sie halten sich vor sich selber indifferent, weil Sie die Schlüsse fürchten, die sich aus Ihrer Einstellung ergeben könnten.

Armadeck: Ich halte den Gedanken für ziemlich abwegig, dass wir diesem Jungen zuraten sollten, einen solchen Weg zu gehen. Überhaupt konstruieren Sie die ganze Zeit, wir hätten einen homosexuellen Jungen vor uns. Mit vierzehn! Gibt's sowas!

Stecher: Iwo. Die wachsen auf den Bäumen. Die Wissenschaft hat's festgestellt! Von wo sie dann pünktlich mit achtzehn oder so heruntersteigen, um ihre bürgerliche Gesellschaft zu unterwandern. Als geglückte Beispiele unsrer aller Liberalität! Und um das Maß der Wundersamkeiten voll zu machen, da genügt der Kuss eines Homosexuellen, um unsere heterosexuellen Traumprinzen – Simsalabim – in einen ekligen homosexuellen Frosch zu verwandeln!

Armadeck: Es macht Ihnen offensichtlich enormen Spaß, jeden ernsthaften Satz, zu dem Sie mich nötigen, gleich anschließend wieder zu persiflieren.

Stecher: Ich wundere mich nur über einige magische Elemente. Ich krieg' da 'ne Scheiss-Angst vor Ihrer Theorie, das kann ich flüstern! Wenn d i e stimmt, Mensch Meier ... dann müsste i c h seit dem Zeltlager ja – der Froschkönig sein!

Stecher mustert ihn mit einem Gesichtsausdruck, als habe er auf eine Zitrone gebissen.

Stecher *(Augen zwinkernd)*: Mal unter uns, Dokter: Sie haben seit Paarundsechzig kein einschlägiges Lehrbuch mehr aufgeschlagen. Stimmt's?

Armadeck *(pikiert)*: Ich weiß, Sie werden's krumm nehmen. Aber ich strafe diese Bemerkung mit vollendeter Nichtachtung.

Stecher: Ich würde den ganzen Fundus Ihrer humanwissenschaftlichen Kenntnisse mit vollendeter Nichtachtung strafen. Mit unschlagbarer Gewissheit scheinen Sie anzunehmen, dass allenfalls dieser Mann dort den Jungen auf dumme Gedanken gebracht haben konnte. Ich frage mich nur, ob man Sie in Bayern trotz oder wegen soviel entwicklungspsychologischer Sachkenntnis ausgerechnet zum Jugendschutzbeauftragten machen will. Ich fürchte, wir werden tief in Ihrem kollektiven Unbewussten graben müssen, um auf den Urgrund von soviel rätselhafter Gewissheit zu stoßen!

Armadeck *(fahrig)*: Ja, und!? Selbst, wenn Sie recht hätten *(rudert mit den Händen in der Luft)* ... machen wir uns doch nichts vor! Wenn's denn so sein sollte ... müssen wir denn nicht alles tun, um ihnen die Missgünstigkeit anderer zu ersparen? – Bis sich die Einstellung gegenüber Homosexuellen so gründlich geändert hat, wie es vielleicht wünschenswert wäre, wird dieser Junge dort ein alter Mann und sein Leben schon fast vorbei sein. Bis dahin wird er sein Leben lang gedrückt worden sein!

Stecher: Und Sie sind sich g a n z sicher, dass das nicht bereits geschehen ist – und zwar hier, in diesem Saal? Dass Ihr Vorgehen ihn für eine Beziehung strafte, die ihm vielleicht, v i e l l e i c h t etwas bedeutet haben könnte? – Dass wir ihn sogar umso mehr in Mitleidenschaft gezogen haben könnten, als dieser Mann da etwas für ihn bedeutet hat, für das unsere Augen blind sind?

Er blickt verdrossen in die Runde. Marcs Augen irren unruhig umher. Für einen Augenblick trifft sein Blick den Stechers. Als wolle er sich von ihm eine Lizenz erbitten, neigt dieser den Kopf zur Seite.

Stecher: Also gut denn, stellen wir's uns vor! Tun Sie meinen Job, Armadeck! Reisen Sie in fremde Erlebniswelten – auf Verdacht sozusagen. Da ist Marc! Denken wir mit seinem Kopf!
Da ist dieses merkwürdige Gefühl, wenn um dich herum der Frühjahrsreigen losgeht – und du als einziger deinesgleichen noch immer am Boden herumhockst wie ein Sommervogel, den seine Flügel im Stich lassen. Weil sich deine Freunde ab einem bestimmten Alter mehr für Mädchen als für dich interessieren. Wenn es so seltsam kalt wird um dich – weil gerade jene dich nicht wärmen, zu denen dich die Natur in ihrer Laune hinzieht.

Wenn keine leise Schwingung dich leise aufmerken lässt, wie sich ein Mädel brennend für dich interessiert – und du stattdessen nur eine aufdringliche dumme Gans siehst, die dich auf dem Schulweg heimverfolgt. Wie bei der kleinen Anna, auf die die Mutter sacht sein Interesse zu lenken versucht. War's ungefähr so, Marc?

Marc starrt unter sich und presst die Lippen zusammen. Im Raum stehen plötzlich phantomische Pausenhofstimmen, dazwischen eine Mädchenstimme: "Hallo."

Stecher: Stellen Sie sich vor, Armadeck, wie ihr Interesse an ihm erlischt und nur die Enttäuschung auf ihn zurückfällt. Wie er sich nur darüber wundern kann, was er wohl falsch gemacht hat, dass sie nicht mehr mit ihm spricht – nur, weil sein Hallo immer anders klang als ihrs. – *(Kinderstimmen, stark verfremdet: Sur le pont d'Avignon, on y danse, on y danse ... .)* – Wie wird sich's äußern, Armadeck, wenn ein solcher Junge einen Jungen dafür umso anziehender findet? Nennt er's Liebe? – *(Kevin taucht plötzlich auf, maskenstarr und schweigend)* – Davon weiß er nichts; er kennt das Wort nur von Reden und Spielen, die für ihn nicht gemacht sind. – *(Männerstimmen: "War doch bloß ein Witz. War doch bloß ein Witz.")* – Marc weiß nur, dass er sich auf jede Begegnung, jedes Wort freut. Für Freundschaft muss er's halten, was ihn an Kevin bewegt.
Nichts wird erwidert, was immer er auch vorsichtig unternimmt, um das zu erleben, was er noch immer für Freundschaft hält, wie t a u s e n d   a n d e r e sie doch auch anscheinend haben! – *(Die Stimme Marcs: "Zigarette?")* – Wie einseitig muss es sich anfühlen, was beide unter Freundschaft verstehen, und doch für beide so verschieden ist! Wie doch das Gefühl kommt, als wär's ein fahrender Zug, der einsamste Mensch auf Erden zu sein! – Er merkt, dass ihm was fehlt, ohne zu wissen, was.
Und über kurz oder lang muss er sich's erklären – muss sich's f a l s c h erklären: Er muss sich für nichtswürdig, gar den Ungeliebtesten der Klasse halten – und er muss die Gründe finden, und er wird sie da suchen, wo sie nicht liegen: Nicht an dem, woran Jungs in seinem Alter zweifeln – nicht an seinem Wert, nicht an seinem Äußeren. Indem er in den Spiegel schaut,

trifft ihn ein unbarmherzigeres Urteil als sie; sieht er schlimmeres als einen Mangel an Entsprechung, den er sähe, könnte er sich durch ihre Augen betrachten.

Schuljungen erscheinen jetzt; einen überdimensionalen goldenen Spiegel mit einem schwarzen Tuch vor sich tragend, marschieren sie vor Marc auf und wieder hinaus: "Erkenne dich Marc, in unsrer Gestalt, doch lass dich nicht von Schönheit blenden! Erkenne uns Marc, in deiner Gestalt, doch lass nicht falschen Zweifel gelten!"

Stecher: Stellen Sie sich auch das vor, Armadeck: Wie Marc von seinem besten Freund schwärmt, und noch nicht weiß, dass er ihn nach unseren Begriffen eigentlich liebt. – *(Man hört Marc, aus der Ferne: "Ich muss dir so was ganz geheimes sagen")* – Keiner weiß es – erst recht nicht der Freund: Der ihm mit kaltem Blick erscheinen muss und sich nur über seine Anhänglichkeit wundert, und - mag sein – auch eine unerklärliche Traurigkeit, wenn sie sich trennen. Was für ein unerklärliches Wühlen in der verängstigten Brust, in den Arm genommen zu werden, jemand bestimmtem nahekommen, ihn umarmen zu dürfen, ohne ihn zu verschrecken. *(Kevin dreht sich jetzt zum inzwischen stehenden Marc um: "Du dreckiger Verräter! Du dreckiger Verräter!")* Was erhofft sich dieser Junge, und wie sehr wird's ihn quälen! – Setzen Sie sich dem aus, Armadeck? Da fällt das Wort "schwul" im Pausenhof – *(schallendes Kindergelächter)* – und sie zeigen plötzlich alle auf ihn. Was ist passiert, fragt er sich. Hat er den Arm zu oft, zu lange auf der Schulter vom besten Freund liegen lassen? – *("Schwuulaa! Schwuulaa!")* – Bedeutet das "schwul"? – Und warum wenden sich die andern ab? Was hab' ich getan? – *(Marquard spaziert mit martialisch geschwungenem Zeigestock über die Bühne: "Nicht schlagen, den Dieb! Nicht schlagen, den Dieb!")*
N i e m e h r , das schwört er sich jetzt, wird er Anlass geben für schmutzige Verdächtigungen! Denn er hat ja gemerkt, dass da was Schlechtes in ihm sein muss – dem üblen Klang des Worts allein entnimmt er's. Der Lehrer – wie geliebt, wie bewundert! – nimmt ihn in Schutz, hält seine Standpauke, und Marc erfährt, dass

bereits der bloße Verdacht ein ganz schlimmer sein muss – so, wie man etwa einen Dieb zu stehlen verdächtigt.
Was ist da los mit mir, fragt er sich! Der Vater sagt, ich sei anders, schlechter als die andern – und warum interessiert sich niemand, der mich interessiert, auch mal für mich! Hände, die sich zurückziehen; Augen ohne jenen Glanz von Wiedersehensglück, den er so sehr in ihnen zu wecken versucht. Dafür aber voll Skepsis, missbilligend. Und bald scheint jeder Blick dir zu sagen: Bleib mir vom Leib.
Dem Vater, a l l e n will ich's jetzt beweisen, nimmt er sich vor: Beweisen, dass ich bin wie jeder andere. Man muss sich nur ähnlich machen. Und so schindet er sich auf dem Fußballplatz ab. Er fühlt, dass es nicht sein Spiel ist – während nichts sich dadurch ändert, dass er's trotzdem mitspielt.
Und dann kommt da einer – ein Kerl wie der Vater! Aber Einer, der dir ins Herz guckt. Weil er nur er sehen kann, was du bist, und was deinen eigenen Vater nur anekeln würde. Noch dazu einer, der dir sagt: "Ich hab' dich lieb"; "du bist nicht hässlich, sondern schön"; "nicht dumm, sondern anders" – und zu sanft für ihre rohen Spiele. Sei's aus Neugier, sei's aus Neigung – hier ist dir Vertrauen möglich. Was könnte er von dem Manne erfahren haben, Armadeck? – Vielleicht: Eine Blume kann nur dadurch strahlen, dass ihr ein menschlich Auge Farbenglut verleiht. Viele sehen rote, andere blaue – ich aber sehe dich, während andere achtlos über dich treten. Wir beide müssen fürchten, dass der Schnitter kommt.
Endlich ist da eine Seele zum Anfassen! Einer, mit dem alles möglich ist: Größte Nähe auch und Platz in einem Herzen, exklusiv für dich. Einer, mit dem du reden kannst; einer der das schon hinter sich hat, was auf dich noch einstürzt. Ein Freund, magst du jubeln – aber leise, damit sie's nicht hören. Endlich ein echter Freund, und ein Erwachsener dazu, der sich für dich begeistert – das hat nicht jeder, und zum ersten Mal hast du den rechten Namen für die richtige Sache. Aber so ganz geheuer kann's dir nicht werden: Zu Hause lauern sie, wohin du gehst, und du musst lügen. Wenn du von dort weggehst, musst du die neugierigen Nachbarn fürchten, damit sie nicht sehen, von wem

du kommst. Auch darfst du nicht zu oft kommen, damit dem Schurken keiner auf die Schliche kommt, für den du andre Worte hast. Bei deiner Diebsehre: Niemand soll's erfahren.
Lange geht das nicht gut: Denn da steht schon jener andere Mann in der Tür, dessen Liebe dir im Genick sitzt. Der dich wie einen Dieb stellt, dich schüttelt und fragt, woher du kommst, und was du dort gemacht hast. Der dich nicht mehr kennen wird, wenn er's weiß.
Er hat's entdeckt! Dich erwischt wie einen Dieb in der Nacht. Du siehst ihn toben, er schlägt dich auf's Haupt und schleift dich zur Polizei. Gib's zu, hört sich's an, denn verboten ist, was du tatest, ein Gauner, der dir Liebe beteuerte, und, wie du dich selbst in ihm annehmen und neu zu lieben lerntest, weiter nichts als Lug und Trug.
Sie bringen dich hierher in diesen großen Saal. Die Zunge klebt dir im Hals, wenn du ihnen Rede und Antwort stehen musst, diesen wichtigen und finstren Männern mit den ernsten Gesichtern. Und nicht zum ersten Male fragst du dich, wie du alleine recht haben kannst, wenn so große und wichtige Leute andrer Meinung sind als du.
Dann sagst du endlich aus und hoffst, dass du Unrecht hast und deine Ruhe vor ihnen: Und dass nicht länger mehr d u der Dieb bist. Sie erklären dich gerettet, doch dir ist übel. Sie klopfen dir auf die Schulter, aber du verstehst sie nicht. Nicht das kleinste Geheimnis haben sie dir gelassen, aber das Schild "missbraucht" um den Hals gehängt wie dem Ochsen, den sie melken wollten. Der Rest ist deine Sache: Vergessen – wenn du kannst. Und was dich eine Zeitlang vor der Kälte barg: Dein Leben lang nichts weiter mehr als Schall und Rauch und nur noch Schmutz, ein Acker im Herbst dein Herz.

Stecher steht jetzt direkt vor Marc. Dieser schaut ihn bekümmert an.

Stecher *(leise)*: Was weiß es selbst, was wissen w i r , Richter, über eines Kindes Seele: Wenn wir ihre verletzbarste Seite weder zu sehen wünschen noch erwarten, und es sie deshalb ängstlich unseren Augen verbirgt?

Armadeck: Seine Minderwertigkeitsgefühle wurden ausgenutzt, ja – um ihm genau d a s vorzumachen. Das ist Jannings' Schuld!

Stecher *(zischend)*: Glauben Sie im Ernst, dass ich d a s hier mit Ihnen veranstalte würde, wenn er unschuldig wäre? *(richtet den Finger zornentbrannt auf den erbleichenden Jannings)* D e r d a ist mir doch scheißegal, von mir aus ist er schuldig; Sie können ihn aufhängen lassen! Das ist nicht mein Job! Hier geht's nicht mehr um individuelle Schuld, das war Ihre Sache. Hier geht's drum, zu was man sie missbraucht. Uns interessiert nicht, ob er schuldig ist. Uns interessiert, ob Sie ihn schuldig haben w o l l e n.

Armadeck *(starrt ihn wie entgeistert an, lacht dann plötzlich laut auf)*: Ich weiß jetzt, was Sie wirklich wollen, ich habe Ihr Projekt durchschaut! Es geht gar nicht um die Unvoreingenommenheit von Richtern. Jetzt hab' ich's endlich begriffen! Himmel, und ich Trottel, ich merk's erst jetzt! Der Bundesjustizminister will wissen, wie rechtssicher ich bin! Daher diese Scheingefechte! Für wie blöd halten Sie mich eigentlich? Ich bleibe dabei: Der Junge wurde missbraucht, missbraucht, missbraucht, auch wenn er's selber noch nicht begreift! Abartig, wer sowas rechtfertigt, abartig das Schwein, das so was tut. Der Mann ist ein Kinderschänder, Kinderschänder, K i n d e r s c h ä n d e r!

*

Erzähler: *Auszug aus Herrn Stechers handschriftlichen Notizen. Abartig: Nicht mehr von Menschenart. Kinderschänder: Sprachlogisch Schande des Kindes, nicht des Täters. Schande der gefallenen Unschuld. Ich bin ein g e s c h ä n d e t e s Kind. Irreparabel. Mit Schmutz befleckt. Mein Gott, wie liebt ein Kind damit.*

AUF DEN ZAHN GEFÜHLT

Stecher: Helfen Sie mir auf die Sprünge, Doktor. Was schützen doch gleich die Gesetze, deretwegen Sie vorhin geurteilt haben?

Der Angesprochene blickt gedemütigt drein wie ein dummer Schuljunge.

Armadeck *(dumpf)*: Die sexuelle Selbstbestimmung.

Stecher: Aha. Es wäre also unsere Privatsache gewesen, ob wir uns lieber erbrechen als gewisse Dinge für möglich zu halten. Sie verurteilten den Mann – und quälten diesen Jungen – wegen eines Verstoßes gegen die sexuelle Selbstbestimmung. Gerade hier hätte es nun doch aber einiges zu problematisieren gegeben, nicht wahr? Ist Ihnen zum Beispiel nicht aufgefallen, dass der Junge eine Gehbehinderung hat?

Erschütterte Gesichter allerorten.

Armadeck: Nein, meine Güte ... nein, das ... das ist mir nicht aufgefallen!

Stecher: Mir auch nicht. *(kratzt sich am Kopf)* Ja, schauen Sie: Wenn er nun aber keine Gehbehinderung hatte und trotzdem alles so ohne jeden eigenen Antrieb geschah – dann geht mir die ganze Zeit eine ganz verflixte Frage nicht aus dem Kopf: Wie hat es dieser unglaubliche kleine Satansbraten eigentlich geschafft, den Weg vom Bade – in ein gewisses andres Zimmer zurückzulegen? Denn wenn Sie recht haben sollten, Armadeck – und wenn es zu diesen Dingen nur kommen konnte, weil alles so durch und durch fremdbestimmt war – dann steht ja wohl eines felsenfest: Auf seinen eigenen Füßen kann er das unmöglich getan haben!

Des Richters Blicke blitzen gleich gezückten Dolchen.

Stecher: Wissen Sie, ich krieg' das einfach nicht raus aus'm Kopf, obwohl Sie sicher recht haben, wenn Sie das Problem für degoutant und banal halten – man könnt's tatsächlich glatt übersehen. Aber man stelle sich das mal vor: Da geht doch einer in ein Zimmer, wo just der Mensch auf ihn wartet, von dem er unmittelbar zuvor erst so schreckliche Schweinereien zu erdulden hatte! Wir müssen ferner annehmen, dass ihm dazu vorher noch jemand vorsorglich das Gehirn aus der Schale genommen hat, dass sich der Junge so kapital bei seiner Willensentscheidung zwischen rechts, links und geradeaus vertat. Er muss sich also ins Schlafzimmer verlaufen haben. Tja, und dann ist da noch was: Warum in Dreiteufelsnamen b l i e b er denn dann dort?

Die Augen des Richters funkeln gleich geschwungnen Schwertern. Stecher derweil birst vor Zerknirschung wie ein Pennäler über der Quadratur des Kreises.

Stecher: Ich sag' Ihnen, wir stehen gerade da vor einem gewaltigen Rätsel! Wir haben weder Blut-, Kratz- oder Beißspuren, noch irgendwelche andere Zeugnisse eines erbitterten Zweikampfs um die liebe Unschuld gefunden. Marc ist nicht etwa schreiend aus dem Haus gelaufen. Es berichtet aber auch niemand, dass er ins Zimmer eingesperrt worden wäre oder von d o r t Mord und Totschlag oder "Hilfe, Vergewaltigung" geschrien hätte. Aus dem Badezimmer hat Elaine Roland durch die geschlossene Tür zwar Meinungsverschiedenheiten über die Vorzüge von Mathematikprüfungsvorbereitungen gehört – nicht e i n böses Wort aber scheint zwischen den beiden über einen Streitfall bezüglich sexueller Handlungen gefallen zu sein; obgleich das Schlafzimmer weitaus näher im Hörbereich der Roland lag. Ist das nicht alles ziemlich seltsam?

Das Gesicht des Richters zuckt.

Stecher: Dabei hat dem Jungen weder jemand die Stimmbänder entfernt, noch hätten wir Tesaplast ausfindig gemacht, mit dem derartiges zu verhindern versucht worden wäre. Wenn wir nun davon ausgehen, dass es vielleicht alles doch nicht g a n z s o d r a m a t i s c h war: Warum hat er sich nicht zum Beispiel einfach mit einer Ausrede ins Wohnzimmer zu Elaine Roland abgesetzt, sobald's ihm zu zudringlich wurde? Nun könnte man als einziges vielleicht noch annehmen, dass der Junge so schockiert über den Anblick des Mannes im Schlafzimmer war oder so raffiniert von ihm eingewickelt worden ist, dass Marc aus lauter Scham oder Gewissensangst nicht "Nein" sagen konnte, als das Entsetzliche geschah. Aber – sollte man das dann für möglich halten: Als er bei der Roland wieder auftaucht, da war er nicht etwa verstört, oder vor Grauen und Demütigung neben sich getreten. Aber nein! Er pfiff übermütig vor sich hin, hat ihr als erstes quietschfidel eine Techno-Parodie aufs Parkett gelegt, und prompt danach für sich und seinen Peiniger zwei Liter Schokoladenpudding aufgesetzt!

Der Richter nagt an seiner Unterlippe wie ein Schaf, das Reisig fressen soll.

Stecher: Ist das alles nicht'n bisschen viel, was Sie uns zu erklären hätten, wenn der Mann da die Selbstbestimmung dieses Jungen auf so garstige Weise unterdrückt hätte? Wäre das genaue Ablaufgepräge, so, wie wir's kennen, ohne Eigenantrieb des Jungen überhaupt d e n k b a r gewesen?

Armadeck: Welcher Mittel sich dieser Jannings auch immer bedient haben mag, den Jungen ... derart ... für sich einzunehmen ... Sie wissen, dass eine selbstbestimmte Entscheidungsfähigkeit zu solchen Dingen Kindern nicht möglich ist, ganz egal, was da gelaufen ist!

Stecher: Na ja, wissen 'Se, Dokter ... das Patschehändchen irgendwo liegen zu lassen oder wegzuziehen, zu jemandem hin oder von jemandem weg zu gehen; einen Kuss zu erwidern oder den Kopf von einer Schulter, die Wange von einer Brust zu nehmen – ich meinethalben würde das für einen glasklaren Akt von Willensentscheidung halten. Ja, ich darf sogar sagen: Ich persönlich beherrschte diese Kunst bereits als Vierjähriger! Denn seinerzeit war ich jedesmal kalkuliert und von langer Hand geplant auf der Flucht, wann immer sich meine knutschende Großtante angekündigt hatte. Ich sage Ihnen, die Gute bestand in jenen Tagen bloß aus Mund! Was mich aber wundert, Doktor: Nicht an einem einzigen Punkt hätten Sie die Frage gestellt, wieso der Junge seine Hand nicht weggezogen, die Wange nicht von der Schulter jenes Mannes genommen, und nicht seine Küsse von sich gewiesen hat – im Gegenteil, so wie's aussieht.

Er wartet einem Moment, während er den angewidert vor sich hin brütenden Richter weiter mit Argusaugen beobachtet. Armadeck schmort lebendig im eigenen Saft. Gleich der Schneck' zieht er es mit eingezogenen Fühlern vor, jetzt erst einmal ein Weilchen in seinem Haus zu bleiben. Stecher scheint angesichts von soviel Langmut zu verzweifeln.

Stecher: Verstehen Sie mich nicht schon wieder motiviertermaßen falsch, Doktor. Es geht hier nicht um eine Rechtfertigung sexueller Übergriffe aufgrund ihrer schweren Objektivierbarkeit. Worauf ich hinaus will, ist vielmehr folgendes: Wenn Sie uns hier nicht gerade erzählen wollen, Sie hätten sich das Herz Ihrer ersten Flamme damals dadurch für so weitgehende Vertraulichkeiten geöffnet, dass Sie sie hinter ein Gebüsch lockten, um ihr dort was angeblich schönes zu zeigen – dann sollten Sie uns hier schon ein bisschen plausibler machen, wieso der Junge da den Weg vom Bade – in ein gewisses andres Zimmer nicht gefesselt und geknebelt und unter einem Spieß gehangen zurückgelegt hat!

Armadeck *(brummig)*: Wie ich schon sagte: Es gibt da ganz subtile Manipulationen ...

Stecher: Da kommen Sie ja doch noch auf den springenden Punkt. Was meinen Sie konkret?

Armadeck: Vieles. Unendlich vieles. Dinge, die für kein Gesetz fassbar sind. Ein plötzliches Unterkühlen der Stimme zum Beispiel. Es gibt tausend Mittel, derer sich einer bedienen kann.

Ein knapp gehaltenes Wort. Ein eingeschnappter Entzug von Liebe, wenn der andre nicht spurt, wie man will. All das.

Stecher: Wenn ich Sie da recht verstehe, haben Sie – entgegen Ihrer ersten Aussage vorhin – den Mann also gar nicht wegen "sexuellen Handlungen" verurteilt, sondern aufgrund allgemeinster Regeltechniken einer menschlichen Beziehung – längst, bevor es dazu kam?

Armadeck: Sie sophistizieren wie ein Winkeladvokat. Für mich ist das ein Komplex. Für jeden andern wäre es das, in diesem Fall.

Stecher: So? Ja? Nun, mein Lieber – auch für das Gesetz?

Armadeck *(erschrickt)*: So hängen Sie mich doch nicht für Interpretationsspielräume auf, die ich nicht zu verantworten habe, mein Gott!

Stecher: Aber so einfach ist das doch alles meistens nicht, nicht wahr? Nehmen wir doch auf Verdacht mal an, dass die körperliche Anziehung zumindest gelegentlich etwas mit liebevoller Verbundenheit zu tun hat: Man muss es dem anderen s a g e n , wenn wir dieses ganz bestimmte Etwas für ihn empfinden. Und wenn man es nicht sagen kann, dann muss man es ihn m e r k e n, a h n e n, s p ü r e n lassen – zum Beispiel durch die größtmögliche Selbstlosigkeit sein Herz zu gewinnen suchen; auf eine spontane Entgegnung der eignen Neigung warten. Und wenn sonst nichts übrig bleibt – tja, dann kann man nur auf eine stumme Erwiderung hoffen. Oder eben auf eine weihevolle Gelegenheit: Das Haupt, das sich einem an die Schulter legt, auf dass wir es liebevoll umfassen können. Die Hand, die sich nicht zurückzieht, auf dass wir sie küssen dürfen. Gesetzt der Fall nun, Jannings hätte sich s o l c h e r "Mittel" bedient – würden Sie nicht lieber die Todesstrafe verhängen, sollte er damit die Selbstbestimmung dieses Jungen sogar ganz ungehörigerweise g e f ö r d e r t haben? Und sei es nur – aus Neugier oder Neigung – "Ja" statt "Nein" zu sagen?

Armadeck: Ich ... ich weiß nicht, was ich dazu jetzt sagen soll, offen gestanden ...

Stecher wartet noch einige quälende Sekunden. Dann macht er wütend einen Vermerk. Armadeck fährt zusammen.

Stecher: Seien 'Se bloß froh, dass das 'ne rhetorische Frage war. M i r sagt Ihr Schweigen genug.

Armadeck *(zornig)***:** Und was, bittschön, wenn ich fragen darf?

Stecher: Dass Sie nicht zu den Dummköpfen gehören, die sich gewisse Dinge nicht menschlich vorstellen können. Dass Sie nicht verklemmt genug sind, dass "pervers" immer bloß die Sexualität der andern ist. Und dass Sie nach dreißig Jahren Berufserfahrung auch zweifelsfrei nicht mehr naiv genug sind, als dass Sie mit gewissen Phänomenen vorhin nicht zu rechnen gehabt hätten.

Er starrt auf seine Aufzeichnungen.

Stecher: Dass Sie, Edmund Cornelius Armadeck, vorhin ganz eigene Motive dafür hatten, dass sich gewisse Fragen für Sie v ö l l i g erübrigt haben.

Eine Meldung des kleinen Manns im Ohr reißt ihn aus seinen Gedanken. Er neigt den Kopf zur Seite und verharrt einige Sekunden angestrengt lauschend; dann klart sein Gesicht sich auf.

Stecher: Puls und Galle feiern da grad ein bisschen Orgie bei Ihnen, hör' ich. Muss an der unverschleiernden Sprache liegen. Offensichtlich sind wir bei Ihnen auf dem richtigen Weg.

*

Stecher: Nächste Chance zu punkten, Dokter. Sie benutzten vorhin für das, was immer da zwischen den beiden im einzelnen geschehen sein mag, mehrfach die neuhochdeutsche Wendung "Missbrauch". Im Zusammenhang mit diesem Fall wundere ich mich zunehmend darüber, wozu dieser verklausulierende Begriff inzwischen so alles taugt.

Armadeck: Ich verstehe nicht, was das schon wieder soll.

Stecher: Na, ja. Sachen, bei denen man "das" davor setzt – Neutren, Gebrauchsgegenstände – kann man missbrauchen. Es gibt den Missbrauch von technischen Geräten, von Kühlschränken – wenn man zum Beispiel Hamsterkästen draus baut. Es gibt den Missbrauch von Medikamenten, Elektrogeräten und Schusswaffen. Wir sprechen nicht etwa vom "Missbrauch von Vertrauen zu sexuellen Zwecken" – wir reden von K i n d e s-missbrauch; aber selbst, wenn wir einen Pinscher zum Trocknen in die Mikrowelle stellen, dann sprechen wir nicht davon, den armen Kerl, sondern die M i k r o w e l l e hätten wir missbraucht. Was in Dreiteufelsnamen verbindet sich f ü r S i e p e r s ö n l i c h mit dem pseudointellektuellen Modewort für alles – "Missbrauch"?

Armadeck: Lachen Sie sich tot über Ihre Einfälle! Sagen Sie mir endlich, worauf Sie abheben.

Stecher: Auf Ihre kulturhistorische Bildung, mein Lieber! Finden Sie nicht, dass der Begriffsbildung "sexueller Kindesmissbrauch" ganz logischerweise auch eine Vorstellung darüber wird zugrundeliegen müssen, wie man Kinder sexuell richtig gebraucht?

Armadeck *(pikiert)*: Ihre Gedankenspiele werden zunehmend pervers, wissen Sie das eigentlich?

Stecher: Na, aber ... müssen wir ihnen zum Beispiel nicht durch allerhand väterliche Aufklärungsgespräche erst zeigen, wie sie von ihrer Sexualität richtigen Gebrauch machen? Man könnte ja fast meinen, die Menschheit stürbe aus ohne die mit ungeheurem Ernst vorgetragenen väterlichen Binsenweisheiten über das Wie und Warum der Erektion! Oder wie wir uns einbilden, wir müssten diesen unzivilisierten Halbmenschlein erst erklären, warum man etwas wann wie irgendwo hineinsteckt – als bräuchte unsre Art da plötzlich erst 'nen Grundkurs in Reproduktionsmechanik! Was könnte uns da die Natur ins Handwerk pfuschen, wenn wir uns dessen nicht rechtzeitig bemächtigten! Erzählen wir ihnen irgendwas drüber, wie man mit einem Korb, mit sexuellen Besitzansprüchen, mit demütigenden Zurückweisungserlebnissen umgeht – oder eben mit einem Buben wie diesem da? Ich würd' sagen, d a s lehrt sie die Natur nicht von selber! Wo kommt die bloß her, diese sexualisierte Überängstlichkeit im Kampf mit den lieben Kleinen – wo uns ihre wirklichen Dramen doch so furchtbar egal sind!

Armadeck *(trocken)*: Die Pädagogisierung von Kindheit nennt man's wohl. Zumindest wenn sich einer drüber lustig machen will. *(trotzig)* Ich persönlich halt's für einen Meilenstein der Zivilisationsgeschichte!

Stecher: Aber absolut! Man schlug ihnen auf die Finger, damit sie nur ja potent in die Ehe gehen! Lehrte sie das Fürchten vor Idiotie, Rückenmarkschwindsucht und die Theorie der tausend Schuss – als ging's drum, den Deibel der Onanie mit dem Beelzebub degenerativer Wahnvorstellungen auszutreiben! Nicht mal die Jesuiten trieben's wie vor hundertfünfzig Jahren die Viktorianer, als man damit anfing! Und vorhin erst vermeinte ich, statt einer Psychologin die Wiederkunft der puritanischen Gouvernante zu erkennen!

Wohlkalkuliert studiert er jede Veränderung in seines Gegenübers Gesicht.

Stecher: Es gibt sogar äußerst vielfältige Möglichkeiten, Kinder richtig zu gebrauchen, Armadeck! Unreif sind sie uns am liebsten, denn im Spiegel solcher Augen dünkt sich selbst der Dümmste reif! Sie sind der Glanz im Auge der Mutter, der Stolz vor unseren

Freunden, Eltern und Verwandten – wenn sie nicht zum Beispiel homosexuell sind. Wir leben in ihnen fort, sie tragen uns in die Zeiten – wenn sie nicht homosexuell sind. Willfährige Erfüllungsgehilfen sind sie der Wunschträume von uns Alten. Aber der liebe Gott hat uns doch keine Gebrauchsanweisung in den Boppes gesteckt, bevor er uns mit'm auf die große Reise schickte! Oder beziehen 'Se sich auf das dicke Buch, aus dem Ihr Vater einst die Psalmen sang? – Sagen 'Se bloß nicht wieder, da steht alles drin!

Der Richter ist mit einem Mal wutentbrannt.

Armadeck: Ich möchte Ihnen dringend nahelegen, mich mit diesem Thema endlich in Ruhe zu lassen! Respektieren Sie wenigstens meine natürlichen Schamgefühle! Ich rede nicht sonderlich gern über sowas. Himmel, wieso reiten Sie nur dauernd i m m e r z u auf diesem Punkt herum, das ist ja ekelhaft!

Stecher *(knallhart):* Umso mehr, als ich w e i ß , Doktor, dass Sie mit dem Thema vorhin absolut nicht gerechnet haben und es Ihnen wie kein zweites den Schweiß aus den Poren treibt, werde ich Ihnen damit zusetzen, bis Ihnen der Gickel platzt und Ihnen die Ohren abgebrannt aus dem Gesicht fallen!

Dem Richter schießt das Blut in den Kopf. Der Gesinnungsprüfer verfärbt sich gleichfalls – indes vor Wut.

Stecher: Wenn Sie hier weiter glauben, Sie können sich mit sittsamkeitsbetulichem Tabugetue aus der Affäre ziehen oder Schweinereien mit Redeverboten decken, damit man die Leichen im Keller Ihrer Moralsalbaterei nicht sieht, dann werden Sie heut' noch sehen, was von Hochehrwürden übrig bleibt, wenn wir ihm seine Ausredendecke wegziehen. M i r schon klar, Doktor, dass Ihnen dies ekle Sujet so ganz und gar nicht passt! Es besteht kein Grund in Ihrem Fall, es hier bei zartfühlenden Andeutungen zu belassen. Bei mir wird nichts totgeschwiegen! Ich frage Sie jetzt noch einmal – und bitte überlegen Sie sich die Antwort diesmal gut: Sind Sie Homosexuellenphobiker? Haben Sie emotionale Probleme mit Homosexuellen?

Armadeck: Nein, zum Donnerwetter! Wie könnte ich sie hassen, schließlich bin ich kein Nazi!

Stecher: Hass, meine Güte, Doktor! Sie haben sie früher mit eloquenter Wonne eingesperrt und lachen heute verschämt über kleine Witzchen. Ihre Vergasung halten Sie noch für Hitlers verständlichstes Verbrechen, Sie brächten es nicht über sich, auch nur eine Minute allein in einem Raum mit einem von ihnen zu sein – geschweige denn, spaßeshalber eine Homosexuellenkneipe zu betreten – und beträfe es Ihren eignen Sohn, so würfen Sie ihn angewidert aus dem Haus. Wer spricht denn da von Hass! Welches sittliche Empfinden verziehe sich schon so eine teuflische Sache wie Hass? Woll'n wir's lieber Ekel nennen? Dann hört sich's wie 'ne Krankheit an und wir können nüscht dafür?

Armadeck: Nein! Nicht im Mindesten! Ich wurde nie von einem missbraucht, war nie mit einem unglücklich verheiratet, ich habe keinerlei Empfindungen in dieser Richtung und mithin auch keinen Grund, das Gegenteil zu behaupten! Solange mir keiner von denen an den Hintern fasst, habe ich keine Probleme mit ihnen – und sie nicht mit mir! *(lacht aufgebracht)* Ich bitte Sie – bitte Sie i n s t ä n d i g – mir endlich zu glauben! Wieso ist diese Frage nur so verdammt, v e r d a m m t wichtig?!

Stecher: Weil wir Sie weder nach Bayern durchkommen lassen werden, noch Ihnen ein Urteil in Strafsachen dieser Art zutrauen können, wenn Sie in diesem Punkt nicht ganz koscher sind!

Krachend fährt jetzt eine Faust auf den Tisch, und Armadeck springt auf. Wie von der Tarantel gestochen saust er um den Tisch.

Armadeck: Unsinn! Sie wollen's mir doch die ganze Zeit unterschieben! Ich weiß genau, was Sie wollen. Ganz genau! Hat ein bisschen gedauert, bis der Groschen fällt, der Groschen in

Ihrem perversen Sparschwein nämlich, geb' ich gern zu. Aber ich weiß es jetzt – jetzt endlich. Sie haben sich ja vorhin selbst verraten! Nein, mein Junge, ich hab' Sie jetzt durchschaut. Sie und Ihre Spiegelfechtereien! Sie sind ein ganz raffinierter Hund, das muss man Ihnen lassen!

Stecher zeigt nun seinerseits nicht geringe Anzeichen von Beunruhigung. Verlegen kritzelt er vor sich hin.

Armadeck: Die ganze Zeit über zermartere ich mir schon das Hirn, wieso Sie mich da vorhin eigentlich dauernd auf den Homosexuellen festnageln wollten – und warum Sie gleichzeitig suggerieren, ich hätte was gegen Homosexuelle! Und jetzt, jetzt endlich weiß ich, wo der Hase langläuft, Sie können mir nichts mehr vormachen. Diskreditieren wollen Sie mich! Absäbeln! 'N latenten Homosexuellen wollen Sie aus mir machen, oh, und ich weiß warum! Kleine schwule Eifersüchteleien, so durch die Hintertür bei der Urteilsfindung, wie? (*Stecher zieht den Kopf ein. Der Richter lacht völlig hysterisch*) Der verklemmte Homosexuelle, so'n Zukurzgekommener, der zu nix stehen kann, so 'n verklemmter, überangepasster Zölibatär, der sich nicht traut, den's ins Richteramt verschlagen hat, und der beim fantasierten Tanz um den hübschen Knaben mit seinen Urteilen die Konkurrenten ein bisschen aus perversem Neid abstrakt, irgend so ein abgedrehter, kranker Psychologenquatsch! In dem Moment, wo ich Ihnen sagen würde "ich liebe Homosexuelle", mehr als Frau und Hund zusammen, oder irgend durchblicken lasse, dass ich auf vertrautem Fuß mit ihnen stehe, in dem Moment wär' ich doch sofort geliefert, und deswegen werden Sie von mir keine Liebeserklärungen hören! Voilà!

Stecher starrt ihn mit einer Mischung aus Verblüffung und verdutzter Hochachtung an. Dann lächelt er plötzlich ein diebisches Eiseslächeln, lacht und prustet befreit, ausgelassen wie ein Kind.

Stecher: Na, dann winden Sie sich doch raus! Winden Sie sich doch einfach, einfach raus!

Er schüttelt sich vor Lachen, schlägt sich auf die Schenkel.

Stecher: Gucken 'Se, solang Sie's abstreiten, sind 'Se ein latenter Verdränger, und geben Se's zu, dann ham' wer's manifest! Wir wissen aus allem und jedem was zu machen – und das Ergebnis lohnt die Mühe immer! Winden 'Se sich doch einfach, einfach raus!

Stecher brüllt vor Lachen und macht ganz und gar den Eindruck, als wollte er an seiner Schadenfreude ersticken. Der Richter hat inzwischen wieder die Farbe gewechselt. Die Augen hat er vor Entsetzen mit der Hand beschattet, und zwischen zwei Fingern lugt er jetzt hindurch, als müsse er sich vergewissern, dass er sich wenigstens noch in seiner eigenen Hölle befindet.

Armadeck: Mein Gott ... Sie ... wollen mich ja vernichten!

Stecher: Ha, ha. Was für ein Klang: So hell, so licht, so rein und klar ... was für eine reinigende Kraft doch in diesen vier Buchstaben steckt! Befreit vom drückenden, stickigen, schwülen Muff der Erdenwärme, rein von den stinkigen Ausdünstungen liebender Geschöpfe! W a s für ein beseelendes Gefühl ... endlich hassen dürfen, Armadeck, dreinschlagen, totschlagen, zernichten mit der Inbrunst und Unschuld des Kindes ... w a s für eine Macht ... sogar die Liebe machtvoll bezwingend ... archaisch, kraftgeladen, kristallen und voll kalter Schönheit ... universelle Energie ... zuckend wie Polarlicht aus den Trümmerwüsten des Alls, Eiswind aus schon zerstörten Massen des Welten-Nichts, schneidend, wie aus klarer Sternennacht: HASS.

Seine Augen glänzen mit einem Mal in eigenartigem Schimmer. Doch schon im nächsten Augenblick ist es wieder verschwunden. Armadeck betrachtet ihn noch immer erschrocken, als habe er soeben einen Geist gesehen. Und dann steht statt Stechers üblichem ironischen Singsang plötzlich etwas anderes im Raum. Ein Gekrächze voll altersweiser Zärtlichkeit; ein zischelndes Wispern voll süßlicher Verführung:

Stecher: "Ich war dein verkapptes Unterbewusstes. Folg' mir und ich zeig' dir die Freiheit."

EINE WIRKLICHKEIT ZERBRICHT

Stecher: Sie glauben also nicht, dass wir vorhin eine menschliche Beziehung zu berücksichtigen gehabt hätten, bevor wir diesen Affenzirkus veranstalten?

Armadeck schweigt immer noch, zuckt die Achseln. Stecher steht mit einem Seufzer auf.

Stecher: Marc, würdest du mir einen Gefallen tun und mir mal die schwarze Mappe aus dem Wagen holen. Ich hab' gedacht, ich brauche sie nicht, und jetzt brauch' ich sie doch. Sie liegt hinten auf dem Rücksitz. Tust du das für mich, ja?

Der Junge nickt schüchtern, nimmt etwas widerstrebend den Schlüssel aus Stechers Hand entgegen und geht hinaus. Kaum ist er draußen, wird Sam mit einem Kopfnicken angewiesen, ihm zu folgen.

Stecher: Passen Sie auf, dass er nicht wieder vor ein Auto läuft.

Sam verlässt nun ebenfalls den Raum.

Stecher *(in den Sprechfunk)*: Wie sieht's aus, Harry? *(indem er das Sprechfunkgerät wieder einsteckt)* Da ist Ihr Vater, Armadeck, da Ihre Mutter, und der Mensch, der Ihnen nach diesen der wichtigste geworden ist. Wem würden Sie in die Augen sehen?

Armadeck: Das lässt sich denken.

Stecher: Doktor, da oben in der Deckenbeleuchtung haben wir eine Spezialkamera installiert. Sie ist elektronisch ausrichtbar und überträgt Bilder ins Zimmer nebenan. Sie ist mit einer Art Computer verbunden, den wir Okkulotaxiograph nennen. Wir verwenden dieses Gerät für Blickkontaktanalysen.

Harry ist unterdessen hereingeschneit, einen Computerausdruck in der Rechten, von dem er abliest.

Harry: Zu Anfang haben sich der Beschuldigte und Marc abwechselnd mit Blicken gesucht, der Junge neunmal, Jannings fünfzehn Mal. Dabei haben die Versuche auf beiden Seiten ständig zugenommen, sich zu Anfang allerdings meistens verfehlt; der eine hat scheinbar immer gewartet, bis der andere wegsah. Gesamtdauer der erwiderten Blickbewegungen: Zu Jannings etwas weniger als zur Mutter, aber gut zehn Mal so lang als zum Vater. Als Sie sagten: "Dass dieser Junge den Mann geliebt haben könnte" ist etwas passiert: Beide haben spontan Blickkontakt aufgenommen, länger als im ganzen Verfahren, über sieben Sekunden.

Er verschwindet wieder in Richtung Pausenraum. Armadeck blickt betroffen.

Stecher: Darf ich die Eltern jetzt bitten, kurz aufzustehen.

Die Eltern erheben sich. Vier weitere Stühle werden von Walter und Fuchs hereingebracht und neben den Stühlen der Laims postiert.

Stecher: Bitte, verteilen Sie sich hier vorne auf die Stühle. Setzen Sie sich bitte so, dass zwischen Ihnen jeweils ein Stuhl frei bleibt. Herr Laim, setzen Sie sich bitte auf den zweiten Stuhl links. Die Mutter zwei weiter ... so, ja. Und, Herr Jannings, darf ich Sie auch hierher bitten?

Jannings steht, sichtlich widerstrebend, auf. Die Eltern vorne zeigen ebenfalls Beunruhigung.

Stecher: Herr Jannings, setzen Sie sich bitte auf den fünften Stuhl, der letzte Stuhl an Ihrer Seite bleibt frei.

Karl Laim: Was einem hier alles zugemutet wird ...

Helga Laim: Halt doch e i n m a l den Mund, Karl.

Jannings setzt sich verlegen auf den zweiten Stuhl neben der Mutter.

Stecher: Ich möchte Sie jetzt alle bitten, geradeaus zu mir und zu Doktor Armadeck zu sehen. Wenn der Junge jetzt gleich zur Tür hereinkommt, schauen Sie nicht hin, haben Sie gehört? – Sie schauen nicht zu ihm hin. Versuchen Sie ganz Auge und Ohr zu sein, was hier vorne geschieht. – Und nun wenden wir unsere Aufmerksamkeit wieder diesem Szeno-Test zu. Urla, würdest du deine Interpretation von heute vormittag noch einmal wiederholen?

Urla Waldt kommt vor. Beide treten an den offenen Szenokasten.

Stecher: Was sieht man da?

Waldt: Einen Mann, eine Frau, zwei Kinder im Zimmer. Der Mann und die Frau stehen abseits. Da beide älter sind als die dritte Figur draußen vor dem Fenster, ist zu schließen, dass es sich um die Eltern des Jungen handelt. Am Tisch sitzt ein Junge, vorgebeugt, wie um Schularbeiten zu machen. Der Junge hebt abwehrend den Arm. Hinter dem Jungen kriecht ein Krokodil, das der Junge jedoch nicht zu bemerken scheint. Es hat das Maul aufgeklappt, und zwar in Richtung auf den Jungen am Tisch. Vor der Mutter krabbelt ein weiteres, kleineres Kind. Der Mann hinter dem Fenster ist der Bedroher, der sich nicht zeigen will, und das Krokodil symbolisiert den Missbraucher bei der sexuellen Handlung. Kinder spalten manchmal die Persönlichkeiten ab. Der Mann, den das Kind als Freund kennt, darf in seinem Erleben quasi nicht der Feind und Peiniger sein.

Stecher: Und das Kind, das auf dem Boden krabbelt?

Waldt: Marc scheint eine Art Zeitperspektive anzudeuten. Das Kind ist näher vor den Eltern postiert, will sagen: "Das bin ich, euer Kind, als ich noch unschuldig war. Auf der anderen Seite ich am Schreibtisch, bevor ich diese Unschuld verlor".

Stecher: Ich halte es für ziemlich merkwürdig, wie Marc sich in deiner Praxis verhielt. Er setzt sich spontan an diesen Test und fängt an, damit zu spielen. Er weiß doch immerhin, wo er ist! In jeder Frage, die du stellst, riecht er förmlich, dass er etwas preisgeben soll – etwas ganz bestimmtes. Das, was er sagen will, verbietet sich. Wie es sich auch verboten hat, hier mit dem Finger auf mich zu zeigen, nachdem er mich als angeblichen Freund von Jannings kennengelernt hat.

Dem Blick nach zu urteilen, den Armadeck jetzt Stecher und der Waldt zuwirft, scheint es nichts mehr zu geben, was ihn heute noch überraschen könnte.

Stecher: Ist es nicht denkbar, dass er uns etwas ganz anderes damit sagen wollte? Dass nämlich die Eltern deshalb im Zimmer stehen und der Mann vor'm Fenster, weil er ihn e n t l a s t e n wollte? Richtet sich der abwehrende Arm da vielleicht gegen die zeternden Eltern, weil sie die ganze Affäre entdeckt haben? Hat er sich vielleicht Hoffnungen gemacht, du würdest das so interpretieren – wo ihm inzwischen vollends der Mut fehlte, es offen zu sagen? Grüßt er den außenstehenden Jannings mit dem Arm sogar?

Die Psychologin bleibt skeptisch.

Waldt: Was ist mit dem Krokodil?

Stecher: Was hätte er tun sollen – nachdem ihm ja schon gleich zu Anfang jeder diesen Mann und das Geschehen als pervers vor Augen gestellt hatte? Wie hätte er noch offen in Partei für Jannings zu treten können! Erkennen lassen "Ich mag einen Perversen"? Erklären: "Er hat mich nicht einseitig missbraucht, ich war aktiv beteiligt". Dir sein Innerstes mitteilen: "Wenn der pervers ist, was bin infolgedessen dann i c h "? Wie hätte der Junge noch offen erklären können, wie er wirklich dachte und empfand?

Funkelnden Auges wirft die Sachverständige ihren Kopf zurück.

Stecher: Er hat sich nicht panisch von Jannings und seinen eigenen Anteilen distanziert, er wollte zu ihm halten. Es gab nur einen Weg für ihn, Jannings nicht zu schaden, ohne ihn offen verteidigen zu müssen und sich selber dadurch bloßzustellen: Er konnte nur noch mit Anspielungen operieren – in der Hoffnung, du verstündest. Erst hatte er mit Jannings jenes aufwühlende Gespräch vor den Gittern des Reptiliengeheges. Nach dessen Verhaftung erzählt er ellenlang, was er alles an schönem mit ihm unternommen hat, unter Auslassung des heiklen Punkts. Als es nichts hilft, mault er dir ausgiebig über "Haftbedingungen freilebender Wildtiere". Zuletzt postiert er dann noch das nächstbeste Symbol für alles in einem Test, mit dem er sich in seinem Alter sonst nie abgegeben hätte – und meckert dann noch über deine Vorstellungen von arglistigen Krokodilen. Du hast exakt die entgegengesesetzten Schlüsse daraus gezogen – denn er tat all dies wohl sehr b e w u s s t.

Es unterbricht ihn jetzt das metallische Krächzen des Sprechfunkgerätes.

Sam: Keine besonderen Vorkommnisse. Wir kommen jetzt am Pförtner vorbei.

Der Gesinnungsprüfer wendet sich eindringlich den Anwesenden zu.

Stecher: Wenn der Junge jetzt kommt, sehen Sie nicht hin! Fangen Sie ihn bitte nicht mit Blicken. Nun! – Schauen wir uns an, was wir hier haben ...

Der Junge tritt ein. Ahnungslos – wenn auch in unbestimmter Wiese überrascht, als sein Blick auf die veränderte Sitzordnung fällt.

Stecher: Was wir hier haben ... *(geht zum anderen Kasten und zieht das schwarze Leinentuch weg)* ... ist ein anderer Szeno-Test ...

Man sieht den Jungen langsam durch den Saal gehen. Zunächst schaut er auf den Kasten; dann bleibt er verdutzt vor der Stuhlreihe stehen. Am Stuhl vorbei, auf dem der Vater sitzt, kommt er an Stecher heran, der zunächst kei-

nerlei Notiz von ihm zu nehmen scheint. Hinter ihm tritt jetzt leise auch Sam ein und bezieht seinen alten Posten.

Stecher: Gib mir die Mappe, mein Junge. Urla, du kennst den Koffer. Es ist der, den ich Freitag aus deiner Praxis geholt habe. Wir sehen hier ja so verschiedenes, Möbelstücke, Liegen, ein kleines Puppenkind ...

Marc reicht ihm die Mappe.

Stecher: Danke, Marc. Setz' dich bitte. Irgendwohin.

Der Junge wendet sich um. Nach einigen Schritten kommt er genau zwischen den Eltern und Jannings zu stehen. Während Stecher bereits fortfährt, schaut Marc kurz zum Vater; länger dann zur Mutter. Geht auf sie zu. Unsicher schaut er auf Jannings; überlegt, kaut unschlüssig an der Unterlippe, und lässt sich schließlich auf den Platz zwischen der Mutter und Jannings fallen. Der Vater blickt betroffen unter sich. Das Gesicht des Richters gefriert. Stecher dreht sich um.

Stecher: Was halten Sie davon, Frau Sachverständige? *(indem er Marc nun angrinst)* Danke für die Mappe! Setzt er sich doch glatt zum unheimlichen Freundfeind!

Marc durchschaut jetzt sichtlich das Spiel. Jannings Blick ruht auf ihm, und eben kehrt der Junge ihm sein Gesicht zu. Marc lächelt schwach. Stecher beugt sich wieder über den Szenokasten.

Stecher *(zu Urla Waldt)*: Siehst du zum Beispiel, dass die Frau gar nicht im Raum ist? Der ältere Mann hier ist mit der Tochter allein im Zimmer, die im Bett liegt. Sie schauen sich an, und der Mann hat eine Blume mitgebracht. *(trocken)* Muss er wohl von 'ner Floristin haben.

Des Richters Augen werden mit einem Mal so groß wie Wagenräder. Stecher öffnet die Mappe.

Stecher: Wie du dich erinnerst, wurdest du vor ein paar Tagen von einem Mann besucht, der sich als Psychologe zu erkennen gab, dir Fotos zeigte und dich bat, ihm als Spezialistin eine Einschätzung zu geben. Er sitzt übrigens dahinten. Es war einer von uns.

Die Waldt muss sich setzen. Sie lässt sich blindlings auf den noch freien Stuhl neben Jannings fallen. Stecher befördert aus der Mappe einen Briefumschlag hervor, den er jetzt öffnet.

Stecher: "Die Vergissmeinicht", so schriebst du, "sind ein ernstzunehmender Hinweis darauf, dass das Mädchen einen Missbrauch durch ihren Vater symbolisiert". Kinder benützten oft Blumensymbole, um ihre "Defloration" durch den Missbraucher anzudeuten. – Und weiter heißt es: "Vor allem die gegebenen Vorinformationen, dass das Mädchen Fischgeruch verabscheut, lassen auf eine ängstlich besetzte Objektrepräsentation des männlichen Genitale schließen".

Der Richter stiert konsterniert auf den unter seiner Nase platzierten Kasten.

Stecher: Sollten wir daraus schließen, dass sich diese männliche Person gerade lüsternen Fantasien hingibt – oder doch lieber, dass die Tochter mit Fischvergiftung im Bett liegt, und Doktor Armadeck ihr gerade eine kleine Aufmerksamkeit ans Bett bringt? Wohl nicht gewusst, wohin mit den vielen Fingerchen, nicht wahr, so beim Telefonieren mit der Tochter? Haben 'Se auf dem Heimweg denn dann wenigstens wirklich 'n paar Blümchen für die Kleene gekauft?

Armadeck betrachtet die Sachverständige offnen Mundes, nicht mehr wissend, an wessen Verstand er nun am ehesten zweifeln sollte. Stecher strahlt befriedigt.

Waldt: Du hast da eine ziemlich einseitige Betrachtungsweise, das muss ich dir schon sagen.

Stecher *(arrogant)*: Wo zwei einseitige Betrachtungsweisen zusammentreffen, da hat man zumindest eine zweiseitige Betrachtungsweise.

Die Waldt geht wie betäubt auf ihren Platz hinunter. Stecher zieht jetzt unter dem vor ihm liegenden Aktenstapel zwei Schriftstücke heraus.

Stecher: Doktor Armadeck, diese Briefe hier hat der Pförtner der Haftanstalt abgefangen und an die Staatsanwaltschaft weitergeleitet. Marc hatte sie Jannings heimlich in die U-Haft geschrieben. Den zweiten hat er am Spätnachmittag des fünften August persönlich dort abgegeben. Der Junge fühlte sich verraten und verkauft, weil er von Jannings keine Antwort darauf erhalten hat. Ich möchte, dass Sie uns aus einem dieser Schriftstücke etwas vorlesen. Bitte.

Mit sichtlicher Zurückhaltung nimmt Armadeck ein abgegriffenes himmelblaues Stück Papier mit krakeliger Teenagerhandschrift entgegen und legt es vor sich hin, während er nervös seine Brille zurecht rückt.

Stecher: Lesen Sie bitte die Anrede. Und den letzten Absatz.

Armadeck: Aber warum soll ich das denn vorlesen, ich kenne doch diese Schriftstücke ...

Stecher: Das ist ja eben das, was uns so wundert. Würden Sie ...

Armadeck *(räuspert sich)*: Ja also ... es fängt an mit ... mit ...

Stecher: Würden Sie bitte etwas lauter sprechen, damit wir es hier alle verstehen können.

Armadeck: Es fängt an mit "Lieber Freund" ... und der letzte Absatz, der letzte Absatz ... ach ja.

Stecher *(ermunternd)*: Ach bitte, lesen Sie den letzten Absatz.

Armadeck: "Ich hab' so Angst, dass Dir was passiert, und sie fragen mich dauernd" ... "Ich will Dich doch nicht verraten, Sascha."

Stecher: Doktor Armadeck, bitte lesen Sie auch den letzten Satz. Lesen Sie v o r a l l e m den letzten Satz.

Armadeck *(gepresst)*: Ich ... hab ... dich ... lieb.

Langsam lässt er das Blatt sinken.

*

Armadeck starrt mit einem Mal dumpf auf Marc und Jannings. Letzterer hat, wie ein Angebot zur Versöhnung, den Arm mit geöffneten Handflächen sacht neben den Marc's gelegt. Der Junge wendet sich eben jetzt um und blickt dem Manne ins Gesicht. Jannings streicht ihm sanft das Haar über der Stirn beiseite und küsst ihn auf die Wange – was der Vater mit einem Blick zur Seite erhascht.

Karl Laim: Rühr' meinen Jungen nicht an, Dreckskerl.

Armadeck *(kreischend)*: Mäßigen Sie sich!

Stechers Blick bohrt sich förmlich in des Richters Nacken.

Armadeck: Herr Laim, mäßigen Sie sich!

Stecher: Haben Sie noch nie einen männlichen Artgenossen geliebt?

Armadeck *(beunruhigt)*: Sexuell?

Stecher: Das scheint Sie sehr zu beunruhigen. Verbinden Sie mit Liebe nur Sexuelles, dass Sie's so übersetzen?

Armadeck: Nein doch.

Stecher: Also verschiedenes?

Armadeck: Ja!

Stecher: Also schließt sich beides gegenseitig aus?

Armadeck *(fährt sich durch die Haare)*: Sie machen mich verrückt!

Stecher: Offenbar muss erotisch was für Sie herausspringen, bevor Sie von Liebe sprechen. Allmählich dämmert mir im Hinterstübchen meiner Menschenkenntnis, welche Wahrheit für Sie von Jannings ausgeht, so dass Sie ihn ja geradezu verurteilen m u s s t e n.

Armadeck *(dumpf)*: Wir alle leben im Widerspruch zwischen der sittlichen Vernunft und den Regungen des Fleisches. Ich ... ich stelle mich schließlich auch nicht hin und überfalle das nächstbeste schöne Menschenkind, weil mir ersteres abhanden gekommen ist und mich satanische Leidenschaften deshalb zum notorischen Vergewaltiger machen.

Stecher: Die Damönen, die man uns an die Wand malt, spüren wir in der Seele wachsen, Doktor, und vielleicht gebiert die Hölle, die wir uns einrichten, auch die Monstren, die wir verbrennen müssen. Halten Sie ihn denn für einen solchen Gewalttäter?

Armadeck *(erschrocken)*: Ich bin weit davon entfernt, Jannings mit solchen Ungeheuern gleichzusetzen.

Stecher: Aber interessanterweise schlossen Sie aus, dass Marc Laim und Sascha Jannings eine respektable menschliche Beziehung hatten – hielten Sie vielmehr gerade deshalb für ihr blankes Gegenteil, für pervers und gefährlich, w e i l es dort um Sexualität gegangen sei?

Stecher fixiert ihn jetzt peinlich genau.

Stecher: Armadeck? Steckt da vielleicht ein Wallgraben zwischen Gut und Böse im Kopf, von dem Sie sonst ja so gern sprechen, wie ich höre – und in dem Sie heute schon w i e d e r zwei Menschen haben straucheln lassen?

Der Richter schweigt betroffen, während es in seiner Miene jetzt unablässig zuckt.

Stecher: Halten Sie den menschlichen Sexus etwa für eine Art teuflischen Höllenhund, den man besser nur zu vorbestimmten Zwecken weckt? Halten Sie die körperliche Anziehung und die Anziehung von Seelen etwa für nur zwangsweise vereinbar – am besten vielleicht noch in der Absolution Ihrer Ehe?

Armadeck: So lassen Sie mich doch endlich mit Ihren atheistischen Glaubensbekenntnissen in Ruhe!

Stecher: Ach, ich bin religiöser als Sie denken!

Armadeck: Glaub' ich Ihnen auf's Wort!

Stecher: Aber ja! Schauen Sie: Ich glaube zum Beispiel, dass Gott bei der Erschaffung der menschlichen Vernunft zwischendurch schlicht und ergreifend die Geduld verlor. Und dass er die Entzündung dieses göttlichen Funkens dann einfach dem für die Beleuchtung zuständigen Chefengel überlassen hat!

Armadeck: Sie müssen wahnsinnig sein.

Stecher: Und ich glaube, der raffinierteste Trick von allen Tricks, die Luzifer sich jemals hat einfallen lassen, um die Menschheit vor dem Herrn zu narren, war, dass er sich bei der Gelegenheit schon mal gleich für alle Zeiten im Alten Testament verewigt hat! Oder finden Sie's nicht reichlich pervers, dass wir unsere Beziehungen sexuell definieren müssen, um ihnen eine gewisse Tiefe zu gestatten? Wohingegen alles andere nichts bedeutet? Dass wir für diese gemischtgeschlechtliche Kopulationsakrobatik namens Ehe Geisteshallen und Kitschaltäre errichtet haben, während wir a l l e s , was zwischen Menschen an edlen Gefühlen sonst noch existiert, belächeln, anpöbeln und diffamieren müssen – sobald es in die Nähe des Sexuellen zu rücken ist? J e d e s Wort, das vorhin vor Gericht hier fiel, beweist es – und alles, was Sie selbst noch heute sagen werden.

Armadeck: Sie sind doch komplett irrsinnig!

Stecher: Sie kennen doch die leidige Affäre mit Adam und Eva und der Rippe und der bösen Schlange? Als so stolzer Ehegatte und Vater von lauter Kinderchen, da müssen Sie doch Ihr'n Moses für ein Originalzitat vom lieben Gott persönlich halten? Und denken Sie nur an an die Vertreibung der beiden aus dem Paradies, und den Apfel, in den wir alle beißen müssen, weil am männlichen und weiblichen Prinzip angeblich kein Weg vorbeiführt, es sei denn der zur Hölle! – Schauen Sie, mein lieber Doktor: Genau diesem Umstand verdanke ich meine tiefe Religiosität! In den kurzen Jährchen meiner Ehe nämlich, da bildeten das männliche und das weibliche Prinzip die beiden Torpfosten zur Finsternis, die wir angeblich nicht überwinden können – und, in der Tat: In ihr war nichts als Heulen und Zähneknirschen!

Armadeck hat sich angenervt zurückgelehnt, und – wie immer in solchen Momenten nicht abreißen wollender Verbaleskapaden – duldsam die Augen geschlossen, während sich seine Hände krampfhaft zu Fäusten ballen.

Stecher: Schauen Sie, mein lieber Doktor: Meine Frau habe ich mehr begehrt als geliebt, meine Freunde mehr geliebt als begehrt, und der Sohn, der mich nicht mehr kennt, den vermisse ich wie die Prinzessin ihren geliebten Prinzen! Kurz: Ich war in allen Gassen des Liebeslebens unterwegs, und, unter uns Männern, ich sage Ihnen: Lieber würde ich meinem unglücklich verliebten Kumpel von damals auf die Schulter klopfen und ihm sagen, dass es mir Leid tut – oder mit Harry einen häuslichen Rauf-Sauf-Und-Zech-Club aufmachen, wenn ich mir damit für die nächsten dreißig Jahre weibliche Gespreiztheiten vom Hals halten kann! Aber dafür gibt's ja weder Kindergeld noch Steuervorteile, und außerdem habe ich betreffs Enthaltsamkeit von weiblichen Reizen immer wieder die Erfahrung gemacht: Das Fleisch ist willig und der Geist ist schwach! Und deshalb bin ich fest und steif überzeugt davon, dass Satan den Verstand am siebenten Tage schuf.

Stecher ist sichtlich in seinem Element, dieweil der Richter noch immer an der Wahrhaftigkeit der ganzen Situation zweifelt.

Stecher: Ich verstehe deshalb umso besser, Doktor, dass Sie vorhin so Ihre Schwierigkeiten hatten, so beim Erkennen zwischen Gut und Böse, wenn wir eine runde Idiotentheorie voll menschlicher Verachtung für's Erfolgsrezept des ganzes Weltgetriebes halten, und sich selbst der Dümmste noch im Dienst einer göttlichen Berufung wähnen kann, wenn er's bloß dick genug mit Weibern hat! Die Bibel hat Recht! Eher geht ein Kamel durch's Nadelör, als dass die Lämmerschar den größten Trick vom großen alten Herrn begreift, sonst wär' der Teufel ja 'ne Witzfigur! Ich sage Ihnen, der alte Fuchs hat uns da einen fürchterlichen Bären aufgebunden, damit wir hienieden ahnungslos seine Arbeit machen und's für göttlich Wirken halten. Und e r höchstpersönlich, Doktor, hat Ihnen da vorhin ganz ordentlich Verwirrung im Kopf gestiftet, so beim Erkennen zwischen Gut und Böse – denn Sie haben's glatt verwechselt. Ich sag' Ihnen, er hat uns alle reingelegt!

Er hält inne und betrachtet sein dösendes Gegenüber jetzt ohne jeden Anflug von Humor.

Stecher: Sie mochten vorhin der Theorie eines Menschenfreunds nichts abgewinnen, Doktor. Vielleicht gefällt Ihnen die eines Antibürgers besser: Es gibt keinen nachdrücklicheren Beweis für sie als ein zertretenes "Schwulen"-Gesicht neben einem romantischen Hochzeitsfoto.

Der Richter, plötzlich wieder wach geworden, versteift sich mit einem Ruck auf seinem Stuhl.

Armadeck: Himmelherrgottnochmal, worauf wollen Sie eigentlich hinaus?

Stecher: Doktor Armadeck, ich will jetzt mal ganz ehrlich zu Ihnen sein, damit wir uns beide hier nicht länger mehr was vormachen. Das Justizministerium hat, seit seine Herrn jetzt wechselten, mit unserem Rechtsprüfungsprojekt auch ein wenig zur Jagd auf seine konservativen Restposten geblasen. Einige dort halten solche sexuelle Sachen für 'ne Eins-A-Methode, um gleich die ganze Bagage vorzuführen. Auch Ihre Vorgeschichte ist dort bekannt – insbesondere eine abnorm hohe Quote von Befangenheitsanträgen, mit denen Ihnen allerdings nie etwas nachgewiesen werden konnte.

Der Richter starrt ihn an.

Stecher: Ursprünglich hätte man sich damit zufrieden gegeben, Sie einfach nach München wegzuloben. Ihr akademischer Ziehvater Doktor Hoyer machte dann allerdings auf einige bemerkenswerte Einzelheiten in Ihrer Biographie aufmerksam – und die ließ dort alle zu der Überzeugung kommen, es sei besser, auch das schwarze Viertel Deutschlands mit Ihnen zu verschonen, wenn unsere Ergebnisse entsprechend ausfallen.

Er beobachtet die Reaktionen seines Gegenübers peinlich genau. Dr. Armadeck nagt gedankenversunken an seiner Unterlippe. Er scheint nun auch die letzten Zusammenhänge zu begreifen.

Armadeck: Ich ... ich ... habe keine Chance, nicht wahr? Keine. Keine. Nie gehabt. Von Anfang an nicht. So ist's doch, oder?

Stecher: Seh'n Se's nicht so schwarz! Im Moment haben Sie's immer noch selber in der Hand, ob Sie im Bayernministerium nachher als Ressortchef Ihr Karrenwägelchen schieben oder als die Klofrau. Aber wie Sie zweifelsohne schon erraten haben werden, ist es kein Zufall, dass wir heute im Fall dieses ganz besonderen Jungen beisammensitzen. Vor allem aber Ihre Doktorarbeit mit dem unverdächtigen Titel "Justizpädagogische Aspekte im Homosexuellenprozess", die hat uns alle mächtig beeindruckt. Zu den Streitpunkten zwischen Ihnen und Doktor Hoyer gehörten nämlich nicht zuletzt einige Praktiken, die Sie früher ganz offiziell und unverhohlen für die Strafverfolgung erwachsener Homosexueller befürworteten – und die Sie in verdeckter Form auch selber a n w a n d t e n.

SICHEL UND ASTER

Armadeck: Oh großer Gott. Oh großer, allmächtiger Gott ...

Stecher: Was Sie so verflucht gefährlich machte in Ihrem Job und es nahezu unmöglich erscheinen ließ, Ihnen irgendetwas jemals nachzuweisen, war, dass Sie nach dem Wegfall des Hundertfünfundsiebziger Ihre Aktivitäten nur noch im Bereich Kindesmissbrauch entfalten konnten – einem Bereich, wo ausgesprochen vieles wie eine reine Schutzmaßnahme aussehen kann, und noch so Abgründiges durch die besten Absichten gebilligt scheint. Und I h n e n , Doktor Armadeck, ging es vorhin zu keinem Zeitpunkt – nicht eine einzige Sekunde – um sexuelle Zusetzungen an diesem Jungen, oder "subtilste Formen" seelischer Gewalt. Es ging nicht einmal um s e x u e l l e Gewalt. Und diesen Eindruck, den hatten wir von Anfang an.

Stecher studiert seine Mitschriften.

Stecher: Indiz Nummer eins: Selbst in seinen Annäherungsversuchen – nennen wir's halt so – hat Jannings scheinbar niemals eine so objektivierbare Gewalt auf das Intimleben dieses Jungen ausgeübt, wie S i e sie vorhin bei der Vernehmung praktizierten. Indiz Nummer zwei: Ihr Argumentationsstil. Zuerst pönalisieren Sie "sexuelle Handlungen" – stellen dann aber fest, dass Ihnen Augustinus und Sankt Puritan dabei gemeinschaftlich die Zunge rausstrecken. Hierauf nun verlegen Sie sich auf die "sexuelle Unerfahrenheit" des Jungen – merken dann aber, dass sich da gleich eine ganze Wagenladung Katzen gegenseitig in den Schwanz beißt. Jetzt endlich kommen Sie dann – auf m e i n e Anregung hin – auf den eigentlichen Sinn unserer Gesetze zu sprechen: Den Schutz der sexuellen Selbstbestimmung. Bevor Ihnen auffällt, dass es Ihnen vorhin um nichts weniger zu tun war als um irgendeine Form selbstbestimmten Sexualverhaltens bei diesem Jungen.

Der Richter hat währenddessen die Augen geschlossen, als nähme er seine Urteilsverkündung sterbend zur Kenntnis.

Stecher: Ich unterstelle Ihnen mal, dass Sie nicht alles, was diesen Fall so schwierig macht, einfach "nicht gewusst", nicht "bedacht" oder einfach nur verdrängt und vor sich weggeschoben haben. Ich unterstelle Ihnen stattdessen mal die wundersame Gabe der menschlichen Willens – und Entscheidungsfreiheit: Wissen Sie: Die ganze Zeit spielen Sie uns hier den Tumben und Drögen vor, der nicht bis drei zählen kann. Aber Sie sind ein hochintelligenter Mann. Ich persönlich halte Sie sogar für den größten Schelm, der mir jemals untergekommen ist.

Stecher taxiert ihn mit einem melancholischen Grienen.

Stecher: S i e wussten von Anfang an, dass es mit diesem Jungen da etwas ganz besonderes auf sich hatte. Wie hätte sich einem alten Hasen wie Ihnen der Verdacht nicht stellen sollen – denn Sie hatten ja die Briefe; lasen wieder und wieder die verzweifelten Weigerungen des Jungen, gegen den Mann auszusagen;

entnahmen bereits den Polizeiprotokollen, wie er ihn fortwährend und trotz allem immer nur als seinen Freund bezeichnete. Sie wussten, wie er die Beamten bei der Vernehmung angefleht hat, seinem Bekannten nichts zu tun, und kannten all die andern tausend Kleinigkeiten, die darauf hindeuteten, dass dies ein Jugendlicher am Beginn seiner homosexuellen Entwicklung sein könnte; und wo wir's Ihnen hier nur der Denkmöglichkeit nach aufzeigten, da hat einer wie Sie das Gras schon längst vor der Zeit wachsen hören. Sie stellten gewisse Fragen deshalb nicht, weil Sie die Antworten darauf bereits nur allzugut selber kannten – oder zumindest fürchteten. Sie stellten sich ob gewisser Denkmöglichkeiten tot und ahnungslos, weil Sie wussten: Wir hätten Sie auf der Stelle aufgehängt, hätten Sie dergleichen auch nur im entferntesten durchblicken lassen – Sie konnten sich ja an zehn Fingern ausrechnen, nach w e l c h e m   P u n k t wir bei Ihnen stocherten. Getrommelt und trompetet haben wir immerhin genug, um Sie schmoren zu lassen. Und Ihre Ausweichmanöver, Ihre genialen Nachvorneflüchten, Ihre galvanischen Schreckreaktionen – all das spricht Bände.

Er steht auf und geht gedankenverloren umher.

Stecher: Ich räume Ihnen ein, dass Sie's zunächst vielleicht tatsächlich auch nur ahnten, und dass Sie Jannings sogar noch einigermaßen glimpflich hätten davon kommen lassen, wäre dieses Problem des Jungen nur draußen vor der Tür geblieben. Spätestens gegen Ende der Verhandlung aber – als ich Sie anlässlich der Vernehmung Marquards mit der Nase drauf stieß, um zu sehen, wie Sie reagieren – da führte für Sie kein Weg mehr dran vorbei. Da Sie's aber für einen moralischen Makel hielten und krankhaften sittlichen Defekt, da beschlossen Sie, jemanden dafür büßen zu lassen; und da Sie's schlechterdings nicht an dem Jungen auslassen konnten, da beschlossen Sie, den vermeintlichen Urheber dafür zu bestrafen.

Armadeck schluckt und schluckt.

Stecher: Auf Ihre Spur brachten uns vor allem Hoyers Hinweise auf Ihre Doktorarbeit. Neunzehnhundertneunundsechzig verteidigten Sie darin die seinerzeitigen Homosexuellengesetze gegen die Große Strafrechtsreform: Zwar sei es richtig, dass noch so hohe Freiheitstrafen Homosexuelle nicht von ihrem Tun abschrecken könnten; mit Blick jedoch gerade auf die jungen, "Ungefestigten" unter ihnen – nach Anzeigen Dritter oft als Belastungszeugen vor Gericht zitiert – böten die Gesetze eine "nicht zu unterschätzende, justizpädagogisch letzte Chance zur Umkehr": Wenn sie nämlich anlässlich der exemplarischen Verurteilung ihrer Leitbilder erstmals einen Vorgeschmack auf die juristischen Konsequenzen bekämen. Sicherlich hätte niemand mehr an diesen Teil Ihrer Vergangenheit gedacht – wäre Ihnen nicht Ernest Lloyd dazwischengekommen: Wohl nicht unwesentlich durch seine eigene Leidensgeschichte bedingt, gehörte Lloyd seit der neunundsechziger Strafrechtsreform zu jenen couragierten Männern und Frauen, denen wir heute mehr oder weniger alle unsere sexuelle Aufklärung verdanken. Anläßlich der Gründung der G-Zwölf hatte er Sie tödlich beleidigt, als er mit jenem Witz vom alten Nazi auf Ihre Doktrin anspielte, wie er da im Laden plötzlich den Prügel auspackt und auf die Mohrenköpfe eindrischt: Man muss die Brut vernichten, bevor sie groß wird. Schlimmer als mit "Nazi" kann man Sie nicht beleidigen – Sie rächten sich dafür auf I h r e Weise: Denn S i e waren es, der jene Schmähschrift auf Lloyds Strafrechtsbedenken veröffentlichte. Dass "verharmloserische Motive" bei einer Sache wie sexuellem Kindesmissbrauch nur allenfalls Päderasten zuzutrauen seien – das brauchten Sie selbst nicht auszusprechen; und dass diese Denkmöglichkeit für einen homosexuellen Menschen wie Lloyd in Ihren Kreisen ein zumindest soziales Todesurteil darstellt – auch damit konnten Sie rechnen. Und so entledigten Sie sich dieses vorlautesten Zeugen Ihrer Vergangenheit. Nichts sollte Sie auch künftig davon abhalten, das zu tun, was S i e p e r s ö n l i c h für richtig, dringlich und notwendig hielten. Aber zurück zu unserem Fall.

Er tritt jetzt ein Stück zurück.

Stecher: Jetzt möcht' ich Ihnen mal einen kleinen Blick in unsere Methode gestatten: Als ich unsre auserwählte Sachverständige mit ihren Anschlägen auf die Männerjustiz bei Ihnen durchfallen ließ, da hatten Sie plötzlich niemanden mehr, dem Sie eine moderne Begründung für das überlassen konnten, was Sie da vorhatten, ohne sich persönlich die Hände an dem Jungen schmutzig machen zu müssen. Jetzt mussten Sie s e l b e r handeln – und in der Tat: Von da an reagierten Sie genauso, wie wir uns das so vorgestellt hatten: Ihr Stil änderte sich von jetzt ab radikal: Zuvor – ja, da gaben sich einfach nur als Ohr der Schöffen, die Ihnen weisungsgemäß auf eine schnelle Aburteilung von Jannings hin zuredeten, oder lauschten stumm den Extrempositionen Doktor Bendt's – Ihren eigenen – und nicht einmal seine bewussten Überzogenheiten vermochten Sie zu warnen. Jetzt aber – zumal ich Sie ständig mit völlig entgegengesetzten Sichtweisen provozierte – da sahen Sie Ihre Absichten bedroht: Sie begannen jetzt aktiv, alles, was die Verteidigung zugunsten des Beschuldigten vorzubringen hatte, g e g e n diesen zu verkehren. Und dann! – Als alles klar war: Als wir Jannings über den Jungen zu seinem Geständnis provoziert hatten, und die nähere Natur der Beziehung zwischen den beiden auf einen Schlag für Sie bewiesen war: Da knöpften Sie sich dann am Schluss noch mal speziell den B u b e n vor.

Er hält einen Moment inne und schaut Armadeck jetzt unverwandt ins erstarrte Gesicht.

Stecher: Für das, was Sie jetzt vorhatten, kam erschwerend hinzu, dass Marc Ihnen die ihm peinlichste sexuelle Angelegenheit hartnäckig unterschlagen hatte; und dass hingegen das Einzige, worauf die Anklage Jannings wirklich hätte festnageln können, dann auch noch etwas war, worum der Junge selber ihn gebeten hatte – und da hat's Ihnen gereicht. Sie beschlossen, dem Jungen jetzt seine L e k t i o n zu erteilen.

Es ist zu beobachten, dass Armadeck auf seinem Stuhl immer tiefer rutscht, während es um seinen Unterkiefer unablässig zuckt.

Stecher: Als sein Vater hätten Sie Marc wahrscheinlich ganz anders die Leviten gelesen für seine Mitwirkung an dem, was Sie vorhin als Ferkeleien bezeichneten. Aber es sollte trotzdem nichts unversucht bleiben, ihm doch irgendwie aus seiner lasterhaften Entwicklung herauszuhelfen. Sie beschlossen, dies mit dem einzig möglichen Mittel zu tun, das Ihnen in diesem Augenblick zu Gebote stand: Unterzogen ihn einem bewusst peinsamen Verhör, auf dass er sowas niemals wieder macht und er begriffe, dass sein widernatürliches Fehlverhalten niemals folgenlos bleibt. Sie wussten, dass der von schweren körperlichen Minderwertigkeitsgefühlen heimgesuchte Junge keinerlei Chance hatte, den für ihn peinlicheren Teil der Angelegenheit hier über die Lippen zu bringen. Dass er Höllenqualen litt: Weil er auch seine eigenen Anteile immer nur auf Jannings abwälzen musste, wollte er sich nicht selber bloßstellen, um ihn zu entlasten. Und so zwangen Sie den Jungen systematisch dazu, das zu tun, was er um keinen Preis der Welt hatte tun wollen: Nämlich Jannings zu verraten. Denn schuldig fühlen sollte Marc sich – das war ja allzeit Ihr probates Mittel zur Kurierung solcher Burschen. Und diesem pädagogischen Zweck, Armadeck – und keinem andern – diente schließlich auch und vor allem: Die exorbitant hohe Verurteilung von J a n n i n g s. Es sollte dem Jungen vor Augen stehen, dass er seine gefährlichen Neigungen künftig zu zügeln hat, bevor er schlimmeren Schaden an seinen Mitmenschen anrichtet – genau so, wie Sie derartige Maßnahmen von alters her immer wieder mal begründet hatten. Und wie Sie's seit dem Wegfall von Paragraph einhundertfünfundsiebzig in Aberdutzenden mit weitaus zweideutigeren Fällen umtriebiger Jugendlicher v e r d e c k t betrieben haben.

Er ist am Fenster angekommen, die Hände hinterm Kreuz verschränkt. Düster wie zu Beginn starrt er hinaus. Um dann den Abgrund endgültig aufzustoßen, in dem sein Gegner verschwinden sollte.

Stecher: Wenn wir die Hellsicht Doktor Hoyers nicht gehabt hätten, hätt' ich sowas selber nie geglaubt. Sie haben einen Homosexuellen als Warnung für einen vierzehnjährigen Jungen aufgehängt.

*

Armadeck blickt zunächst nur verdutzt drein. Überlegt einen Augenblick. Dann lacht er plötzlich heiser auf.

Armadeck: Wenn Sie das alles sowieso schon so genau von mir wissen – warum geben Sie sich dann nicht damit zufrieden, packen hübsch ein und schippern gemütlich damit nach Hause?

Stecher: Na, weil das in Bayern alles noch keine Beweise für böse Absichten sind. Sie wollten dem Jungen doch helfen! Immerhin haben Sie doch einen ganz gefährlichen Kinderschänder dingfest gemacht! Und obendrein wollten Sie diesem armen missleiteten Hexenkind noch ein paar satanische Neigungen austreiben. Und weil ich sie aus I h r e m   M u n d erfahren werde.

Armadeck: Ha – was nun? Die Beweise? Oder meine angeblichen satanischen Neigungen?

Stecher: Ich möcht' da wetten, beides.

Armadeck *(verschränkt entschieden die Arme vor der Brust)*: Niemals!

Armadecks Züge sind mit einem Male grotesk entgleist. Schweißperlen sind ihm auf die Stirn getreten. Panisch streckt er jetzt die Hände von sich.

Armadeck: Hören Sie zu , hör'n Sie zu ... ich ... ich ... .ich weiß, dass ... da wo Sie herkommen ... demokratischen Spielregeln ... kein allzu großer Wert beigemessen wurde ... ich möchte Sie dennoch ersuchen, meine persönlichen Überzeugungen zu respektieren ... kommen Sie ... keiner von uns beiden wird doch wohl allen Ernstes von sich behaupten wollen, dass seine Überzeugung die einzig richtige ist ...

Sein Gegenüber starrt ihn an, als käme er vom Mond.

Stecher *(larmoyant)*: Mein Guter, da wo ich herkomme habe ich gelernt, Überzeugungen nicht nach ihrer R i c h t i g k e i t, sondern nach dem Ausmaß angerichteten Schadens zu beurteilen. Und bitte glauben Sie einem alten Hazardeur der Überzeugungen: Dass eine Gesinnungsart, die sich heutzutage durch nicht mehr viel mehr definiert als durch die Minderheiten, die sie mit ihren Parolen brandmarkt, eigentlich kein Recht auf Unveräußerlichkeit mehr hat.

Der Richter schnappt nach Luft.

Stecher: Ja, was schauen Sie denn so entgeistert? Habt ihr in euerm gefälligkeitsdemokratischen Ramschladen heute etwa noch mehr zu bieten als die Brandmarkung gesellschaftlicher Außenseiter – in ethnischer, politischer, sittlicher Hinsicht? Definiert ihr euch moralisch oder weltanschaulich noch durch irgendetwas anderes an Inhalten? Habt ihr denn noch andere Themen, die eure christliche Moral ausmachen, als die Diskreditierung von Homosexuellen, die Kastration von Päderasten, die Ghettoisierung von AIDS-Kranken, die Stigmatisierung von Ausländern, Asylanten und Sozialschmarotzern? Habt ihr weitreichendere Träume als verlogene Iylle und die Diffamierung aller Kräfte, die hier Zweifel anmelden – als links, subversiv, gottlos, renitent und staatszersetzend? – Oh, ich weiß! Ihr tragt das Recht auf eigne Überzeugung wie ein Alibi vor euch her, nennt's weihevoll "christlich" oder "konservativ"! Was ist noch übrig davon – als schalgewordene Philosophie! Dumpfköpfig her geseierte Lebensweisheit unverstandner Philosophen. Noble Geistesschule – nachdem sie in die Hände einer beschränkten bürgerlichen Mitte gefallen ist!

Armadeck *(laut auflachend)*: Erlauben Sie, dass ich lache? – Wer hat dieses Land denn nach dem Krieg aufgebaut? Das war'n doch wir! Wer hat denn dafür gesorgt, dass dieses Land wieder ein anständiges Land wird, weil diese ... diese Verbrecher unser Christentum und all unsere bürgerlichen Werte missbraucht haben? Wer setzte denn an die Stelle ihrer Tyrannei den Rechtstaat? Wer gab diesem Land das Grundgesetz, dass man wieder ruhig und ohne Furcht in ihm schlafen konnte? Das war'n doch wir! Und u n s werfen Sie Mittäterschaft im Geiste vor, wo genügend von uns damals selber um ihr Leben bangen mussten!?

Stecher *(zischend)*: Es besteht kein Grund, euch zu heldenhaften Errettern aller demokratischer Freiheiten aufzuwerfen, bloß weil euch Hitler und das große Morden abstieß – bis irgendwann auch eure Freiheit schließlich auf dem Spiele stand, und ihr mal was riskieren musstet! – Ob ihr den Juden früher als Christusmördern den Untergang bereitet habt; Kommunisten als gottlose Staatsfeinde ins Verderben stürztet; oder ob ihr diese armen Schweine als entartet und degeneriert an den untersten Rand der gesellschaftlichen Verachtung brachtet: Gemeuchelt haben andre, doch zu allem schuf der Bürger stets die Theorie!

Armadeck: Ich möchte Sie dringend bitten, einen gewissen Unterschied gelten zu lassen zwischen diesen ... gottlosen Mördern und m e i n e r christlichen Partei!

Stecher: Nehmen Se's nicht krumm. Aber der einzige Unterschied, den ich persönlich erkennen kann, ist, dass ihr keine Bomben auf's Parlament schmeißt und's euch bei Ausländern, Homosexuellen, Kommunisten spart, sie nicht gleich reihenweise umzubringen. Das schien' euch richtig unchristlich! Ansonsten ist es euch jede Hetzjagd recht!

Armadeck platzt beinahe.

Stecher: Ich kenn' euch – hab' euer Psychogramm da drüben sechzehn Jahre ja fast hauptberuflich studieren müssen! Statt im bunten Garten Gesellschaft die demokratischen Spielregeln zu sichern, da habt ihr an die niedersten Instinkte dieses Volkes appelliert. Jedwede Minderheit, aus der politischer Profit sich schlagen ließ, warfet ihr dem Volk zum Fraße vor – und irgendwann verhökert ihr auch noch die letzte Illusion von Rechtstaatlichkeit für'n paar Wählerstimmen mehr vom Mob! Eine Primitivisierung des sozialen Gewissens habt ihr zu verantworten, wie sie kein rechter oder linker Potentat zuwege gebracht hätte. Eine ganze Generation voll halbgebildeter Idioten habt ihr nach euer'm Ebenbild geschaffen, mit der auf Jahre hin kein Blumentopf mehr in Menschenrecht zu gewinnen ist! Desinteresse nennt ihr Toleranz, Agitation Notwendigkeit, und selbst die feige Denunziation erklärt ihr irgendwann noch zum couragierten bürgerlichen Akt. Euer Demokratieverständnis beschränkt sich auf die freie Wahl der Fresskörbe, eure Begriffe von sozialer Gerechtigkeit darauf, dass jeder sein Recht auf'n Handy haben sollte. Alle eure guten Begriffe werden sich verkehren, Armadeck. Und wo die demokratische Mitte so sehr die Gestalt von Meinungsdiktatur angenommen hat, da wird die Liebe selbst Gewalttat heißen.

Armadeck *(lacht aufgekratzt)*: Einem wie Ihnen passt's wahrscheinlich nirgendwo. Und wo's drüben keinen mehr zu terrorisieren gab, da kommt ihr hierher und tyrannisiert hier die Leute! Warum ziehen Sie nicht einfach auf den Mond und spannen mal 'n paar Ewigkeiten aus!

Stecher *(seufzt)*: Ja, is' echt mein Fluch. Deutschland macht mich zum Berufssubversiven! Im Osten war ich umgeben vom Muff indoktrinärer Verlogenheit, im Westen vom Muff einer verlogenen Freiheit. Einem wie mir, so 'nem Weltverbessrer aus Passion, dem geht drum nie die Arbeit aus.

Armadeck: Für mich sind Sie nichts als ein erbärmlicher Terrorist im Nadelstreifer.

Stecher *(geknickt)*: Bitte mein Outfit zu entschuldigen. Wo sich die Spießer heut' das Haar grün färben, da kann der Anarchist nur mausgrau tragen.

Sein Gegenüber wirft ihm einen fassungslosen Blick zu.

Stecher: Ihr habt euch anheischig gemacht, eure missleiteten atheistischen Brüder heim ins Abendland zu holen, das wir auf unsre Weise zu überwinden hofften. Wirklich bloß ein turbulentes Intermezzo, dieser ganze marxistische Spuk! Das Bürgertum in seinen Fundamenten ändern wollten wir – und gerüttelt ham' wer am vergoldeten Geländer! Wir haben beim Feudalismus angefangen und das war exakt der falsche Zipfel der Wurst, deswegen haben'se uns am Schluss ja für'n Kilo Bananen verkauft! Aber das hier – das ist tausend Jahre alt! Hätte der Kommunismus ebensoviel Zeit gehabt, sich in den Köpfen festzusetzen, dann hätte man auch den für den Normalzustand gehalten. Wahrheit ist ja stets die Lüge, die sich für Maß aller Dinge hält, weil es allzeit zu wenige gibt, die ihr widersprechen könnten! Lassen Sie mir bloß meine Tarnung! Die Weltrevolution geht von Zweireihern aus!

Er stampft wütend auf und ab.

Stecher: Zweimal habt ihr euch zum Anwalt deutscher Vergangenheitsbewältigung aufgeworfen, es wird einfach Zeit, dass sich zur Abwechslung mal jemand mit eurer Vergangenheitsbewältigung beschäftigt. Das stiftet ein einig Band zwischen einem durchgeprügelten Linken mit Stasibelastung, einem gedemütigten homosexuellen Jungen und dem heute hier gekreuzigten Jannings – denn allzeit war'n d i e s eure Opfer.

Er bleibt stehen und lacht.

Stecher: Echt Mist war das mit den Juden damals, gelt, Armadeck? Wenn wir die nicht auch noch umgebracht hätten, hätt' von den Amis nie einer gemerkt, dass jemand fehlt! Leicht ham'ses uns gemacht mit unserm mea culpa, wo's danach doch keine mehr gab, deren Anblick uns erzürnen könnte – umso doller treiben wir's mit andern, denn ihr Anblick erzürnt uns noch!

Hochroten Kopfes wird der Richter seines Fehlers inne.

Armadeck: Menschenskind, Stecher ... ich bin Jahrgang einundvierzig! Das haben Sie doch vorhin selber festgestellt! Ich gehöre dieser Generation doch überhaupt nicht mehr an!

Stecher: D i e Blutspur, mein lieber, die Sie da im Strafrecht gezogen haben, die verbrüdert Geschöpfe wie Sie über Generationen!

Er weist auf die noch nicht geöffneten Akten zu seiner Linken. Der Richter schluckt heftigst.

Stecher: Siebenunddreißig Befangenheitsanträge; vier Selbstmordversuche von jungen Homosexuellen aus den "ersten Jahren", die Sie mit Ihren berühmten justizpädagogischen Maßnahmen als Zeugen vor Gericht fertig gemacht haben; dazu fünf erfolgreiche Hafterhängungen unter den armen Teufeln, die sie wegen Paragraph einhundertfünfundsiebizig hinter Gitter reden mussten. Ihren Spitznamen "Hinhänger-Ede" in den Frühsiebzigern, den trugen Sie scheint's sehr zu Recht! – Hinzu kommen einhundertachtundzwanzig gefallene Mädchen, zwölf davon nach dem Prozess ins Wasser gegangen. Achtzehn glasklare Vergewaltigungen an jungen Frauen, die Sie wegen "aufreizenden Gebarens" mit Bagatellstrafen für die Täter demütigten – aber bei insgesamt dreihundertfünfundzwanzig gleichgeschlechtlichen Bagatelldelikten, nach denen schon damals außer Ihnen kein Hahn mehr krähte, eine Gesamteinbuchtungsquote von achtzig Prozent zu zusammengerechnet sechshundertachtunddreißig Jahren – alle Achtung! Was Sie tun, tun Sie gründlich! Leichen, mein Guter, pflastern ja Ihren Weg! Sieht man Ihnen gar nicht an. Und heute haben wir Sie endlich mal in flagranti dabei erwischt, wie Sie einen Homosexuellen als Abschreckungsmaßnahme für so'n Jungen aufgehängt haben. Fällt Ihnen dazu noch irgendetwas ein? Von der Verfassung vielleicht, vom Diskriminierungsverbot, des Menschen Sittlichkeit – als ob sie irgendeinen dieser beiden j e vor Ihnen geschützt hätten?!

Armadeck: Kein Land hat die Maßstäbe humanitärer Gesinnungen jedenfalls höher gesetzt als das unsre!

Stecher: Ganz meine Rede. Deswegen liegen wir ja am weitesten von allen drunter. Schauen Sie sich den armen Teufel an, den sie heute alle am liebsten kastriert hätten. Alle Gewalt geht vom Volke aus, so steht's doch in euerm Grundgesetz, nicht wahr?

Armadeck: Es heißt "alle Staatsgewalt"! Alle Staatsgewalt! Lassen Sie doch Ihre perfiden Witze!

Armadeck wird seiner Erregung nicht mehr Herr. Verzweifelt krampft er die Hände zusammen.

Armadeck: Oh Gott, was wollen Sie ... Rache für euer verlorenes Paradies? Revanche dafür, dass ihr von unsern Leuten auch juristisch über'n Tisch gezogen worden seid? Mein Gott, ich ... ich weiß, dass diese ... diese Dinge zu den Gesetzunstimmigkeiten gehören, die damals vielleicht besser nicht nach unsrer Façon entschieden worden wären ... dass es sogar richtig ist, wenn man uns vorwirft, wir hätten den Mauerfall genutzt und Parteidoktrin im Strafgesetzbuch verewigt ... all das gestehe ich Ihnen ja zu ... aber – Gott im Himmel! – wie sehr müssen Sie mich da für Dinge hassen, die ich persönlich nicht zu verantworten habe ... nie verantwortet hätte!

Stecher: Glauben Sie ja nicht, dass ich irgendwas persönlich gegen Sie habe! Allenfalls hasse ich Sie in Ihrer abstrakten Form. Als das Bürgertum, als das Sie mir hier gegenübersitzen, und als das Sie sich bis jetzt so wacker geschlagen haben!

Er ist in seiner Verachtung nicht mehr zu bremsen.

Stecher: Ich hasse seine Kleinkariertheit, seinen Phlegmatismus, seinen Futterneid. Ich hasse diese Selbstgefälligkeit, diese Stumpfheit, diese Ignoranz, mit der es alles verdorren lässt und absichelt, was an seinem Wegrand blüht, bloß weil es das nicht für

Masse hält. Mich ekelt diese ganze pseudoliberale Toleranzgequatsche, wo's doch hinten und vorne nicht stimmt. Wo wir früher des Glaubens waren, die Welt müsste partout an unserer besonderen Rasse genesen, da denken wir heute, dann genäse sie eben an unserer einzigartigen Humanität. Wir Deutschen sind doch immer irgendwo was exclusives – in unsrer historischen Schuld und selbst noch unserer beispiellosen Läuterung. Es ist unmöglich, dass sich ein Deutschland neu vergeht! Und selbst, wenn sie Jannings vorhin die Fresse eingeschlagen hätten, wär's doch bloß wieder ein Gebot der Stunde!

Armadeck *(lacht plötzlich feindselig auf)*: Diese unselige Angst vor'm Volk, die werden Gesellen wie Sie wohl nie los, was?

Stecher nickt, wie von schweren Träumen geplagt; und erstmals erscheint jetzt ein Ausdruck gequälter Trauer in seinem Gesicht, ein Schimmer voll verzweifelter Unendlichkeit. Ungemein betroffen dreht er sich um. Es ist, als wollte seine Stimme brechen.

Stecher: Ich liebte es einst, war seine Sichel! Und gehorsam ließ ich mich schwingen, weil ich an es glaubte. Hunderte hab' ich auf dem Gewissen, Freunde darunter, weil ich es in meiner blinden Liebe von Einzelnen bedroht wähnte. Dann aber fiel ich selber unter die Schneide, Armadeck, und eines Tages werden sie mir mein armes subversives Köpfchen w i e d e r abschlagen. Heute aber, für diesen einen Tag nur, Doktor, bin ich I h r e Sichel. Und seien Sie versichert: Noch nie hat mir eine Arbeit in Staatsdiensten so einen Heidenspaß gemacht wie hier: In Strafgerichten gegen die menschliche Perversion.

Stecher taxiert sein Opfer. Dann reißt er sich hoch – zum letzten Gefecht.

KATHARSIS

Stecher: Freundschaft

Armadeck *(überrascht, besinnt sich)* Jugend

Stecher: Verklärung

Armadeck: Romantik

Stecher: Dicke Freunde

Armadeck: Vertrautheit

Stecher: Verbundenheit

Armadeck: Nestwärme

Stecher: Bruder

Armadeck: Bruderliebe

Stecher: W a r m e r   Bruder

Armadeck: Schwüle ... *(lächelt gequält).*

Stecher *(undeutlich)*: Fahrrad

Armadeck *(verdutzt)*: Verrat?

Stecher *(starrt ihn an und lacht dann schallend auf)*: Nein, nicht "Verrat", Doktor. F a h r r a d .

Armadeck erstarrt.

Stecher: Sehen Sie Ihren Dämon?

Der Richter scheint kurz vorm Umfallen. Fahrig greift er sich mit der Hand über die Stirn.

Stecher: Fahrrad?

Armadeck *(tonlos)*: Geschenk

Stecher: Rausschmiss?

Armadeck: Nein, das nicht ... *(hastig)* hören Sie zu, ich ... ich muss Ihnen was erklären, man versteht soviel falsch, gerade vielleicht jetzt, ich weiß nicht wie ...

Stecher: Wieso haben Sie ihn vorhin mit "Timmy" angeredet?

Armadeck: Ach Gott, hab' ich das, hab' ich das tatsächlich ...

Er wirkt jetzt völlig verwirrt und beschattet die Augen mit einer fahrigen Geste der Hand.

Armadeck: Hören Sie zu, ich ... es gab da tatsächlich mal einen Schulfreund ... wir waren wirklich unzertrennlich, wie man so sagt ... was heißt Rausschmiss ... ich hab' ihn gern gehabt, wie das halt bei Freunden so ist ... man sagt ein falsches Wort ... es tut weh, natürlich, wenn man sich vorher was bedeutet hat ...

Stecher: Seit wann wissen Sie, dass Sie homosexuell sind?

Armadeck *(elektrisiert)*: Herrgott, das muss doch nicht alles gleich damit zu tun haben! Ich weiß, man sagt, dass jeder Mensch irgendwo bisexuell wäre, aber wenn Sie mich fragen ...

Stecher: Aber Sie hätten natürlich nichts dagegen, wenn Sie selber bisexuell wären.

Armadeck: Ich müsste eben damit leben. Freilich wäre es schwierig.

Stecher: Und er? War er bisexuell?

Armadeck: Nein ... er ...

Stecher: Sie zögern. Daraus schließe ich, es ist das Wort "homosexuell", das Ihnen plötzlich so schwer über die Lippen kommt?

Armadeck schaut betroffen unter sich.

Stecher: Woher wissen Sie denn, dass er homosexuell war? Hat er Sie zu lange angefasst?

Armadeck: Unsinn. Wir haben uns gelegentlich umarmt, wenn wir uns getroffen haben. Da ist doch nichts dabei. Das ist ganz normal. In einem bestimmten Alter ist es wichtig, einen guten Freund zu haben, man kann da besser miteinander als mit Frauen.

Stecher *(anzüglich)*: Holla, Doktor!

Armadeck: Herrgott. Wenn Sie's wissen wollen: Wir waren uns eine Zeitlang verdammt wichtig – aber ich betone, dass dabei nie etwas Sexuelles im Spiel war!

Stecher: Und auf seiner Seite?

Armadeck: Ich ... bitte, ich kann nicht drüber reden.

Stecher: Als Sie erfahren haben, dass er homosexuell war – umarmten Sie sich da immer noch?

Armadeck *(verwirrt)*: Nein ... das ... das ging einfach nicht mehr.

Stecher: Zigarette?

Armadeck *(greift zittrig zu. Stecher gibt ihm Feuer)*: Jesus ... ich hab' keine Ahnung, wie Sie das rausgekriegt haben, Stecher.

Stecher: Wir haben immer unsere Informationen.

Armadeck: Aber Sie verstehen da etwas falsch. Ganz falsch! Er war homosexuell, ich nicht, basta, das war's. Kein Mensch kann von mir verlangen, dass ich auf solche ... solche Angebote eingehe, wenn ich nicht kann. Ich bin eben nicht so!

Stecher: Und Sie sind ganz sicher, dass dies der einzige Grund war, weswegen Ihre Freundschaft zerbrach? Sie hätten doch Ihre Freundschaft aufrecht erhalten können.

Armadeck: Bei einer Frau wär's nicht anders gewesen. Wenn eine mir einen Antrag macht, und sie sagt mir erotisch nicht zu, wär's genauso gekommen. Freundschaft kann nicht sein, wo der eine mehr will als der andere geben kann. Ich meine, es ist in solchen Fällen ein ganz natürliches Recht, sich zurückzuziehen.

Stecher: Eine korrekte juristische Betrachtungsweise in Herzensangelegenheiten. Sie würden also bei einer Frau, die Ihnen nicht gefällt, genauso reagieren wie damals?

Armadeck: Das genau meine ich.

Stecher: Das müssen Sie mit sich selbst abmachen, ob das die volle Wahrheit ist. Ich lese in Ihrer Seele. Weil ich meine kenne.

Armadeck: Mein Gott, ich kann nicht mehr denken!

Stecher: Immerhin könnte man doch sagen, Sie haben diesen Menschen liebgehabt. Dann plötzlich hat's Ihnen vor ihm gegraust. Können Sie uns erklären, wie wir uns einen derart krassen Umsturz der Gefühle zu erklären haben?

Armadeck schweigt.

Stecher: Haben Sie danach noch mal etwas von ihm gehört?

Armadeck: Ja, ich glaube ... drei Jahre später, glaub' ich, war's. Ich habe damals gehört, er hätte sich ... etwas angetan ... .Stecher! um Himmels Willen! Wieso fragen Sie mich denn das?

Stecher: Haben Sie es sich denn n i e gefragt?

Armadeck: Meine Güte ... das ... das ... mein Gott, das kann doch mit mir nichts mehr zu tun haben, denken Sie doch, drei Jahre! ... Und es ist ja eigentlich nichts gewesen, Freundschaft vielleicht, aber eben nicht ... das, Liebe, oder wie Sie's nennen. Mein Gott, ein Kerl wie der hätte doch jederzeit ein Mädel haben können, wenn er nur gewollt hätte, hab's für 'ne Marotte gehalten, was weiß ich ...

Er rennt plötzlich auf und ab wie eine gestochene Wanze.

Armadeck: Hören Sie! Ich bin weder ein notorischer Frauenhasser noch war ich einer von diesen weibischen Sissy-Boys, Stecher, ich habe weder als Junge mit Puppen gespielt, noch ziehe ich mir heute Röcke an, wenn ich zur Arbeit geh', mit Frauen gehe ich ins Bett und mit Männern gehe ich in die Kneipe! Und da Sie ja nunmal wild entschlossen sind, mich in Bayern als vorgeblichen Schwulen um meinen Kopf zu bringen, da sage ich Ihnen auch, ich halte mir auf meine Mannesehre einiges zugute! Ich bin sogar ausgesprochen stolz darauf. Hurra! Ich bin sexuell zum Verzweifeln normal! Genügt Ihnen das endlich!?

Stecher: Das meinte ich mitnichten ...

Armadeck *(am ganzen Leibe zitternd)*: Mir völlig wurscht, was Sie meinen, Sie meinen's ja doch nicht!

Stecher: Und Sie halten es für völlig ausgeschlossen, dass einer seiner letzten Gedanken vielleicht Ihnen gegolten haben könnte? Ich meine, was man am meisten vermisst, ist, was man im Leben nicht bekommen hat, nie bekommen wird – einen ganz bestimmten Menschen etwa, den man nicht für austauschbar hält.

Und die glaubt man ja am meisten geliebt zu haben, die einem die tiefsten Wunden schlugen. Und da kommen Sie und sagen, Sie haben "gehört", dass er sich später umgebracht hat.

Armadeck blickt gequält zur Seite.

Stecher: In Ihrer Jugend müssen Sie ein hübscher Mensch gewesen sein.

Armadeck *(fühlt sich plötzlich sichtlich bedroht)*: Lassen Sie das.

Stecher: Halten Sie diese Reaktion jetzt für natürlich, bloß weil Ihnen das ein Kerl sagt?

Armadeck quält sich zu einem opportunistischen Lächeln.

Stecher *(wird wieder zynisch)*: Geben Sie ruhig zu, dass Sie homosexuell sind. Ich geb's ja auch zu. Hurra, Konfetti, ich bin stolz drauf!

Armadeck wird schreckensstarr; weiß nicht, ob er wieder auf den Arm genommen werden soll.

Stecher: Ja, guck, ich halte mir auf meine Weiberehre einiges zugute!

Der Richter starrt ihn erbleichend an. Sein Gegner lacht schallend.

Stecher: Jajaja! So ist es! *(eifrig)* Und soll ich Ihnen was verklickern, Dokter: I c h find' Sie zum Knutschen! So, jetzt wissen Se's. Da sind 'se baff, gell? Hätten 'Se nich' gedacht, wie? Das sagt Ihnen bestimmt nicht jeder, dass Sie'n schöner Mensch sind. Wahrscheinlich halten Sie sich für hässlich!

Armadeck lächelt, aber er schwitzt.

Armadeck: Man ... sieht Ihnen das nicht an ...

Stecher *(wechselt jetzt in das geschraubte Falsett der überzeugten Tunte)*: Huuuch, das wäre ja noch schöner, mein Hübscher! Bin ich so'n Homosexueller nach deinem Geschmack?

Armadeck: Nennen Sie mich nicht so!

Sein Gegner springt vergnügt umher wie ein Faun.

Stecher: Kennen 'Se den schon: Treffen sich so'n Homo und 'ne Transi. Er fragt: Kann sie? Preisfrage: Wer ist "er"?

Er biegt sich schallend vor Lachen, während Armadeck ihn schwitzend anstarrt, als habe er einen Irren vor sich.

Stecher: Ha! Sie kennen ja nicht mal den Unterschied! Sie Spezialist!

Stecher tanzt plötzlich mit abgespreizten Fingern um ihn herum.

Stecher: Ich weiß ihn! Ich weiß ihn! Bringt mir mein rosa Nachtkleid! Wir zeigen dem jetzt mal so'n richtigen affigen Transomo!

Der Richter fährt leichenblass zurück, als Stecher jetzt herumfährt.

Stecher *(kommt ganz nahe an ihn heran)*: Hat dir eigentlich schon irgendjemand mal gesagt, dass du unglaublich erotische Öhrchen hast? *(klatscht verzückt in die Hände)* Nein, und diese niedlichen, vorwitzigen Äuglein!

Armadeck: Gehen Sie da vor meiner Nase weg!

Stecher: Und aaaach, diese t-h-olle Frisuuur ...

Armadeck: Lassen Sie mich in Ruhe! Und duzen Sie mich doch nicht dauernd!

Stecher *(wie die beleidigte Leberwurst)*: War doch bloß'n Witz. Ist doch nur'n Spiel! *(listig)* Ham'se was ge'j'en Homosexuelle?

Armadeck: Ich habe nichts gegen Homosexuelle!

Stecher *(Augen zwinkernd)*: Komm, sag's mir, sag' mir doch, wie's ist. Gib's ruhig zu. Ob Homo oder Hetero – schnöd ist das Leben so und so! 'N bisschen bi schadet nie! – Na, komm, Eddy, red's dir von der Seele ... *(legt ihm gönnerhaft die Hand auf die Schulter)* Come out, Schwuli, come out ...

Kaum hat die Hand den Saum berührt, zuckt der Richter jählings zusammen wie unter einem Stromschlag, verliert vollends die Beherrschung, schlägt mit angewidertem Impuls die Hand zurück – und das Kreischen Stechers, der sich seinen blutenden Arm hält, fällt zusammen mit dem Aufschrei des Richters, während Sam auf Marc zustürzt und den wie gebannt starrenden Jungen vergeblich zum Gehen bedrängt.

Armadeck: Ich ekle mich vor sowas, mir ist zum Kotzen, was Sie da machen ...

Stecher: Sie hassen "Schwule"?

Armadeck: Es schüttelt mich, wenn ich das Wort schon höre.

Stecher: Recht so! Lassen Sie den Dämon raus, damit wir sehen, dass da noch einer in Ihnen ist! Raus damit, Sie wissen's schon lange, seit der Sache mit Timmy! Weg mit der schnöden Vernunftskontrolle, Edmund! Erkennst Du mich denn nicht? Ich bin's, ich bin Timmy! Machen wir endlich unseren Frieden damit! Mit nur einem Wort der Wahrheit, sag's mir endlich, ich helf' dir schon dabei. Sag' mir, dass es mit mir nichts zu tun hatte! Sag' mir, dass du warme Brüder hassest!

Der Richter stiert ihn an, als sähe er ein Gespenst, es stehen ihm buchstäblich die Haare zu Berge; und er starrt und starrt auf sein Gegenüber als sähe er den Leibhaftigen, während ein scheeles Lächeln wie ein Wiedererkennen auf seinem Antlitz leuchtet.

Armadeck: Ich hasse warme Brüder.

Stecher: Mir ist zum Kotzen, wenn ich an sie denke.

Armadeck *(angewidert)*: Ja, es ist zum Kotzen, wie sie einen immer betatschen müssen, mit ihren schleimigen nassen warmen Fingern ... wenn du ihnen die Hand gibst und sie lassen einfach nicht los ... wie man sie für gute Freunde hält und sie einem in Wirklichkeit nachstarren als ob man ein Weib wäre mit Titten, oh, mein Gott, mir graust's vor ihnen, die sind doch alle völlig falsch programmiert ... *(irr um sich blickend)* Sie sind da! Überall! Aber sie zeigen sich nicht! Jeden Tag gibt's neue Enthüllungen, der soll's sein und der, und der ... und man weiß überhaupt nicht mehr wer's ist und wer nicht ... oh mein Gott, ja, es ekelt mich an, wie sie schleimen und gurren und rumviechern, mein Gott, ja, ja, ich hasse sie.

Wir erinnern uns, Herr Minister, dass einige von uns in dieser Sekunde angewidert aus dem Fenster starrten, und die Gedanken weigerten es ihrem Lenker, zum Epizentrum des widerwärtigen Geschehens zurückzukehren. Von der Kastanie draußen im Hof rieselten unstete Schatten. Fallende Blätter, sich ihrer Bestimmung fügend. Abschiedklagend jene, die nicht fallen wollten. Sie winkten welk im fahlen Abendlicht wie alter Frauen Hände. Stecher gebot mit einer harschen Bewegung der rechten Hand, den Winden draußen zu stehen, und der Zeit hier drinnen, zu gefrieren. Man hätte in dieser Sekunde eine Stecknadel fallen hören können. Etwas war eingetreten, geräuschlos und doch eiligen Schrittes; furchtbar in seiner Erscheinung.

Stecher: Hörst du Gott?

Der Richter lauscht angespannt.

Stecher: Sogar Gott kotzt. Denn sie sind dem Herrn ein Greuel.

Armadeck: Pah, lass ihn weiterkotzen, Hexenstecher. Ama et fac quod vis, domine, eh? – Ama et fuck quod vis! – *(Der Richter lacht blechern)* – Er hat sie für euch gemacht, damit euch in ihren Schwuchtelvisagen euer eigenes Triebviech anglotzt; damit euch vor Augen steht, was mit euch passiert, wenn ihr es es zu eurer viehischen Geilheit herumlaufen lasst ...

Sein Gesicht ist krebsrot angelaufen. Eine breite Furche hat sich in seine Stirn gegraben, das fürchterliche Zeichen Kains. Ein hässliches Grinsen verzerrt des Richters Züge, und er spricht jetzt mit seltsam schneidender, eigenartig verfremdeter Stimme, die gerade eben noch die seine ist.

Armadeck: Ihr Immerbrünftigen, die ihr euch wollüstig entmenschlicht und doch nie ganz zum unschuldigen Tier werden könnt! Schlimm genug, dass es eure Brut über die Zeiten verschleppt und den Erdkreis mit euch verseucht hat ...

Und dann, mit Urgewalt, reißt ihn eine Woge wilder Bewegtheit vollends mit sich, und wie in einem Anfall kreischend schreit es aus ihm heraus, mit drohend hochfahrenden Fäusten.

Armadeck: A r r r - s e i - n o - k o - a i t a i ! – Y o dominus sono qui, effendi mundi! Nam ditione sunt omnia iura subacta! – Diese verfluchten, verdrehten, viechischen, perversen, verhurten, schwulen dreckigen Arschficker, hackt ihnen doch endlich ihre verdreckten Schwänze ab und stopft ihnen damit ihr schamloses Maul! Dreggerte bogumilische Heggse, oorschbrieder benedictus sanctus dicit, verderbische Dreggsäu – *(Ein neuerlicher Ruck fährt durch seinen Körper und seine Stimme überschlägt sich)* – Schlaach se dood, dootschlache, sag' ich, dootschlagen, totschlagen, totschlag ... (*)

Jäh wird der Stimme die Atemluft entrissen, die sie tragen soll, schieres Entsetzen verzerrt die sich entfärbende Gesichtshaut. Marc, mit verzerrtem Gesicht, hat die Hände gegen die Ohren gepresst. Er ist mit einem ächzenden

---

*) vgl. 13 Mose, 20,13: "Wenn der Knab beim Manne liegt, so sollen beide erschlagen werden, der Mann und der Knabe". Zuvor (sinngemäß): "Ich bin hier der Herr, oh Herr der Welt. Denn meiner Macht sind alle Rechte untertan."

Laut aufgesprungen und steht jetzt wie betäubt da, greinend, hat sich doch des Richters Keifen zuletzt gegen seine zusammengekrümmte Gestalt gerichtet. Stieren Blickes bricht der Richter ab. Für ein, zwei Sekunden durchjagen Schauer blanken Schreckens Mundwinkel und Wangen, ersterben Wellen gleich, wie sie ein Steinwurf ins Wasser verursacht. Einem gurgelnden Geräusch entnimmt man etwas wie "Oh Gott, Junge", seine Lippen beben, während er sie schließen will. Wie gehetzt, ungläubig und mit geweiteten Augen blickt er jetzt um sich, zuletzt hinab ins Auditorium. Alles starrt ihn an.

Panisch und mit wütendem Gejaul fährt er nun herum und macht einen Satz an die Bänder, derer es jetzt habhaft zu werden gilt, stößt mit jähem Impuls jedoch krachend an die Panzerverglasung der Geräte, befingert sie daraufhin hektisch trommelnd und mit schweißglänzender Stirn, und bohrt die Augen hinein, als könne er damit ihren Lauf stoppen. Fassungslos, ungläubig sucht sein Blick den von Stecher. Nichts aber spiegelt sich mehr in dessen Gesicht. Undurchdringlich schimmern die Augen darin wie die Halbseitenspiegel seiner psychologischen Beobachtungszimmer: Nichts preisgebend als fremder Nacktheit Blöße, während es einen dahinter unablässig beobachtet.

Erzähler: *Doktor Armadeck tat nun einen so markdurchdringenden Schrei, dass es sich einem ins Herz brannte. Es mochte einem als die Reinigung einer gepeinigten Seele scheinen, sein Heulen aber – war das des Wolfs.*

NACHSPIELE

UNBERÜHRBAR

Sam: Herr Stecher, die Bänder?

Stecher: Nach Berlin.

Aus dem Auditorium kommen jetzt die Techniker und bauen mit termitenhafter Betriebsamkeit ab. Harry kommt aus der Tür und lässt sich die Aufzeichnungen reichen. Er postiert sich neben Stechers Pult und überfliegt das Protokoll. Stecher geht zum bereitgestellten Mikrophon und wendet sich an die Mitarbeiter in und außerhalb des Gebäudes.

Stecher: Okay, gestorben. Wir haben ihn. Abteilung zweihundertzwölf kann jetzt einen heben gehen. Die anderen bitte laut Dienstplan. Abfahrt morgen früh neun Uhr dreißig, Dienstbesprechung halbe Stunde vorher im Hotel. Seid pünktlich in den Socken.

Fuchs drückt sich verlegen herum. Unsicher zupft er den Gesinnungsprüfer am Ärmel.

Fuchs Ähm ... brauchen Sie mich für die Abtreibungsgeschichte am Montag?

Stecher: Na, fahr'n 'Se schon zu Muttern. Sonntagsheimarbeit gibt schöne Töchter.

Er dreht sich um zum Richter, wartet. Der rührt sich nicht, reibt mechanisch seine Brillengläser und starrt apathisch ins Leere. Überall ist Aufbruchstimmung. Die Laims stehen unschlüssig herum. Stecher gibt zuerst der Mutter, dann Karl Laim die Hand. Der Junge erhebt sich jetzt gleichfalls, drückt sich aber noch herum. Auf ein stummes Zeichen Stechers gehen die Eltern einige Schritte voraus in Richtung Ausgang.

Jannings: Was geschieht denn jetzt mit mir?

Stecher: Wir suchen Ihnen einen Anwalt.

Ohne die Antwort abzuwarten, wendet er sich an Marc. Stecher reicht ihm die Hand, und er wirkt dabei, als sei er sich einer Schuld bewusst.

Stecher: Ich war ungezogen, gell?

Marc: Richtig schwer erziehbar.

Stecher: Bist du okay?

Der Junge blickt unter sich.

Marc: Ooch, es geht.

Er starrt fortwährend auf den Handrücken des Mannes, der des Jungen Rechte noch immer fest umschlossen hält, nachdem Marc von sich aus keine Anstalten macht, die seine zurückzuziehen.

Marc: Du ... hast gesagt, dass du ... noch mal über alles mit mir reden willst, und so ...

Stecher: Machen wir auch. Wartet draußen auf mich.

Marc: Du hast's versprochen ...

Noch immer lässt der Junge die Hand des Mannes nicht los. In Stechers Gesichtszügen macht sich plötzlich ein Ausdruck jähen Schreckens breit, und für den Bruchteil einer Sekunde macht er einer bodenlosen Bestürzung Platz. Er ist kurz davor, eine unwillige Bewegung zu machen. Marc senkt den Kopf. Der Junge steht wie angewurzelt vor ihm und sucht seine Augen zu verbergen. Als Stecher sich gefasst hat, ergreift er des Jungen Hand, richtet ihn auf und löst sie sacht von der seinen.

Stecher: Versprichst du mir auch was?

Marc: Hm?

Stecher: Versprich mir, dass du nie wieder halbtote Viecher sammelst. Sei für die Lebenden da.

Marc: Okay.

Stecher: Du musst selber fliegen, Marc.

Geistesabwesend streicht er Marc über den Haarschopf und legt ihm den Hemdkragen zurecht.

Stecher: Lass', wenn deine Stirne leise blutet, uralte Legenden und dunkle Deutung des Vogelflugs ...

Marc *(Seine Augen füllen sich plötzlich mit Tränen)*: Ich ... weiß.

Stecher: Aha? Und von wem stammt das?

Marc: Vom Trakl.

Stecher sieht einen Augenblick indigniert hinüber zu Jannings, welcher der seltsamen Unterhaltung mit Augen voll grimmiger Befriedigung folgt. Dann richtet der Gesinnungsprüfer den Blick wieder auf den jungen Burschen, lächelt erstmals, soweit sich das bei ihm sicher behaupten lässt, und klopft dem Buben gedankenverloren auf die Schulter.

Stecher *(leise)*: Ich wusste, dass du's weißt, mein Junge. Halt' dich dran.

Marc schneuzt sich.

Stecher: Danke. Für alles. Und für dein Vertrauen.

Marc zieht noch einmal die Nase hoch und nickt gehorsam. Dann wendet er sich plötzlich verlegen ab. Dabei duckt er sich unter dem Blick Jannings', als schäme er sich, auf der Welt zu sein. In dieser Sekunde steht Jannings auf, blickt unsicher um sich. Der Junge guckt, nicht weniger verunsichert, geradeaus ein Loch in die Wand. Wie aus dem Nichts tauchen die beiden Polizeibe-

amten auf und stellen sich Jannings in den Weg. Der jedoch steuert unbeirrt auf Marc Laim zu.

Jannings: Tut mir Leid, mein Freund, Marc, hörst du? Mach dir keine Vorwürfe. Ich bin schuld, ich hab' dich reingeritten ...

Der Junge starrt ihn hilflos an.

Jannings *(schreiend)*: Glaubst wenigstens du an mich?

Marc will etwas sagen, kann es nicht, die Lippen um lautlose Worte und Schreie kämpfend.

Elmer: Da steht er und weiß nicht, was er sagen soll.

Erster Schöffe: Um ihn nicht Lügen zu strafen?

Zweiter Schöffe: Um die Liebe der anderen nicht zu enttäuschen?

Da packt den Jungen jemand unwirsch am Handgelenk.

Karl Laim: Drecksau. Finger weg von meinem Jungen! Ich schwör' dir, ich knall dich über den Haufen, wenn ich dich noch e i n m a l in der Nähe von unserem Haus erwische ... *(plötzlich in Tränen ausbrechend)* Ich lass doch sowas nicht aus ihm machen ... d a s nicht!

Er zieht den Sohn mit sich, mit der ganzen Gewalt einer väterlichen Liebe. Marc trottet, immer nur unter sich blickend, hinterdrein. Vom Ausgang her schluchzt es verhalten. Helga Laim ergreift beschwichtigend den Arm ihres Mannes. Die Familie verlässt den Raum gemeinsam. Marc entschwindet unseren Blicken, wie er sie auf sich gezogen hatte: Geduckt und seiner Geschicke nicht Bestimmer. Und zum letzten Mal an diesem Tag beobachteten wir ein kaum merkliches Zucken um Stechers Mundwinkel, als sei statt des Jungen ein letztes, trügerisches Stück Verpflichtung aus der Tür gegangen.

DEAD END

Jannings starrt den Gehenden nach. Ohne den Blick von der Tür abzuwenden, bleibt er reglos stehen. Er atmet schwer. Man hört eine Art Giemen, doch er beherrscht sich. Es zuckt ihm nur ein wenig der Hals.

Jannings *(mit brüchiger Stimme)*: Wo ... wo kann ich denn hier mal austreten?

Zunächst reagiert niemand, da er ja niemanden speziell gemeint zu haben scheint. Dem Polizeibeamten Konrad läuten die Alarmglocken als Erstem.

Konrad Na, Herr Jannings, Sie werden doch jetzt nicht auf dumme Gedanken kommen – jetzt, wo Sie das hier überstanden haben?

Wie auf ein Kommando ist plötzlich auch der zweite Beamte, Feith, auf dem Posten. Jannings dreht sich mit bittrem Erstaunen zu den beiden um. Er braucht eine Weile, bis er darauf antworten kann. Er blickt sie mit einem fast belustigt zu nennenden Heben der Augenbrauen an. Dann schüttelt er den Kopf.

Jannings: Nanu, Freunde. Meint ihr denn im Ernst, das wär' an so 'nem öffentlichen Ort mehr als 'n öffentliches Ärgernis?

Die Beamten wechseln besorgte Blicke. Stecher betrachtet die Situation stumm aus einiger Entfernung. Feith erwartet von dort offensichtlich Rückendeckung. Stechers Mimik besagt indessen unzweideutig, dass er dies nicht mehr als seinen Verantwortungsbereich erachtet. Nach einigem Zögern weist Feith schließlich auf eine der Türen.

Feith: Wenn Sie da durch gehen, Treppe hoch, zweite Tür links.

Jannings macht bereits drei, vier Schritte auf die Tür zu. Dann, kurz entschlossen, reagiert noch einmal Konrad.

Konrad: Würd's Ihnen was ausmachen, wenn wir mitgehen?

Jannings: Hallo, mein Herz! Was soll ich denn davon halten? Mitten im Dienst?

Der andere tritt bereits an ihn heran.

Feith: Dürften wir vorher mal kurz einen Blick in Ihre Jackentasche werfen?

Der Angesprochene überschlägt sich fast vor Entrüstung und weicht, panisch sein Revers festhaltend, einen Schritt zurück.

Jannings: Herr Stecher, ja braucht man denn für alles Zeugen? Kommen Sie, helfen Sie Ihrem ungeliebten Schützling. Ich mag mich nicht begrabbschen lassen, bloß weil ich mal wohin muss! Ei, wo leben wir denn?

Der Gesinnungsprüfer, rot vor Wut auf Jannings, lässt sich Zeit mit der Antwort. Schließlich kommt der Bescheid.

Stecher: Keine weiteren Eingriffe in seine Intimität. Lassen Sie den Mann gehen.

Jannings marschiert in Richtung Seitenausgang, Triumph in den Augen. Man sieht jedoch, als er am Auditorium vorüberkommt, wie alles in seinem angestrengten Minenspiel verzittert und verschwimmt. Vor der Tür stoppt er abrupt, so als sei er gegen eine unsichtbare Scheibe gelaufen. Offenbar schießt ihm ein Gedanke durch den Kopf, der ihn sehr bestürzt. Wie ein Schlafwandler dreht er sich noch einmal zu Stecher um. Jener fixiert ihn fest und ernst.

Jannings: Es gibt schon verrückte Babies, die haben verdammt viel vor sich, nicht wahr, Stecher?

Der Angesprochene schaut zu Boden.

Stecher: Nicht allen ist die Zeit gewogen, Herr Jannings.

Jannings starrt ihn einen Moment lang verblüfft an. Dann schweift sein Blick durch's Auditorium. Offensichtlich suchen seine Augen Elaine Roland; aber obwohl sie dort sitzt, gerade vor ihm – mit vor die Lippen gepressten Händen – irren sie ab, ohne sie gefunden zu haben. Sein Gesicht trägt rote Wölkchen, als er da steht und starrt. Und dann verschwindet er eiligen Schrittes im Türrahmen.

EIN LETZTES GESTÄNDNIS

Erzähler: *Der Mann, von dem es später im abschließenden Gutachten heißen sollte, er habe die Prozessbeteiligten der Affäre mit Figuren seiner privaten Sphäre verwechselt; in Jannings habe er einen zudringlichen Homosexuellen, in Marc hingegen sich selbst als geängstigten Halbwüchsigen erkannt; darüberhinaus habe er schon seit Jahrzehnten die Strafprozessordnung zum Schlachtfeld einer unverarbeiteten Geschichte gemacht: Für einige Zeit war er uns dieser Mann fast in Vergessenheit geraten; so verloren, wie er dahinten in seiner Ecke saß; auf dem Richterstuhl, wohin er sich mehr mechanisch als aus bewusstem Entschluss zurückgezogen hatte, geistesabwesend die Lehnen streichelnd. Er schien nicht ganz bei sich. Hätten wir dergleichen nicht auch früher schon nach solchen Zusammenbrüchen beobachtet und hierdurch nicht eine gewisse Einschätzung erlangt – man hätte glauben mögen, der Mann verlöre gerade den Verstand.*

Seit geraumer Zeit beobachtet man auf dem Gesicht des Richters - zuvor noch apathisch, abwesend, starr – einen lebhaften Wechsel der verschiedensten Gemütsbewegungen, welche aber nicht das Mindeste mit dem zu tun zu haben scheinen, was sich rings um ihn herum ereignet. Begleitet sind diese Grimassen zuweilen von einem entrückten Lächeln. Manchmal bewegt sich sein Mund, als befände er sich in angeregtem Zwiegespräch. Dabei zollt er der Gegenrede seines gespenstischen Gesprächspartners bald mit einem anerkennenden Rollen der Augäpfel Achtung, dann wieder kommentiert er es mit einem erheiterten Schmunzeln. Hin und wieder hebt er scherzend den Zeigefinger, ein andermal verzieht er das Gesicht zu einem Ausdruck schroffster Missbilligung.

Armadeck: Brunswedel, Alter – Brunswedel ist eine gute Partie – Schön, Bums, Brums, in Brunswedel liegt der Hund begraben, haha. Da holen wir die Mädelein und geben uns ein Stelldichein. Ach, Gott.

Ein Schauern überläuft sein Gesicht.

Armadeck: Hättst das doch nit mache müsse. Komm', lass uns wieder nach Brunswedel fahren. Hättst dich doch nit umbringe müsse. Nit wegen mir. Warst mir so viel.

Der Gerichtsdiener, sichtlich erschüttert, spricht ihn jetzt sachte mit seinem Namen an. Da packt Armadeck plötzlich seinen Arm mit eisernem Griff. Die Augen treten ihm fast aus den Höhlen.

Armadeck: Aber ich muss mit dir reden, hat er gesagt! Peinlich war's ihm. Er stottert bloß rum. Tut mir Leid, sagt er zu mir, sei mir nicht bös. Tut mir Leid, sagt er zu mir, hass mich nicht, immer so, ich liebe dich. Ja, das hat er gesagt. Sei mir nicht bös. Hilf mir. Immer so.

Der Richter stiert vor sich hin.

Armadeck: Ich bin schockiert. Du bist und bleibst mein Freund, klar – mein Gott, ich hör' ja meine Stimme kaum. Er ist ganz blass im Gesicht, und schwitzt vor Aufregung. Macht nix, wenn du so bist, macht nix, solange du dich beherrschst. Ich seh' doch das Messer, dass ich in ihn stoße. Er ... er lächelt aber und sagt, dass er jetzt erleichtert sei, und dann gehen wir auseinander.

Elmer: Sprechen Sie ruhig weiter. Wir hör'n Ihnen zu.

Armadeck: Wir ... wir waren bei Freunden eingeladen. Als ich kam, sprang er mit ausgebreiteten Armen auf mich zu, wie ja meistens, und drückte mich an sich. Vielleicht war es, dass ich uns plötzlich von hundert Augen beobachtet sah, oder weil ich dahinter jetzt mehr sehen musste als eine Umarmung unter

Freunden; aber *(hilflos)* meine Arme waren plötzlich wie ... auf den
Rücken gebunden, ich konnte sie einfach nicht lösen. Ich weiß
nicht, ob es Hass war und doch fühlte es sich so an. Ich ... ich
konnte ihm einfach nicht mehr vertrauen ... er verstand es nicht,
betrachtete mich irritiert, und ich spürte für Sekundenbruchteile
den Impuls, eine unwillige Bewegung zu machen. Die kam nicht,
aber er hat's doch gemerkt, und er ließ verlegen los. Das waren ...
Hände, die sich zurückziehen. Ich schämte mich entsetzlich und
besuchte ihn ein paar Tage später, um es wieder gut zu machen.
Dann wieder schämte er sich weil ich mich schämte, und er kam
zu mir. Und so fort.
Irgendwann quälten mich seine Besuche, und wir redeten verlegen
über Dinge, die uns beide nicht interessierten; unsere Worten
waren ... wie heiße Luft, mit der wir uns gegenseitig auf Abstand
hielten, und immer, immer ließ einer den anderen in Schuld und
Scham zurück. Etwas ging kaputt, und es ging immer wieder auf's
neu kaputt, weil wir dennoch nicht voneinander los kommen
konnten. Ich hatte doch sonst niemanden ... irgendwann hielt ich's
nicht mehr aus, und eines Tages erzählte ich meiner Mutter in
einer guten Stunde, was los war zwischen uns.
Sie rang mit sich und kam zu dem Entschluss, es sei das beste, wir
beendeten, was uns beide nur quälen, und mir nur schaden
konnte. Oh, es fiel ihr nicht leicht ... Timmy war für sie fast so
etwas wie ein zweiter Sohn geworden, bevor ich ihr reinen Wein
einschenkte. Um zu versüßen, was wehtun musste, und um
wenigstens vor uns selbst die Hoffnung zu haben, er verstünde
und verziehe, beschlossen wir, dass ich ihm mein altes Fahrrad
schenkte. Wir wussten, dass er sich schon lange eins gewünscht
hat. Als wir in der Schule waren, brachte es mein Vater bei ihm zu
Hause vorbei. Meine Mam erklärte es seiner Mam, sie soll darauf
in Tränen ausgebrochen sein. Unsere Väter einigten sich darauf,
Timmies Homosexualität sei allein sein Problem, er stelle eine
Gefahr für mich dar, und keiner, am allerwenigsten ich, könne da
helfen. Soll ich mich schämen? Ich war doch froh, dass auch mein
Vater das so sah! Ich ... ich las im Buch der Bücher, um meine
Zweifel zu zerstreuen, und ... Allmächtiger ... vielleicht ... lernte ich
ihn deshalb so zu hassen – und ergriff sogar dies Amt – weil ich

meinen Schmerz um ihn für seinen Verrat an meiner schönsten Freundschaft hielt ... *(schluckt heftig)* Mittags kam er nach Hause und verdrehte die Augen, als er das Rad bei sich im Hausgang stehen sah. Ich hatte diesen Moment so gefürchtet, dass ich schon die Nacht vorher vor Kummer nicht geschlafen habe. Der Schultag mit ihm war schrecklich gewesen, er ahnte ja nichts. Da sah ich ihn vom Fenster der Küche über'n Hof radeln; sah, wie er strahlte. Es schellt. Keiner macht auf. Es schellt noch einmal, und alles zieht sich in mir zusammen. Die Uhr in der Küche ist so laut. Einundzwanzig, einundzwanzig, spreche ich im Sekundentakt, um nicht zu ersticken. Geh'doch weg da, geh' doch weg da, schreit die Zeit; und dann: Es muss doch sein, es muss doch sein. Ich bin erstarrt. Himmel, gleich wird er ein Stück zurücktreten unten im Hof, und wird hochschauen. Und, ach Gott, wird mich am Fenster sehen, die Vorhänge vor mir sind ja noch offen! Ich stürze noch auf die Vorhänge zu und ... zu spät! Da schaut er schon herauf zu mir. Jetzt sieht er mich, und ich sehe ihn. Er fragend, ich durch eine nasse Wand. Schau doch endlich weg. Schau doch weg. Meine Finger sind wie Eis, als ich an den Gardinensaum lange. Ich ziehe zu. Er starrt und starrt mich an da draußen. Ich sehe seine reglose Gestalt immer noch furchtbar klar umrissen da unten im Hof durch die ockergelben Vorhänge. Es musste doch sein. Es musste doch sein. Gott, Timmy ... *(Nicht wissend, wohin mit den Augen, blickt er sekundenlang hinauf zur Decke. Dann klemmt er verlegen die Nase zwischen Daumen und Zeigefinger und verharrt so eine Weile reglos)* Wie konnte ich denn wissen ... dass ich dir dein Grabtuch über dein Gesicht zog ... *(Erst hört man's leise: Schweres Atmen. Dann hört man ihn plötzlich schluchzen – wie ein Kind. Und dann kraftvoll bricht es aus ihm heraus: Haltlos, wahrhaft und aus heftig bewegter Brust. Weinen um einen toten Freund)* Was hätte ich denn machen sollen? Wir sind doch so und nicht anders erzogen ... wer hat uns das denn schon beigebracht?

Stecher, allen den Rücken kehrend, hat den Ausgang fast erreicht. Da ereilt ihn eben noch ein wütender Aufschrei.

Armadeck: Stecher!

Der Angesprochene bleibt stehen; erstarrt.

Armadeck *(schreiend)*: Wer hat das denn schon gelernt!

Stecher scheint einen Augenblick zu zögern; entgegen seinem ersten Impuls dreht er sich aber nicht mehr um. Nachdenklich haftet sein Blick stattdessen auf Urla Waldt. Dann, ohne ein weiteres Wort zu verlieren, mit einem Kopfnicken, verlässt er geräuschlos den Saal. Die Waldt zaudert einen Augenblick, ob sie ihm folgen soll, und erhebt sich eben jetzt. Armadeck sucht sich aus seiner inneren Erstarrung zu lösen, wobei er ihr einen verlorenen Blick zuwirft.

Ich selbst, der ich im Auftrag der Kommission dies Protokoll reinschriftlich abfasste und – wo zu dürr – mit eitler Kunst umschmückte: Erwische mich zeitvergessen bei dem Gedanken, dass im Gerichtssaal menschliche Beziehungen immer nur noch rekonstruierbar sind. Und dann, im nächsten Augenblick: Verdichtet sich das angerichtete Szenario, als habe es seine eigenen Realitäten heraufbeschworen, zu einem grausamen Nachhall der Ereignisse; zerreißt ein krachender Laut die Stille, und gellen die Entsetzensschreie Elaine Rolands.

*

Erzähler: *Sie fanden ihn rücklings und vollständig angekleidet über dem Abort, mit durchschossenem Mund, die Rechte mit gereckten Fingern über einer traurigen Lache pendelnd; die noch am Morgen von hoffend-klammen Händen angelegte Krawatte unschön am Kragen gelöst. Die schmierigen Kacheln trugen finstre kleine Blüten. Auf dem weißen Kalk über dem Waschbecken indessen prangte eine schwer entzifferbare Liebeserklärung, ohne Adressat, mit großer Hast gekritzelt und mit ebensolcher Hast wieder und wieder durchgestrichen. Er hat sich zuvor noch erbrochen. Verschiedene Ohren wollen gehört haben, es hätte da drinnen eine Zeitlang wie betrunken gejohlt und gesungen. Ein Notarztwagen ist unverzüglich verständigt worden, doch bereits beim Eintreten sehen wir, dass es keinen Zweck mehr hat. In Anbetracht des Orts und dass er noch atmete, und da wir seinen Augen ablesen konnten, dass er unsere Zeugenschaft nicht wünschte, zogen wir uns zurück und schlossen leise die Tür.*

Danksagung

Es sei hiermit allen gedankt, die mich bei meinen Recherchen unterstützt, mir zu diesem gefährlichen Thema Mut gemacht und mich mit Kenntnisreichtum und universitärer Kollegialität in meiner Arbeit unterstützten. Dazu zählen auch all die anonymen Personen, die mich in meiner Untersuchung Nautilus im Internet als Versuchsteilnehmer in der Stichhaltigkeit der vertretenen Theorie zur kindlichen Psychosexualentwicklung beruhigten, die dem Protokoll ganz wesentlich zugrundeliegt.

Mit speziellem Dank seien hier erwähnt: Herr Prof. Dr. Bochnik emeritus von der Heinrich-Hofmann Psychiatrie der Universität Frankfurt und Frau Prof. Degenhardt. Ihnen danke ich für manchen fachlichen Rat, sie seien hier nur beispielhaft innerhalb des Lehrstuhls genannt. Mein besonderer Dank gilt meinem langjährigen Freund und Weggefährten durch Gutes wie auch Schlechtes, Manfred Schuster, der sich in mühevoller Kleinarbeit am Text verdient gemacht hat, schon bevor an eine Veröffentlichung zu denken war. Meinem russisch-jüdischen Freund und Bacchalaureus der Wirtschaftswissenschaften aus St. Petersburg, Ilja Pokhis – der mich ausschlaggebend bestätigt hat darin, wie wichtig es ist, Minderheitenschicksale in meinem Land stets neu zu behandeln und unserem Bürgertum mit seinen Abgründen stets kritisch und wachsam gegenüberzustehen. Seiner Frau Loudmila, bei der ich mir Hoffnungen auf Illustrationen zum Werk irgendwann aus ihrer wunderbar begabten Hand machen darf. Nicht vergessen möchte ich, dem Jungen "Marc" zu danken, den ich in der Wirklichkeit traf und der mich seines Vertrauens würdig achtete. Möge er sich sein Leben lang in diesem Werk als das aufgehoben fühlen, als was er sich missachtet sah.

Des Weiteren bin ich Herrn Karl-Heinz Hofmann sehr zu Dank verpflichtet. Ohne seine bereitwillige und spontane Hilfe im Beschaffen von Sponsorengelder wäre die Veröffentlichung nie zustandegekommen. Gedankt sei deshalb auch all den größeren und kleineren Sponsoren, bekannten und unbekannten Namens, die hier eingesprungen sind; Frau Marianne Wischmayer-Baier danke ich für das allererste Textredigieren und die frühe Ermutigung schon vor Jahren zu dieser Arbeit, meinem Mentor Köhler, für die engagierte Fehlersuche und beflissene Exaktheit in der kritischen Durchsicht des Textes. Und Dank schließlich auch meinem Vater Günther Griesemer, dem ich ein gerüttelt Maß an Sturheit verdanke, das manchmal nötig ist, und besonders wenn es um den Mut geht, auszusprechen, was niemandem gefallen kann.

M.G. Dekadon